重庆市人文社科重点研究基地：武陵山区特色资源开发与利用研究中心
重庆市协同创新中心：武陵山片区绿色发展协同创新中心

涪陵产业结构优化研究

王志标 等 ◎ 著

撰写人员：王志标　刘冰冰　关赛赛　道文静
　　　　　李丹丹　姚培博　王亚楠　杨盼盼

科学技术文献出版社
SCIENTIFIC AND TECHNICAL DOCUMENTATION PRESS

·北京·

图书在版编目（CIP）数据

涪陵产业结构优化研究 / 王志标等著. —北京：科学技术文献出版社，2018.11
ISBN 978-7-5189-4868-0

Ⅰ.①涪… Ⅱ.①王… Ⅲ.①区域产业结构—产业结构优化—研究—涪陵区 Ⅳ.① F127.719.3

中国版本图书馆 CIP 数据核字（2018）第 231043 号

涪陵产业结构优化研究

| 策划编辑：孙江莉　　责任编辑：宋红梅　　责任校对：张吲哚　　责任出版：张志平 |

出 版 者	科学技术文献出版社	
地　　址	北京市复兴路15号　邮编 100038	
编 务 部	（010）58882938，58882087（传真）	
发 行 部	（010）58882868，58882870（传真）	
邮 购 部	（010）58882873	
官方网址	www.stdp.com.cn	
发 行 者	科学技术文献出版社发行　全国各地新华书店经销	
印 刷 者	北京虎彩文化传播有限公司	
版　　次	2018年11月第1版　2018年11月第1次印刷	
开　　本	710×1000　1/16	
字　　数	284千	
印　　张	17.5	
书　　号	ISBN 978-7-5189-4868-0	
定　　价	78.00元	

版权所有　违法必究

购买本社图书，凡字迹不清、缺页、倒页、脱页者，本社发行部负责调换

序

近年来，随着新经济的严峻挑战和环境保护法规的日益严格，各地加快了产业优化升级的步伐。产业优化升级包含两个不同层面的内容：一是对产业结构进行优化；二是对原有产业进行升级。产业结构优化的结果可能催生新的产业或者引入新的产业进行"腾笼换鸟"；产业升级则在原有产业基础上对生产技术、生产工艺、生产流程、管理、产品等进行优化或创新，从而提升产业竞争力。因此，在某种意义上，产业升级是产业结构优化的组成部分。本书所论产业结构优化即在这样的意义上展开。

从产业结构看，涪陵区第二产业一直占有较高比重，第三产业比重略有上升，但是仍低于第二产业。1998—2015年，涪陵产业结构的偏离度指数较大，这表明产业结构与就业结构偏离度较高，现有的产业结构经济效益较低，有待根据地区的实际情况进行一定的产业结构调整。GD_2的值明显大于GD_1的值，这表明用涪陵区产值比测算的产业结构高度化水平要小于用就业人数比测算的产业结构高度化水平。

与相似地区比较，涪陵区产业结构优化程度没有忠县高，但是要好于巴南区和江津区。在2009年以前，忠县产业结构优化的综合指标高于涪陵区，2009—2011年，涪陵区产业结构优化的综合指标高于忠县；2011年之后，忠县产业结构优化程度高于涪陵区；2012年之后，忠县产业结构优化综合指标最高，其次是江津区、涪陵区和巴南区。

鉴于全世界范围内第三产业已经成为经济发达程度的标志，在三次经济普查中发现，中国第三产业的贡献被严重低估。因此，在具体产业分析中，分析了农业、工业、物流业、流通产业、金融保险业、旅游业、教育业的优化状况及其措施，以第三产业的分析为主。毕竟，涪陵产业结构未来必然要较多地倚重第三产业。

涪陵农业产值较大，集中化程度较高，差异化发展较好。涪陵农业企业存在协调行为、广告宣传行为、品牌化行为及农社与农超对接行为。从涪陵农业要素生产率方面看，水果的单位劳动生产率较高，蔬菜的单位土地生产率较高；从农业生产能力方面看，涪陵农业对经济的贡献率低于重庆市水平，而对经济拉动力与重庆市差距不大；从农业科技应用情况看，机械化程度较高，利用技术探索出了多种生态农业发展模式。涪陵已经形成了以榨菜、柑橘、蚕桑及畜牧为支柱的特色农产品产业。

涪陵工业集中度较高，产业之间竞争不激烈，重工业产值远大于轻工业产值。工业生产者行为包括研发新产品、调整生产结构、进行产品营销等。涪陵工业生产值、利润和工业经济效益综合指数在逐渐提高，但是不同行业有所差别。通过对化工化纤产业、装备制造产业、食品医药产业、重要材料产业、电子信息产业、清洁能源产业六大主导产业产值变化的分析发现，涪陵主导产业的产值逐年递增且发展状况良好。涪陵的战略性新兴产业包括页岩气产业、新一代信息技术产业、新能源汽车及智能汽车产业、生物医药及生命健康产业、MDI下游及化工新材料产业、节能环保产业六大产业，战略性新兴产业的企业数量在逐年增加。

涪陵物流业起步较晚，处于初期发展阶段。涪陵物流产业的产值不断增加，物流企业的规模不断扩大。公路、水路、铁路、航空等基础设施不断完善，推动了物流业的发展。但是涪陵物流企业的规模较小，物流成本较高，并且系统化、规模化的物流企业比较少。涪陵物流业的绩效水平不高。敏捷物流、绿色物流等新型物流发展较慢。

涪陵流通产业具有竞争性和产品差异化低等特点，从社会消费品零售总额来看，涪陵的流通产业处于上升趋势。流通产业对劳动力具有较强的吸纳能力，有助于解决就业问题；涪陵流通企业多采用多角化经营和连锁经营的策略。批发零售业和住宿餐饮业是涪陵流通产业发展的主要动力，对其他产业有积极的推动作用，但是批发零售和住宿餐饮业对GDP的贡献呈现不稳定的趋势。涪陵的流通产业主要向集中化、连锁化和细分多元化的趋势发展。

涪陵金融保险业政策环境有了很大的改善，但仍有部分政策限制了行业的健康发展。涪陵金融保险业城乡发展不平衡，创新能力较弱，中高端人才极度缺乏，市场结构不合理，行业内经营模式固化、资金链不足，不能发挥金融核心作用。但是涪陵金融保险业也有其自身的发展优势，如发展潜力大、市场前景广、政府扶持力度深等。

涪陵旅游业发展尚处于一个起步阶段，虽然近年来已经塑造了武陵山大裂谷、大木花谷等景区，但是这些景区的影响局限于重庆市及周边区域，在国内的知名度不高。旅游要素中特色餐饮、特色产品、文化产品发展不够，以致即使有大量游客，由旅游衍生的收入却比较有限。因为整体旅游市场不够广阔，所以旅游集中度较高，次级旅游景点游客较少，发展全域旅游任务艰巨。

涪陵区教育行业主要是由学前教育、小学教育、初中教育、普通高中教育、中等职业教育、中等专业教育、高等教育等组成。涪陵教育业创新具体体现在教育形式、科学技术、人才培养模式等方面。2011—2015 年这 5 年间涪陵区教育业绩效处于上等水平。教育业绩效分别在 2011 年、2015 年处于 DEA 有效状态；在 2012—2014 年处于非 DEA 有效状态。涪陵产教融合发展使涪陵区实现了从传统学校教育到创新型学校的转化及由单一科研模式向产学结合模式的转化。涪陵职业教育体系分为学历教育和非学历教育，其中，学历职业教育以培养实际应用型的专业人才为目标，教育规模稳中求增；非学历职业教育在涪陵现有的就业压力和就业政策下发展势头较好。

在对产业状况进行分析的基础上从总体和个别两个方面提出了涪陵产业结构优化措施。总体而言，涪陵区应该依托现有的资源优势，不仅提高农业、工业与服务业三大产业内部的加工深度、信息化程度、服务化程度，还要在三大产业的比例构成上进行合理布局，积极向现代产业体系方向转变。要强化产业支撑，提高产业关联度，提升产业效益，加强产业培育。在农业方面，要加强质量建设，提升农业效益，坚持市场导向；在工业方面，要优化内部结构，由制造向创造转变，延伸产业链，构建生态工业体系；在物流业方面，要拟定物流发展规划与促进政策，加强物流基础设施建设，促进第三方物流的发展，培养和储备现代物流人才，推动物流园区的建设，发挥企业在促进绿色物流中的积极作用；在流通产业方面，要制定适度进入壁垒，将传统流通与现代流通相结合，改善商圈购物环境，推进流通企业的品牌建设，加强流通产业人才建设；在金融保险业方面，要加强金融保险业创新能力，加速金融保险业结构优化，加快金融保险从业人才引进与培养，扩大农村金融保险市场，优化金融保险业政策环境；在旅游业方面，要提高景区可进入性，优化旅游接待设施，培育涪陵旅游品牌，提高从业人员素质，加强环境保护意识；在教育业方面，要提高政府对涪陵教育业的重视度和支持度，完善多元化监督机制，建立教师队伍规范机制，完善教育信息反馈平台，强化特色专业建设，构建现代化教育体系。

本书分工如下：王志标（长江师范学院教授、《长江师范学院学报》编辑部执行主编助理）负责全书框架设计；第一章，王志标；第二章，王志标、刘冰冰（河南大学经济学院硕士生）；第三章至第六章，王志标、关赛赛（河南大学经济学院硕士生）、刘冰冰；第七章，刘冰冰；第八章，关赛赛；第九章，姚培博（河南大学经济学院硕士生）；第十章，王亚楠（河南大学经济学院硕士生）；第十一章，道文静（河南大学经济学院硕士生）；第十二章，王志标、杨盼盼（中原工学院信息商务学院助教）；第十三章，李丹丹（河南大学经济学院硕士生）。在各章初稿基础上，王志标负责统稿，并对第九章、第十章、第十三章做了较大幅度修改。当然，书中不足之处由王志标负责。

　　本书已尽可能对引用之处做了必要的标注，由于时间和精力所限可能仍有疏漏，对于疏漏之处表示歉意，并请专家批评指正。文中数据资料多引自官方统计年鉴、公报，也有部分引自新闻网站和专业网站，因此，难免有个别地方的数据存在偏差，甚至影响了计算结果和相关分析，囿于经费所限，对此缺憾唯有请读者见谅。

　　感谢重庆市社会科学规划项目"重庆特色文化小镇'产城人文'融合发展研究"（编号：2017YBJJ031）、2018年涪陵区第二批社科事业专项委托项目"涪陵产业结构优化研究"（编号：FLZXWTL201804）、涪陵区社科规划重点项目"基于社会主要矛盾变化的涪陵发展研究"（编号：SKGHZDL201801）和长江师范学院引进人才科研启动项目（编号：2017KYQD97）的资助。

　　在本书出版过程中，张丽艳、宋红梅等编辑以高度负责的态度对原稿进行了认真审读和校对，消除了一些可以避免的差错，在此表示感谢。

2018年8月25日

目 录

第一章　引言 ··· 1

第二章　文献综述 ·· 5

第三章　涪陵产业结构状况 ··· 16

第四章　涪陵产业结构优化水平测算 ······································ 23

第五章　涪陵产业结构优化方向 ·· 40

第六章　涪陵产业结构优化路径 ·· 49

第七章　涪陵农业优化分析 ··· 59

　　第一节　涪陵农业结构分析 ·· 59

　　第二节　涪陵农业生产者行为分析 ····································· 73

　　第三节　涪陵农业绩效分析 ·· 77

　　第四节　涪陵特色农业培育状况 ··· 83

　　第五节　涪陵农业与其他产业融合状况 ····························· 89

　　第六节　涪陵农业优化措施 ·· 93

　　第七节　小结 ·· 97

第八章　涪陵工业优化分析 ··· 99

　　第一节　涪陵工业结构分析 ·· 99

　　第二节　涪陵工业生产者行为分析 ··································· 105

　　第三节　涪陵工业绩效分析 ·· 108

　　第四节　涪陵主导工业状况 ·· 113

　　第五节　涪陵战略性新兴产业发展状况 ··························· 120

　　第六节　涪陵工业优化措施 ·· 125

　　第七节　小结 ·· 131

第九章 涪陵物流业优化分析 ·················· 132

第一节 涪陵物流业结构分析 ·················· 132
第二节 涪陵物流企业行为分析 ················ 139
第三节 涪陵物流业绩效分析 ·················· 143
第四节 涪陵敏捷物流发展状况 ················ 146
第五节 涪陵绿色物流发展状况 ················ 149
第六节 涪陵物流业优化措施 ·················· 153
第七节 小结 ································ 157

第十章 涪陵流通产业优化分析 ················ 158

第一节 涪陵流通产业结构分析 ················ 158
第二节 涪陵流通企业行为分析 ················ 163
第三节 涪陵流通产业绩效分析 ················ 167
第四节 涪陵流通产业发展特征 ················ 172
第五节 涪陵流通产业发展趋势 ················ 176
第六节 涪陵流通产业优化措施 ················ 180
第七节 小结 ································ 183

第十一章 涪陵金融保险业优化分析 ············ 184

第一节 金融保险业政策环境 ·················· 184
第二节 涪陵金融保险业结构分析 ·············· 188
第三节 涪陵金融保险企业行为分析 ············ 195
第四节 涪陵金融保险业绩效分析 ·············· 199
第五节 涪陵金融保险业发展特征 ·············· 203
第六节 涪陵金融保险业优化措施 ·············· 208
第七节 小结 ································ 213

第十二章 涪陵旅游业优化分析 ················ 214

第一节 涪陵旅游业结构分析 ·················· 214
第二节 涪陵旅游企业行为分析 ················ 223
第三节 涪陵旅游业发展状况 ·················· 227

  第四节 涪陵旅游业优化措施……………………………………… 235
  第五节 小结……………………………………………………… 237

第十三章 涪陵教育业优化分析 ……………………………………… 239

  第一节 涪陵教育业结构分析…………………………………… 239
  第二节 涪陵教育业行为分析…………………………………… 244
  第三节 涪陵教育业绩效分析…………………………………… 247
  第四节 涪陵产教融合发展状况………………………………… 250
  第五节 涪陵职业教育发展状况………………………………… 254
  第六节 涪陵教育业优化措施…………………………………… 258
  第七节 小结……………………………………………………… 261

参考文献 …………………………………………………………………… 263

第一章 引 言

一、研究背景、目的及意义

在"五大功能区"发展战略的引导下,重庆市三次产业呈现出协同发展的态势,农业依托现代化、特色化发展路径稳步发展,第二产业以新兴电子、汽车制造产业为支撑获得持续增长,以商务服务业、道路运输业、电信广播电视和卫星传输服务业为主导的现代服务业呈现强劲发展势头。2016年,重庆市生产总值达到17 558.76亿元,与上年相比增长了10.7%,高于同时期全国生产总值4.0个百分点。三次产业结构比例构成由上年的6.4:60.6:33.0转变为7.4:44.2:48.4,现代服务业所占比重在明显上升。从行业内部结构优化程度来看,高端行业引领作用突出,规模以上计算机、通信及其他电子设备制造业增加值为32.7%,商务服务业、道路运输业、电信广播电视和卫星传输服务业三大行业营业收入分别增长39.8%、15.8%和10.4%,有力支撑了服务业的良好发展局面,重庆市产业结构在逐步走向优化。

涪陵区被定位为重庆市五大功能区中的城市发展新区,2016年生产总值为900亿元,占重庆市生产总值比重高达20%,但是从产业结构分析,传统产业的比重依然较高,新兴产业规模较小,创新能力不足,发展动能有待转变,整体经济发展水平质量不高。所以不断加快产业结构调整,转变粗放的经济发展方式,强化城市发展新区领头军的作用是涪陵区今后的发展方向。然而,产业结构优化作为产业结构调整的核心内容,是区域产业结构调整的目标,涪陵区应不断寻求产业结构优化升级的新路径,使产业之间的协调关系趋于合理化,产业发展依托高科技趋于高度化,才能切实强化城市发展新区的功能定位,为区域经济水平的健康发展提供长远保证。

产业结构优化问题始终是产业结构研究的核心内容,尽管过去10余年已经对此进行了大量的研究,但是随着经济发展,产业结构优化有了新的评价标准,因此,对此问题的研究有利于推进产业结构优化理论的发展。研究涪陵产业结构优化的问题，可以分析涪陵产业结构存在的问题，将涪陵区产业结构与相似地区进行比较，从而提出优化产业结构的适当政策建议，为涪陵区在制定产业政策方面提供决策参考。

二、研究思路与方法

（一）研究思路

本选题研究的整体思路：统计分析→问题发现→政策研判→优化措施。具体而言，首先，利用宏观统计数据对涪陵产业结构状况及其优化水平进行统计分析，在此基础之上分析存在的问题；然后，在对涪陵产业基础分析和对国家和重庆市有关产业政策研判的基础之上，确定涪陵产业结构优化方向；最后，通过对产业结构现状和发展经验的总结，提出涪陵产业结构优化的措施。

（二）研究方法

本书在研究中采用定量和定性相结合的方法，具体如下：

第一，文献法。通过对产业结构优化研究文献的阅读与分析确定课题研究的创新思路和研究方法的可实现性。

第二，统计分析法。通过对产业数据的整理和统计分析研判涪陵产业结构状况，计算产业绩效、优化水平等，并进行比较。

第三，政策分析法。产业结构优化需要结合国家和重庆市的产业政策，因此需要对政策展开分析，以使确定的优化产业结构能够符合政策导向。

第四，SCP分析范式。在对具体产业优化的研究中运用了产业经济学中经典的SCP分析框架，以求对产业各个方面有一个较为完整的扫描。

第五，AHP方法。在对产业结构优化综合水平进行比较时运用了AHP方法加以综合。

第六，DEA分析法。在研究教育业绩效时运用了以投入为导向的CCR模型。

三、研究框架

本书的研究框架如下：第一章，引言。主要介绍了本选题的研究背景和意义、研究思路、研究方法、研究框架、创新和不足。第二章，文献综述。主要从国内和国外两个方面对产业结构优化的文献进行梳理。第三章，涪陵产业结构状况。通过搜集涪陵产业的统计数据对涪陵产业结构进行初步分析。第四章，涪陵产业结构优化水平测算。结合文献研究构建产业结构的衡量指标，运用统计数据计算出指标值，并与类似发展水平地区加以比较，以确定涪陵产业结构优化水平。第五章，涪陵产业结构优化方向。通过分析涪陵产业结构、产业基础和相关政策导向确定涪陵产业结构优化方向。第六章，涪陵产业结构优化路径。从产业支撑、产业关联度、产业效益、产业培育等角度提出涪陵产业结构优化政策。第七章，涪陵农业优化分析。包括涪陵农业结构分析、涪陵农业生产者行为分析、涪陵农业绩效分析、涪陵特色农业培育状况、涪陵农业与其他产业融合状况及涪陵农业优化措施6个方面。第八章，涪陵工业优化分析。包括涪陵工业结构分析、涪陵工业生产者行为分析、涪陵工业绩效分析、涪陵主导工业状况、涪陵战略性新兴产业发展状况、涪陵工业优化措施6个方面。第九章，涪陵物流业优化分析。包括涪陵物流业结构分析、涪陵物流企业行为分析、涪陵物流业绩效分析、涪陵敏捷物流发展状况、涪陵绿色物流发展状况、涪陵物流业优化措施6个方面。第十章，涪陵流通产业优化分析。包括涪陵流通产业结构分析、涪陵流通企业行为分析、涪陵流通产业绩效分析、涪陵流通产业发展特征、涪陵流通产业发展趋势、涪陵流通产业优化措施6个方面。第十一章，涪陵金融保险业优化分析。包括金融保险业政策环境、涪陵金融保险业结构分析、涪陵金融保险企业行为分析、涪陵金融保险业绩效分析、涪陵金融保险业发展特征、涪陵金融保险业优化措施6个方面。第十二章，涪陵旅游业优化分析。包括涪陵旅游业结构分析、涪陵旅游企业行为分析、涪陵旅游业发展状况、涪陵旅游业优化措施4个方面。第十三章，涪陵教育业优化分析。包括涪陵教育业结构分析、涪陵教育业行为分析、涪陵教育业绩效分析、涪陵产教融合发展状况、涪陵职业教育发展状况、涪陵教育业优化措施6个方面。

四、创新与不足

（一）研究创新之处

本选题研究的创新之处在于：

第一，利用结构偏离度和泰尔系数计算了涪陵产业结构合理化水平，以 GD_1 和 GD_2 为指标计算了涪陵产业结构高度化水平。然后，利用层次分析法对合理化测度和高度化测度进行了综合。

第二，对涪陵具体产业的分析运用了 SCP 分析框架，并结合该产业数据情况进行了取舍，由此较为清晰地分析了该产业优化基础及其面临的问题,有助于提出有针对性的优化措施。

(二) 研究不足之处

由于缺乏必要的研究经费,未开展对典型企业和特色产业的实地调研工作,所用数据资料主要来自于政府网站、年报、统计年鉴及论坛。数据可得性问题在一定程度上限制了研究的视角,未来在经费许可情况下,将加强对涪陵产业和企业的调研。

第二章 文献综述

在中国经济多年持续高速增长的背景之下,资源消耗量大、自主创新能力不足、高新技术水平低等问题逐渐凸显出来,成为制约经济进一步健康发展的"枷锁",而产业的结构性矛盾就是这把"枷锁"的关键所在,如何促进产业结构优化升级成为中国目前经济急需解决的问题。国家"十三五"规划明确指出:到2020年产业迈向中高端水平,先进制造业加快发展,新产业新业态不断成长,服务业比重进一步上升。为此,学术界对产业结构优化的讨论也越来越多。本章对与产业结构优化相关的文献进行了细致的梳理,从产业结构优化的内涵、产业结构优化的指标和影响产业结构优化的因素等方面进行了系统的总结与回顾。

一、关于产业结构优化内涵的研究

虽然学界关于产业结构优化的内涵界定最终的落脚点都将它看作是一种动态的发展过程,但是在具体的内容上还是有所分歧,梳理之后发现,大都把产业结构优化的内涵归结为高级化、合理化、高效化3个方面。产业结构高级化是对产业的纵向发展特征的描述,强调的是由低端到高端的不断发展过程;产业结构合理化是从产业结构的横向发展特征出发,强调的是产业内部之间的一种合理配置;产业结构高效化是在这两者基础之上的延深,强调的是最终的经济效益。

(一)认为产业结构优化是指产业结构高级化+合理化

起初,周振华(1992)从合理化和高度化这两个角度界定产业结构优化。[①] 具体来看,产业结构高度化指产业结构水平由低端向高端的动态发展过程;产业结构合理化是指产业之间通过适当的有机配合和相互作用最终形成的一种无形的合力,而且这种合力要大于各种产业力机械相加之和。简单来说,也可以将合理化视为各产业之间的比例配置由不协调到协调的过程,

---

① 周振华. 产业结构优化论[M]. 上海:上海人民出版社,1992.

将高度化视为在更新技术中不断向现代化发展的过程。① 然而，对于低水平的产业结构是什么样的，所要达到的高端水平又是如何的状态，协调的比例搭配标准又是怎样的都没有做出明确的说明。

（二）认为产业结构优化是指产业结构合理化＋高级化＋高效化

随着产业结构优化研究的逐渐深入，学者们试图对产业结构优化进行更加全面的解释。黄继忠（2002）从经济效益、技术水平、再生产3个方面分析产业结构优化，提出了高效化、高度化及合理化为一体的产业结构优化内涵，并且将高效化作为这三者的核心②，这一新的提法是对之前高度化与合理化组合的一大突破。产业结构高效化强调的是低效率产业与高效率产业此消彼长的过程，与产业结构高度化的区别在于，高度化强调的是技术问题，而高效化强调的是最终的经济效益问题。这也是高效化能够成为三者核心的原因。但是在某些情况下，高效化与高度化的界限可能并不是很清晰。所以，这一观点在学界受到了较多质疑。

二、关于产业结构优化测度的研究

产业结构优化是一个动态的发展过程，对产业结构优化的测度只能基于相对属性。例如，定量研究某个地区某个时间点的产业结构是否得到了优化时，可以以空间为轴，选取其他地区作为基础，进行横向比较后判断它们之间存在的差距变化；也可以以时间序列为轴进行纵向比较，看是否随着时间推移在向所选择的方向上发展，进而得出该地区产业结构是否优化的结论。目前，对于产业结构优化的测度基本分为两种：一种是基于合理化与高度化的双指标测度；另一种是基于其他维度的多指标测度。

（一）基于合理化与高度化两个维度的指标测度

合理化与高度化作为衡量产业结构优化的两大标准得到了大多数学者的认可，所以以此为维度，分别设计能够反映产业结构合理化与高度化的单一或多个指数，进而判断产业结构是否得到优化是比较常见的测度方法。但是由于依据的理论基础不同，以及对合理化与高度化认识的侧重点不同，不同的学者在具体的指数设计上有很大的差别。干春晖等（2011）通过将重新定义的泰戈尔指数作为合理化指标，用第三产业与第二产业比作为高度化指

---

① 宋涛. 调整产业结构的理论研究 [J]. 当代经济研究, 2002 (11): 11-16.
② 黄继忠. 对产业结构优化理论中一个新命题的论证 [J]. 经济管理, 2002 (4): 11-14.

标，对中国改革开放以来几十年的产业结构发展趋势做出了一个直观的认识。① 匡远配等（2015）将三次产业结构与提前计算的标准产业结构的离差值作为合理化的测度指标，将各个产业劳动生产率占 GDP 的比重进行加权作为高度化指标。② 对合理化指标用到的就是衡量偏离度思想，这与干春晖等所用的思想是相通的，而对高度化的测度用到的是绝对值思想。细分来看，第二产业一般最能反映产业结构优化的程度，判断的标准就是初级加工业是否在向高附加值制造业推进，以结构超前值作为反映高度化发展程度指标，进而对各个工业大类进行排序，以特定的生产率指数作为合理化指标进行排序，研究发现"十一五"期间高度化与合理化并不是同步发展的，所以产业结构优化也就存在一定的问题③。以上是以单一指标衡量合理化与高度化维度的情况，一些学者认为，以单指标衡量产业结构高度化与合理化有些力不从心，应设计多指标体系以求获得更加完善的测量结果。黄溶冰等（2005）用有序熵来测度产业结构合理化，以运行熵来测量产业结构高度化，进而从静态与动态角度建立了 8 项指标，以此对某市产业结构的有序度和运行质量进行了定量测算。④ 一般认为，产业结构的优化最终会带来多种效益，所以从各种效益出发测算产业结构优化程度也是一种思路，以高加工度系数等为代表的产业结构高度化指标，以结构效应系数为代表的合理化系数指标都构成了产业结构优化的测度体系⑤，但是在实际应用中一些指标变量不好被量化。这种以合理化和高度化为维度建立指标的思路都带有一定的偏斜性与主观性。

（二）基于其他维度的指标测度

以其他分类为维度测度产业结构优化的指标也有许多。宋锦剑（2000）的指标维度包括产业结构高度化、地区结构和产业组织结构。他从三次产业占比到各产业满足度比，从重化工产业占比到环保产业占比，从原材料初级

---

① 干春晖，郑若谷，余典范. 中国产业结构变迁对经济增长和波动的影响 [J]. 经济研究，2011（5）：4 - 31.
② 匡远配，唐文婷. 中国产业结构优化度的时序演变和区域差异分析 [J]. 经济学家，2015（9）：40 - 46.
③ 何平，陈丹丹，贾喜越. 产业结构优化研究 [J]. 统计研究，2014，31（7）：31 - 36.
④ 黄溶冰，胡运权. 产业结构有序度的测算方法：基于熵的视角 [J]. 中国管理科学，2005（1）：122 - 128.
⑤ 邬义钧. 我国产业结构优化升级的目标和效益评价方法 [J]. 中南财经政法大学学报，2006（6）：73 - 77.

加工占比到技术密集型占比等角度全方位地构建了高度化指标群；从地区产值到人均产值，从地区趋同占比到地区特色占比等角度构建了地区结构指标群；从反应规模企业占比到反应企业寿命占比，以及产业集中度等角度构建了组织结构指标群。① 但是这些指标太过烦琐，缺少测度中心，操作性不强，用于测度产业结构优化不够理想。黄亮雄等（2013）通过建立产业结构调整幅度指数、生产率指数、复杂化指数、产业相似度指数来反映9年间产业结构的调整幅度、质量与路径，从横向与纵向两个方向比较了产业结构优化的趋势和程度。② 在建立指标群之后，运用因子分析法进而建立产业结构优化的最终指标，可以解决标准过多的问题，李子伦（2014）从宏观视角出发提取科研能力、人力资本和资源利用效率这3种要素进行了测算，得出了11个国家产业结构优化升级指数的最终排名③。

三、关于影响产业结构优化因素的研究

目前对于影响产业结构优化因素的讨论较多。梁树广（2014）通过构建理论模型将这些因素按照对产业结构优化的影响深度依次排序为基础设施、技术、外商投资、固定资产投资和人力资本。④ 但是，不同的研究侧重点不同。整体来看，影响产业结构优化的因素主要包括技术创新、外商投资（FDI）和对外贸易。

（一）技术创新对产业结构优化的影响

1. 技术创新对产业结构优化影响的模型分析

Abernathy 和 Utterback（1978）提出的 A-U 动态模型成为最早研究技术创新对产业结构演变影响的重要方法。⑤ Adner 和 Levinthal（2001）从异质性的市场角度将产业演化分为3个阶段，得出不同形式的技术创新对应着不

---

① 宋锦剑. 论产业结构优化升级的测度问题 [J]. 当代经济科学, 2000 (3): 92-97.
② 黄亮雄, 安苑, 刘淑琳. 中国的产业结构调整: 基于三个维度的测算 [J]. 中国工业经济, 2013 (10): 70-82.
③ 李子伦. 产业结构升级含义及指数构建研究: 基于因子分析法的国际比较 [J]. 当代经济科学, 2014, 36 (1): 89-98.
④ 梁树广. 产业结构升级影响因素作用机理研究 [J]. 商业研究, 2014 (7): 26-31.
⑤ ABERNATHY W J, UTTERBACK J M. Patterns of Innovation in Technology [J]. Technology Review, 1978, 80 (7): 40-47.

同的产业发展阶段,但是随着时间的推移,整体的演化方向是在向高级化发展。① 这与 A-U 模型得出的结论基本一致。随后,Witt(2001)则从消费者需求视角出发,认为消费者的多样化需求欲望促使技术不断改进,从而促使落后产业淘汰,新兴产业不断涌现,最终有利于产业结构向更加优化的方向发展。② 随着研究的深入,两者之间的关系受到了更多关注。从宏观层面看,由 C-D 生产函数模型测算,对于技术选择指数越大的产业,其产业结构优化的速度越快(黄茂兴 等,2009)。③ 从微观角度出发,通过建立新型产业结构进化模型可以测度出,物质资本节约型的创新是推动产业结构不断进化升级的核心因素(龚轶 等,2013)。④ 将技术进一步细分为技术效率和技术进步,运用脉冲响应函分析可以得出,技术效率对第一、第二产业影响较大,技术进步对第二产业影响较大(李健 等,2011)。⑤ 然而,进一步深究技术创新来源,通过建立 SDM 溢出效应模型会发现,物质、技术、创新三要素集聚下的技术创新对产业结构优化有正向的影响作用(陶长琪 等,2016)。⑥ 但是,不同国家或地区的特点不同,所以适合的创新形式也有所差别。用 Agent 模拟方法发现,比起产品创新,中国更适合的创新是过程创新(钟章奇 等,2017)。⑦ 总之,技术创新对产业结构的优化作用不容忽视,应该鼓励企业之间进行技术交流学习,从而更快促进产业结构优化升级。

2. 技术创新对产业结构优化的作用机制

在技术创新对产业结构优化的作用机制方面,不同学者存在不同的看法。从产业间竞争的角度来看,产品技术的创新会通过扩大市场份额进而促

---

① ADNER R,LEVINTHAL D. Demand heterogeneity and technology evolution:implications for product and process innovation [J]. Management Science,2001,47(5):611-628.

② WITT U. Learning to consume:a theory of wants and the growth of demand [J]. Journal of Evolutionary Economics,2001,11(1):23-36.

③ 黄茂兴,李军军. 技术选择、产业结构升级与经济增长 [J]. 经济研究,2009(7):143-151.

④ 龚轶,顾高翔,刘昌新. 技术创新推动下的中国产业结构进化 [J]. 科学学研究,2013(8):1252-1259.

⑤ 李健,徐海成. 技术进步与我国产业结构调整关系的实证研究 [J]. 软科学,2011,25(4):8-14.

⑥ 陶长琪,周璇. 要素集聚下技术创新与产业结构优化升级的非线性和溢出效应研究 [J]. 当代财经,2016(1):84-93.

⑦ 钟章奇,王铮. 创新扩散与全球产业结构优化:基于 Agent 模拟的研究 [J]. 科学学研究,2017,35(4):611-624.

进产业增长，过程创新会影响产业规模，专业知识扩散会影响产业的竞争优势，最终整体影响产业结构的优化（Porter，2000）。① 从市场竞争的角度来看，技术创新可以通过市场竞争机制不断淘汰落后产业，发展新兴产业，促进产业结构优化，但同时会使区域形成对技术创新的依赖（Arthur，1989）。② 从价值链的整体角度看，技术、市场、全产业链是推动产业升级的3种途径，由于具体产业的特点及所处发展阶段的不同，可以适时选择这3种路径中的一种或几种配合使用（张银银 等，2015）。③ 然而，付宏等（2013）则从哲学、宏观与微观的全方位视角出发对此作用机制做了说明，哲学方面表现为技术创新自身内部的不断扬弃，宏观上表现为研发要素的投入作用，微观上表现为生产最大化效率是否达到生产的可能性边界，以及它对产业结构高级化所产生的影响。④

（二）FDI对产业结构优化的影响

随着国际开放程度的加深，外商为了追求利润最大化会对东道国进行直接投资，一定程度上会对东道国的产业结构调整产生影响。但是这种影响并不是绝对的，要区别对待。如果外商直接投资的产业与东道国的优势产业类型相一致，就不会对东道国的产业结构优化起到促进作用（Hunya，2002）。⑤ 但是如果FDI是以市场为导向的，从长期来看会有利于东道国经济的发展；如果FDI是以资源为导向型的，则可能不但不会产生正向影响，反而会对东道国产业结构优化产生负面影响（Akbar et al.，2004）。⑥ 随着研究的逐渐深入，目前多从微观入手，定量研究外商投资与产业结构优化之间的关系，以及两者之间的作用机制。

---

① PORTER M. Location, competition, and economic development: local clusters in a global economy [J]. Economic Development Quarterly, 2000, 104: 15 – 35.

② ARTHUR W B. Competing technologies, increasing return sand locking by historical events [J]. The Economic Journal, 1989, 99 (394): 116 – 131.

③ 张银银，黄彬. 创新驱动产业结构升级的路径研究 [J]. 经济问题探索, 2015 (3): 107 – 112.

④ 付宏，毛蕴诗，宋来胜. 创新对产业结构高级化影响的实证研究：2000—2011年的省际面板数据 [J]. 中国工业经济, 2013 (9): 56 – 68.

⑤ HUNYA G. Restructuring through FDI in Romanian manufacturing [J]. Economic Systems, 2002 (4): 387 – 394.

⑥ AKBAR Y H, MCBRIDE J B. Multinational enterprise strategy foreign direct investment and economic development: the case of the Hungrian banking industry [J]. Journal of World Business, 2004 (1): 89 – 105.

1. FDI 对产业结构优化影响的实证分析

关于 FDI 对东道国产业结构优化影响的研究大都集中于探讨两者之间是否存在关系及怎样的关系。程进（2005）借助江苏省 17 年的外商直接投资与第三产业的相关数据，运用格兰杰因果检验得出，外商直接投资对第三产业的发展有促进作用，所以引导外资向第三产业倾斜会加速产业结构的升级。① 然而，使用不同的数据可能会得到不一样的结果，同样用格兰杰因果检验法对中国 21 年的数据整理分析发现，外商直接投资会对产业结构产生一定的正向影响，但是对第二产业的影响最大，对第三产业的影响最小（李雪，2005）。② 此外，外商直接投资对产业结构优化的影响具有时滞性，所以短期与长期的影响作用存在差别。通过 VAR 和 VEC 模型分析发现，从短期来看，外商直接投资会推动第一、第三产业的发展，但是从长期来看，外商直接投资只是对第二产业的发展起到推动作用（杨安，2013）。③ 张林（2016）通过建立合理化与高度化指标，进而运用回归分析发现，外商投资对产业结构合理化和高度化都产生了正向影响，即对产业结构优化产生了正向影响。④ 总之，外商直接投资对产业结构优化的影响作用或多或少是存在的。

2. FDI 对东道国产业结构优化的作用机制

FDI 通过多种作用机制对产业结构优化产生影响。首先是关联机制，外商直接投资可以促使东道国发展与外商目标需求相关联的产业，这些产业会进一步融入跨国公司的全球供应链体系之中，最终逐渐形成与其他国的竞争格局（Markusen et al.，1999）。⑤ 以捷克为例，确实发现外商投资通过与母国企业的联系带动了捷克的产业结构优化（Kippenberg，2005）。⑥ 然而，如果外商投资的目的是利用东道国低成本的劳动力进行出口加工生产，那么其

---

① 程进. 外资集聚效应与产业结构升级关系：以江苏为例的研究 [J]. 上海经济研究，2005 (11)：116 - 121.

② 李雪. 外商直接投资的产业结构效应 [J]. 经济与管理研究，2005 (1)：15 - 18.

③ 杨安. 外商直接投资对我国产业结构的影响研究：基于 VAR 和协整检验得实证分析 [J]. 求索，2013 (3)：54 - 56.

④ 张林. 中国双向 FDI、金融发展与产业结构优化 [J]. 世界经济研究，2016 (10)：111 - 124.

⑤ MARKUSEN J R，VENABLES A J. Foreign direct investment as a catalyst for industrialdevelopment [J]. European Economic Review，1999 (2)：335 - 356.

⑥ KIPPENBERG E. Sectoral linkages of foreign direct investment finns to the Czech economy [J]. Research in International Business and Finance，2005，19：251 - 265.

与东道国产业结构的关联效应就会很小甚至没有（Reuber,1973）。[①] 所以两者之间关联效应的大小与母国对东道国投资的产业类型有一定的关系。如果投资的是技术含量较高的产业，那么会在很大程度上产生技术外溢效应。截至目前，借助国家或地区的数据对技术外溢作用机制的研究较多。Branstetter（2001）从微观角度出发，通过对美国和日本的面板数据分析得出，外商直接投资对东道国具有技术外溢效应。[②] 然而，从发展中国家来看，Blomström 等（1994）对墨西哥的制造业进行了分析，其研究结果是，外商投资会产生很大程度的技术外溢，所以政府应积极倡导改善国内环境，以吸引更多的外商投资，促进国内产业结构优化。[③] 从国内来看，通过 Feder 模型对中部地区产业结构优化的研究发现，FDI 会通过技术外溢产生正向影响（黄日福，2007）。[④] 但是，也有研究发现了相反的结论，例如，对摩洛哥制造业进行分析后发现，外商投资带来的是负溢出效应的作用（Haddad et al.,1993）。[⑤] 在对委内推拉的分析中也得到了相似的结果（Aitken et al.,1999）。[⑥] 可以认为，这种相反的结论可能与外商投资金额、投资产业类型及东道国自身的经济发展状况有很大的关系。最后，FDI 通过市场结构影响产业结构优化。跨国公司进行海外投资，会增加东道国的企业数量与种类，从而加速市场竞争，对市场结构产生不同程度的影响，进而促进整个产业结构的优化（Gorecki,2001）。[⑦]

（三）对外贸易对产业结构优化的影响

随着全球化对外贸易的发展，企业会扩大市场范围，增加规模效益，降

---

① REUBER G L. Private foreign investment in development [J]. Canadian Journal of Economics, 1973, 8 (4): 631.

② BRANSTETTER L G. Are knowledge spillovers international or international in scope?: micro-econometric evidence from the US and Japan [J]. Journal of International Economics, 2001, 53 (1): 53 – 79.

③ BLOMSTRÖM M, KOKKO A, ZEJAN M. Host country competition, labor skills, and technology transfer by multinationals [J]. Review of World Economics, 1994, 130 (3): 521 – 533.

④ 黄日福. FDI 的技术外溢：基于中部地区的实证研究 [J]. 求索, 2007 (2): 42 – 43.

⑤ HADDAD M, HARRISON A. Are there positive spillovers from direct foreign investment?: evidence from panel data for Morocco [J]. Journal of Development Economics, 1993, 42 (1): 51 – 74.

⑥ AITKEN B J, HARRISON A E. Do domestic firms benefit from direct foreign investment?: evidence from Venezuela [J]. The American Economic Review, 1999, 89 (3): 605 – 618.

⑦ GORECKI P K. The determinants of entry by domestic and foreign enterprises in Canadian manufacturing industries: some comments and empirical results [J]. Review of Economics and Statistics, 2001, 58 (4): 485 – 498.

低企业单位成本,最终促进产业结构的整体优化。目前,关于对外贸易对产业结构影响的分析分为两类:一类是检验两者之间是否存在关系;另一类是具体分析不同类型的对外贸易对产业结构优化的作用机制。

1. 不同的对外贸易类型与产业结构优化关系的分析

一般来看,研究对外贸易与产业结构优化的关系要分别从进出口展开。有研究表明,在进口是以资本品为主、出口是以消费品为主的情况下,才能推动产业结构的优化(Mazumdar,1996)。① 有关对外贸易与产业结构之间关系的研究都是通过实证分析寻找两者之间的潜在关系,其中格兰杰因果检验、协整检验、面板数据检验、相关检验是用到的最多的计量工具。陈建华等(2009)在对18年来产业总值进行研究的基础之上发现,出口结构的变化是产业结构变化的原因,进口结构的变化并不会对国内产业结构产生影响。② 贸易对产业结构的影响与产业要素密集度有关。在劳动密集型行业中,进出口对产业结构优化有显著的正向影响;在资本密集型行业中,只有进口贸易对该行业有正向的作用(李荣林 等,2010)。③ 但是,在这个方面的研究结论并不一致。黄庆波等(2010)通过对中印两国外贸额的分析发现,出口是第二、第三产业发展的格兰杰原因,进口则只是第三产业发展的原因。④ 刘希宋等(2009)从新的视角出发,运用VAR理论、脉冲响应函数等对两者之间的关系进行了分析。⑤ 他发现,与第一、第三产业相比,对外贸易对第二产业有明显的带动作用。进一步的研究需要揭示出每种产业的具体比重变化情况。吴进红(2005)在对长江三角洲地区的研究中给出了答案,出口每增加1个百分点,第一、第二、第三产业产值分别会增多0.679个百分点,1.010个百分点,1.337个百分点。⑥ 所以,不同产业有不同的特

---

① MAZUMDAR J. Do static gains from trade lead to medium-run growth [J]. Journal of Political Economy,1996,104(6):1328-1337.
② 陈建华,马晓逵. 中国对外贸易结构与产业结构关系的实证研究 [J]. 北京工商大学学报,2009,24(2):1-5.
③ 李荣林,姜茜. 我国对外贸易结构对产业结构的先导效应检验:基于制造业数据分析 [J]. 国际贸易问题,2010(8):3-12.
④ 黄庆波,范厚明. 对外贸易、经济增长与产业结构升级:基于中国、印度和亚洲"四小龙"的实证检验 [J]. 国际贸易问题,2010(2):38-43.
⑤ 刘希宋,邱瑞,张玉喜. 基于VAR模型的对外贸易与产业结构关联分析 [J]. 商业研究,2009(9):146-149.
⑥ 吴进红. 对外贸易与长江三角洲地区的产业结构升级 [J]. 国际贸易问题,2005(4):58-62.

质,只是笼统来看两者之间的关系,难以发现产业间真实的变动情况。

2. 对外贸易对产业结构优化影响的作用机制

对外贸易可以通过比较优势促进国际分工,进而使分工国家获得更大的市场份额,最终促进部门产业结构的不断优化(Matsuyama,2009)。[①] 从国际贸易内容入手研究发现,服务贸易出口通过技术进步和人力资本这两种中介效应对产业结构优化升级产生作用,服务贸易进口通过人力资本与技术效应对产业结构优化产生影响(伍华佳 等,2009)。[②] 杨丹萍等(2016)认为,首先,进口可以使进口国对产品技术进行破解和模仿,进而改善原有的生产技术,提高生产效率,从而促进国内产业结构的优化;其次,企业因面临竞争会加剧对高技能人才的需求,从而促进高技术人才的增多,最终对国内的产业结构产生积极的影响。[③]

(四)其他影响产业结构优化的因素

除了以上角度外,从其他方面入手对产业结构优化的讨论逐渐增多,如人口结构变动、产业耦合程度、单一关联产业、货币政策、产业政策、收入差距等都在不同方面对产业结构优化具有影响。目前,人口老龄化问题突出,汪伟等(2015)基于对中国21年来数据的分析得出一个乐观的结论,人口老龄化对产业结构优化有一定的促进作用,这种促进作用是通过增加消费、增加高技术人才、增加企业对资本和技术要素的需求这3种途径实现的。[④] 陶长琪等(2015)通过回归分析发现,耦联度是影响产业结构的一个因素,制造业与信息产业产业耦联度越高,对产业结构优化的作用就越强。[⑤] 然而,从金融角度来看,金融集聚会促进第一产业比重下降,第二、第三产业比重上升,而且第三产业比重增加要快于第二产业(施卫东,

---

[①] MATSUYAMA K. Structural change in an interdependent world: a global view of manufacturing decline [J]. Journal of the European Economic Association, 2009, 7 (2/3): 478 – 486.

[②] 伍华佳,张莹颖. 中国服务贸易对产业结构升级中介效应的实证检验 [J]. 上海经济研究, 2009 (3): 20 – 27.

[③] 杨丹萍,杨丽华. 对外贸易、技术进步与产业结构升级:经验、机理和实证 [J]. 管理世界, 2016 (11): 172 – 173.

[④] 汪伟,刘玉飞,彭冬冬. 人口老龄化的产业结构升级效应研究 [J]. 中国工业经济, 2015 (11): 47 – 60.

[⑤] 陶长琪,周璇. 产业融合下的产业结构优化升级效应分析:基于信息产业与制造业耦联的实证研究 [J]. 产业经济研究, 2015 (3): 21 – 31.

2010）。① 李新功（2016）对河南省36年的数据分析发现，金融业的改善是产业结构优化的原因，对三次产业影响度的排序依次为第三产业、第二产业、第一产业。② 同时，彭俞超等（2016）基于数值模拟分析发现，结构性货币政策与非结构性货币政策均能促进产业结构优化。③ 但是，在实际操作过程中，货币政策还是要依附于产业政策。郑万吉等（2015）通过建立自回归模型与脉冲响应函数发现，从长期来看，城乡收入差距会对一个省的产业结构升级产生阻碍作用，并向周围不断蔓延。④

四、结论

产业结构优化属于产业结构调整的一个重要内容，是当前许多国家和地区在发展产业方面必须权衡的一个核心问题。产业结构优化了，地区产业就有了持续发展的动力，就可以确保一个地区的产业安全。相反，产业结构问题重重，会导致一个地区发展动力的缺失，进而影响到其他经济和社会方面。

到目前为止，关于产业结构优化研究的文献众多，但是对产业结构优化的内涵没有达成共识，对于产业结构优化的衡量指标存在较多争议，一些指标带有主观性与片面性，不具有普适性。由于数据及理论依据的不同，按照同一指标对同一地区产业结构优化程度的测量也会出现不同的结果。产业结构优化受到了较多因素的影响，学术界讨论较多的是技术创新、FDI和对外贸易对其的影响，此外，人口结构、产业耦合度、产业政策等也都在不同程度上具有影响。

这些研究在不同侧面为产业政策的制定提供了参考，为研究者提供了进一步探索的空间。产业政策制定者可以从中明确不同因素对产业结构优化的作用机制，从而寻找合适的中间变量作为政策工具加以调整；研究者可以在此基础上使测度指标更为科学，并采用综合方法找出影响产业结构优化的关键因素。

---

① 施卫东. 城市金融产业集聚对产业结构升级影响的实证分析：以上海为例 [J]. 经济经纬, 2010 (6): 132-136.
② 李新功. 区域金融改善与产业结构优化 [J]. 科学学研究, 2016, 34 (6): 833-840.
③ 彭俞超, 方意. 结构性货币政策、产业结构升级与经济稳定 [J]. 经济研究, 2016 (7): 29-42.
④ 郑万吉, 叶阿忠. 城乡收入差距、产业结构升级与经济增长 [J]. 经济学家, 2015 (10): 61-67.

第三章 涪陵产业结构状况

根据涪陵区1998—2015年统计年鉴得到的数据，截至2015年年底就业人数达到76.5万人，其中第一产业就业人数达到18.68万人，占总就业人数的24.42%；第二产业就业人数26.7万人，占总就业人数的34.90%；第三产业就业人数31.12万人，占总就业人数的40.68%。生产总值达到8 131 946万元，第一产业生产总值517 697万元，第二产业生产总值4 932 925万元，第三产业生产总值2 681 324万元；相比1998年，2015年总的生产总值增加了92.99%，第一、第二、第三产业生产总值分别呈上升趋势。三次产业结构从2014年的6.3∶61.5∶32.2调整为6.4∶60.6∶33.0，可见第三产业比重略有上升，第二产业比重略有下降。本章基于三次产业划分法，分别从产业产值变化趋势和就业变化趋势对涪陵产业结构状况进行了分析。

一、涪陵区三次产业产值变化趋势分析

（一）涪陵区第一、第二、第三产业生产总值分析

产业生产总值是衡量一个地区产业结构状况最常用的指标，可通过对三次产业生产总值的比较分析涪陵产业结构。表3-1列举了1998—2015年涪陵区第一、第二、第三产业生产总值。由表3-1可以看出，第一、第二、第三产业生产总值一直处于增长之中，这说明涪陵区从1998年以来经济发展态势稳定；第二产业生产总值高于第一、第三产业生产总值，这说明第二产业在涪陵经济中至关重要。1998—2015年，第一产业生产总值由9.18亿元增长到51.77亿元，翻了5倍多，几何平均增速为110.71%；第二产业生产总值由27.96亿元增长到493.29亿元，翻了17倍多，几何平均增速为118.39%；第三产业生产总值由19.89亿元增长到268.13亿元，翻了13倍多，几何平均增速为116.53%。因此，从产业生产总值增长速度看，第二产业＞第三产业＞第一产业，这更加证实了第二产业的地位。

第三章 涪陵产业结构状况

表 3-1 1998—2015 年涪陵区第一、第二、第三产业生产总值

单位：亿元

年份	第一产业生产总值	第二产业生产总值	第三产业生产总值
1998	9.18	27.96	19.89
1999	9.32	32.23	22.30
2000	9.42	35.53	24.37
2001	9.69	39.45	27.45
2002	10.77	44.23	30.26
2003	12.18	51.79	33.85
2004	14.21	60.16	38.55
2005	15.44	69.16	50.48
2006	14.60	92.75	77.93
2007	20.88	119.94	93.40
2008	24.93	172.43	115.01
2009	26.64	197.29	131.10
2010	30.25	256.20	148.04
2011	37.29	346.09	173.96
2012	42.03	386.83	201.67
2013	45.53	431.42	213.09
2014	47.97	466.10	243.41
2015	51.77	493.29	268.13

资料来源：1999—2016 年涪陵区统计年鉴。

图 3-1 是第一、第二、第三产业生产总值随时间的变化趋势。可以看出，第二产业生产总值的变化要大于第一产业和第三产业。自 2005 之后，第一产业生产总值的增长慢于第二产业和第三产业；第二产业生产总值的增长在 2007 年之后要明显比第三产业生产总值增长得快，第二产业生产总值在 2009—2012 年迅速增加；第三产业生产总值在 2005 年之前缓慢增长，2005 年之后快速增长。这说明，1998—2015 年第二产业一直是涪陵区经济的最主要支撑。

（二）涪陵区第一、第二、第三产业生产总值占地区生产总值的比重分析

如计算涪陵区三次产业生产总值占地区生产总值的比重，可得到如

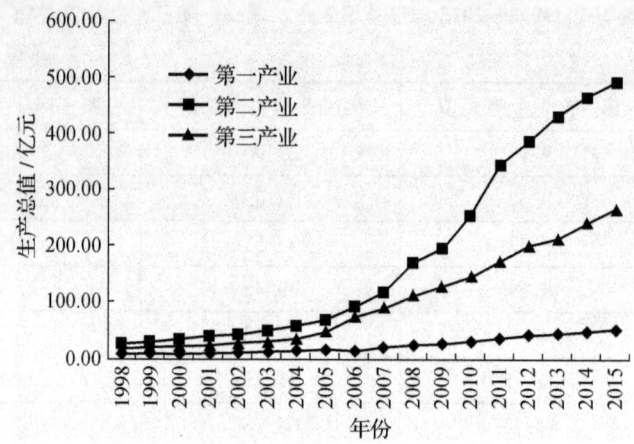

图 3-1　涪陵区第一、第二、第三产业生产总值随时间变化的趋势

资料来源：1999—2016 年涪陵区统计年鉴。

表 3-2 所示的结果。计算结果表明，1998—2015 年涪陵区第一产业生产总值占地区生产总值的比重一直在减少，2015 比 1998 年的比重绝对数下降了 9.73%；第二产业生产总值基本上呈上升趋势，但 2005 年、2006 年、2007 年这三年的生产总值相比 2004 年有所下降，2008 年之后第二产业生产总值的比重逐步回升；第三产业生产总值占比先增加后下降，之后平稳增加，2015 年第三产业生产总值占地区生产总值的比重绝对数相比 1998 年下降了 1.9%。

　　从计算的结果可以看出，涪陵区对产业结构做出了相应的调整，第一产业的比重不断减少，第二产业和第三产业的比重不断增加，重工业和现代化服务业对当地经济发展发挥着不可替代的作用。三次产业生产总值占比能较准确地衡量出一个地区的产业结构状况和经济发展水平，本节选取了涪陵统计年鉴中的相关数据计算出三次产业生产总值的占比，通过各年间的比较，可以直观地展现出涪陵区三次产业发展程度和产业结构。

表 3-2　1998—2015 年涪陵区第一、第二、第三产业生产总值占总生产总值的比值

单位：%

年份	第一产业占比	第二产业占比	第三产业占比
1998	16.10	49.02	34.87
1999	14.59	50.48	34.92

续表

年份	第一产业占比	第二产业占比	第三产业占比
2000	13.59	51.24	35.15
2001	12.56	51.50	35.84
2002	12.63	51.87	35.49
2003	12.45	52.94	34.60
2004	12.58	53.28	34.14
2005	11.43	51.19	37.37
2006	7.88	50.05	42.06
2007	8.91	51.20	39.87
2008	7.98	55.19	36.82
2009	7.50	55.56	36.92
2010	6.96	58.96	34.07
2011	6.69	62.09	31.21
2012	6.67	61.34	31.98
2013	6.60	62.51	30.88
2014	6.33	62.53	32.13
2015	6.37	60.65	32.97

资料来源：根据涪陵统计年鉴中三大产业生产总值数据计算得到，最终数值保留小数点后两位。

根据涪陵统计年鉴计算涪陵区三次产业生产总值占地区生产总值的比重，结果如图3-2所示，由图3-2可以直观地看出三次产业占比随时间变化的趋势。

由图3-2可见，涪陵区第三产业生产总值占比呈倒"V"形，第二产业生产总值占比呈"V"形，第三产业生产总值占比与第二产业生产总值占比大致呈钳状散开，两者较为接近的时间是2005—2007年，但是这种接近状态并没有演化为趋势，"钳夹"反而在2007年以后扩大了，"钳夹"扩大背后必然暗含着复杂的政治经济因素；相比之下，第一产业生产总值占比整体上稳定地呈下降趋势，与国内发达地区第一产业发展趋势相吻合，也符合世界上第一产业的运动规律。

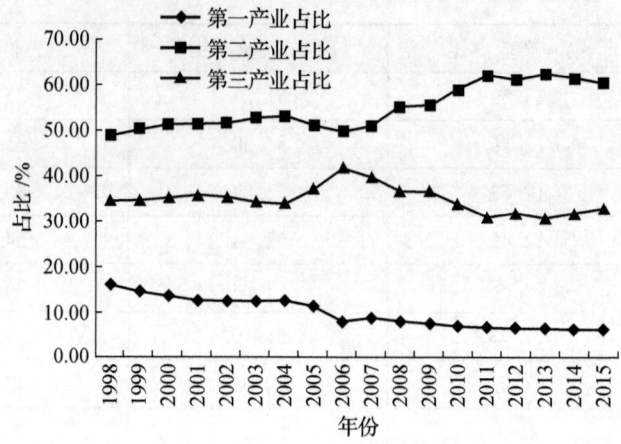

图 3-2　涪陵区第一、第二、第三产业占生产总值的比重随时间变化的趋势

二、涪陵区三次产业就业变化趋势分析

（一）涪陵区三次产业就业人数分析

产业构成及产业之间的比例关系构成了产业结构。随着经济发展，分工越来越细，部门越来越多，因受到各种因素的影响，这些不同的部门会在生产总值和就业人数等方面存在差异。就业人数的不同是衡量产业结构状况的指标之一，可从三次产业就业人数差异对涪陵产业结构进行分析。

图 3-3 反映了第一、第二、第三产业就业人数随时间变化的趋势。从图中可以看出，第一产业就业人数一直呈下降的趋势，在 2009 年之后第三产业就业人数超过了第一产业就业人数，于 2012 年之后第二产业就业人数超过了第一产业就业人数；第二产业和第三产业就业人数一直保持上升的趋势，从 1998 年到 2015 年第三产业就业人数一直高于第二产业就业人数。因此，从就业结构讲，涪陵第三产业就业重要性要高于第二产业，而第二产业就业重要性高于第一产业。从时间趋势变化看，劳动力在不断由第一产业转移到第三产业和第二产业，这种趋势没有逆转迹象。

（二）涪陵区三次产业就业人数占总就业人数比值分析

表 3-3 给出了 1998—2015 年涪陵区三次产业就业人数占总就业人数比重的数据。从表中可以看出，第一产业就业人数占总就业人数的比重在不断减少，第二产业和第三产业就业人数占总就业人数的比重在不断增加，这说

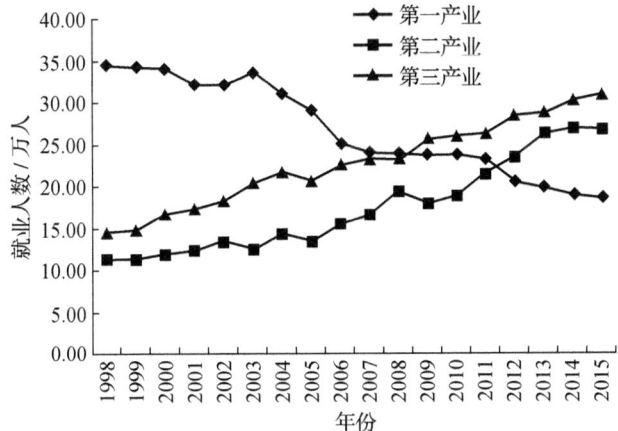

图 3-3 涪陵区第一、第二、第三产业就业人数随时间变化的趋势

资料来源：1999—2016 年涪陵区统计年鉴。

明涪陵区就业结构一直在改变，就业人员偏好于从事第二产业和第三产业。

表 3-3 1998—2015 年涪陵区第一、第二、第三产业就业人数占总就业人数的比值

单位：%

年份	第一产业就业人数占比	第二产业就业人数占比	第三产业就业人数占比
1998	57.14	18.70	24.16
1999	56.77	18.57	24.66
2000	54.34	18.85	26.82
2001	51.95	19.85	28.20
2002	50.34	20.91	28.75
2003	50.50	18.67	30.82
2004	46.35	21.16	32.49
2005	45.97	21.17	32.86
2006	39.59	24.45	35.96
2007	37.60	25.90	36.51
2008	35.81	28.99	35.21
2009	35.26	26.52	38.22
2010	34.70	27.43	37.88

续表

年份	第一产业就业人数占比	第二产业就业人数占比	第三产业就业人数占比
2011	32.79	30.17	37.04
2012	28.48	32.33	39.19
2013	26.61	35.12	38.27
2014	25.03	35.19	39.78
2015	24.42	34.90	40.68

资料来源：根据涪陵统计年鉴中三大产业就业人数数据计算得到，最终数据保留小数点后两位。

图3-4清楚地反映出1998—2015年三次产业就业人数占总就业人数比重的变化。在2003年以前，第一产业就业人数在总就业人数中的比重超过了第二、第三产业比重之和，此后呈相对下降状态，在2009年被第三产业超越，在2012年被第二产业超越。但是，直到2015年第一产业就业人数的占比为24.42%，处于全国平均水平，但是远高于发达地区的水平，例如，高于上海市的3.38%、北京市的4.24%、天津市的7.75%、浙江省的13.20%、江苏省的18.40%[①]。

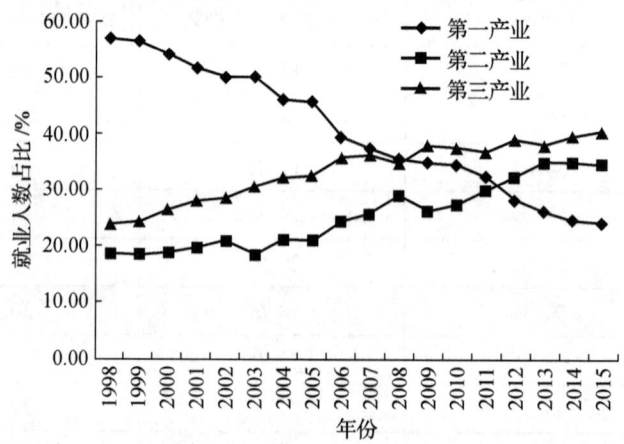

图3-4 涪陵区第一、第二、第三产业就业人数占总就业人数的占比随时间变化趋势

---

① 上海市、北京市、天津市、浙江省、江苏省五省市第一产业就业人数占比的数据是根据这五个省市2016年的统计年鉴进行计算而得的。

第四章　涪陵产业结构优化水平测算

产业结构优化被认为是产业结构不断向高度化与合理化方向推进的过程。[①] 本章以此为理论基础将产业结构优化水平的测算分为产业结构高度化测算与产业结构合理化测算。

一、产业结构优化测算指标的选取

(一) 产业结构合理化指标

产业结构合理化是指产业之间通过适当的有机配合和相互作用最终形成的一种无形的聚合力。本小节采用结构偏离度和泰尔指数两种指数作为产业结构合理化测算的指标。

结构偏离度指数是用于考察产业就业结构和产值结构对称性的一种经济指标，也是测算产业结构效益的指标。产值结构与就业结构越不对称，偏离度越高，产业结构效益就会越低。计算方法是将三次产业偏离度指数的绝对值求和。其计算公式为：

$$E = \sum_{i=1}^{n} \left| \frac{Y_i/L_i}{Y/L} - 1 \right|。$$

在以上公式中，E 表示偏离度；Y 表示产业总值；L 表示就业；i 表示产业；Y_i 表示第 i 个产业的产值；n 表示产业总的部门数，本节中 $n = 3$；Y/L 表示生产率。当经济处于均衡时，$E = 0$；E 越大，说明经济结构越不合理。

泰尔指数是因泰尔与亨利（Theil and Henri，1967）利用信息理论中的熵概念计算收入不平等而得名的，一般被用来衡量个人或者地区间收入差距，其计算公式为：

$$T = \frac{1}{n} \sum_{i=1}^{n} \frac{Y_i}{Y} \log\left(\frac{Y_i}{Y}\right)。$$

[①] 周振华. 产业结构优化论 [M]. 上海：上海人民出版社，1992.

其中，$\bar{Y}$ 表示三大产业平均产值。

为了最大限度符合我们要研究的对象，本节在不改变泰尔指数原有意义的基础上对泰尔指数稍微做了变动，其计算公式如下：

$$TL = \sum_{i=1}^{n} \frac{Y_i}{Y} \ln\left(\frac{Y_i}{Y} \Big/ \frac{L_i}{L}\right)。$$

公式中 Y_i/Y 表示各个产业的产值份额；L_i/L 表示各产业的就业份额。当一个产业的产值份额与就业份额相等，即 $Y_i/Y = L_i/L$ 时，泰尔指数为 0，经济处于均衡状态；泰尔指数越大，表明越偏离经济均衡状态。

（二）产业结构高度化指标

产业结构高度化指产业结构水平由低级向高级的发展过程。因此，产业结构高度化指标实际上是衡量产业结构升级的绝对指标。

随着第三产业的快速发展，各种生产要素向第三产业聚集，所以可以把第三产业与第二产业的比值作为产业结构高度化的测算指标，这一指标能更好地反映产业结构是否向服务化的方向发展。计算出的比值越大说明产业结构高度化程度越高。具体计算公式为：

$$GD_1 = \frac{第三产业产值}{第二产业产值}。$$

此外，第三产业从业人数越多，反映出经济水平越高。因此，选取第三产业就业人数与第二产业就业人数的比值作为另一个测算产业结构高度化的指标。其计算公式为：

$$GD_2 = \frac{第三产业就业人数}{第二产业就业人数}。$$

同样，该指标比值越大，说明第三产业吸引的劳动力越多，第三产业发展越快，从而产业结构高度化水平越高。

二、测算涪陵产业结构合理化与高度化水平

（一）涪陵产业结构合理化测算

根据产业结构偏离度指数和泰尔指数计算出涪陵产业结构合理化水平如表 4-1 所示。

第四章 涪陵产业结构优化水平测算

表 4-1 1998—2015 年涪陵产业结构偏离度指数与泰尔指数

年份	E	TL
1998	2.783	0.396
1999	2.877	0.428
2000	2.780	0.420
2001	2.623	0.398
2002	2.464	0.371
2003	2.712	0.418
2004	2.297	0.345
2005	2.307	0.341
2006	2.018	0.297
2007	1.833	0.256
2008	1.727	0.252
2009	1.917	0.282
2010	2.050	0.303
2011	2.012	0.288
2012	1.847	0.231
2013	1.725	0.202
2014	1.688	0.188
2015	1.667	0.180

资料来源：根据 1998—2015 年涪陵统计年鉴中三大产业生产总值与从业人数数据计算得到。为了准确比较起见，保留小数点后三位。

表 4-1 表明，整体来看，1998—2015 年涪陵产业结构的偏离度指数（E）较大，全都在 1.6 以上，这表明产业结构与就业结构偏离度较高，现有的产业结构经济效益较低，有待根据地区的实际情况进行一定的产业结构调整；而通过观察泰尔指数发现，TL 测算值都在 0.1～0.5，这表明通过 TL 指数测算的产业结构合理化程度较高。同时，2015 年测算的 TL 值不足 1998 年的一半；而对于 E 值来说，1998 年与 2015 年相比并没有这么大的差距。

由图 4-1 可以看出，E 值曲线和 TL 曲线整体都呈下降趋势，这说明涪陵产业结构处于不断调整和改善的过程中。具体来看，两个曲线的波动年份也基本一致,在2003年、2009年、2010年这3年 E 值和 TL 值都稍有上升,这可能与当年政府特定的发展政策有关;此外,两曲线的最高点都在1999年,两曲线的最低点都出现在2015年,而且有继续下降的趋势,这说明涪陵产业结构总体在向合理化的方向发展,并且未来也有向合理化方向发展的倾向。

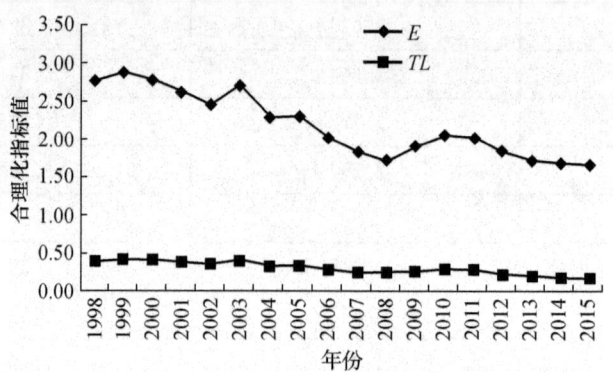

图4-1 涪陵产业结构合理化趋势

（二）涪陵产业结构高度化测算

根据高度化指标 GD_1 和 GD_2 对涪陵产业结构高度化水平测算结果如表4-2所示。

由表4-2可以看出, GD_2 的值明显大于 GD_1 的值,这表明用涪陵区产值比测算的产业结构高度化水平要小于用就业人数比测算的产业结构高度化水平。具体看来, GD_1 的值都处于小于1的水平,这说明涪陵区第三产业的生产总值小于第二产业的生产总值,反映了目前涪陵区经济发展更多的是靠第二产业拉动,所以经济发展水平并不是太高,很有必要进行经济结构调整;然而, GD_2 的值却在1~2,这说明第三产业从业人数多于第二产业从业人数,反映了第三产业在吸纳劳动力方面具有一定的优势。所以对于涪陵区来说,应该大力优化产业结构,发展第三产业,逐渐从依靠第二产业向依靠第三产业过渡。

第四章　涪陵产业结构优化水平测算

表4-2　1998—2015年涪陵产业结构高度化指数

年份	GD_1	GD_2
1998	0.711	1.292
1999	0.692	1.328
2000	0.686	1.423
2001	0.696	1.421
2002	0.684	1.375
2003	0.654	1.651
2004	0.641	1.535
2005	0.730	1.552
2006	0.840	1.471
2007	0.779	1.410
2008	0.667	1.214
2009	0.665	1.441
2010	0.578	1.381
2011	0.503	1.228
2012	0.521	1.212
2013	0.494	1.090
2014	0.522	1.130
2015	0.544	1.166

资料来源：根据涪陵统计年鉴中三大产业生产总值与从业人数数据计算得到。为了准确比较起见，最终数据保留小数点后三位。

从图4-2可以看出，GD_1曲线呈现出"中间高，两头低"的特征，这说明涪陵区在2005—2007年出现过第三产业发展较快的短暂时期，表明涪陵产业结构有高度化的发展潜力。然而，1998—2003年GD_1值却高于2010—2015年的GD_1的值，这可能是由于2010年之后，在第二产业和第三产业都进一步发展的情况下，涪陵区第二产业产值与第三产业产值的相对差距进一步拉大。同时，GD_2曲线表现出很强的波动性，呈现出上升—下降—上升—下降—上升的趋势，这说明第二、第三产业从业人数比并不稳定；最低值出现在2013年，2014年、2015年比值稍微上升，但是从整个时间段来看,这 3 年的比值相对较小,说明近几年涪陵区的第二产业发展势头相对较好,第三产业与第二产业的从业人数差距在变小。

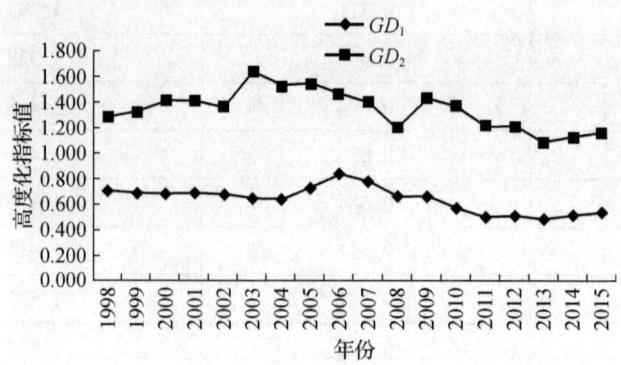

图 4-2　涪陵产业结构高度化趋势

三、其他地区产业结构合理化与高度化测算

(一)相似地区的选取依据

为了更好地说明涪陵区目前产业结构优化发展的程度,本小节选取了重庆市其他 3 个地区,借以与涪陵产业结构合理化与高度化水平进行横向对比,通过比较产业结构发展程度可以确认涪陵在重庆市的产业方位,为未来进一步优化产业结构提供参考。选取依据是通过计算重庆市下辖区县的人均面积找出与涪陵区人均面积最相近的 3 个地区,然后进行产业结构合理化和高度化水平的比较。

根据表 4-3 可以看出,涪陵区人均面积为 25.25 平方千米,与涪陵区人均面积相近程度较高的前 4 位分别是江津区、铜梁县、忠县、巴南区,但是由于铜梁县三大产业就业人数数据缺失,无法进行后续的比较计算,所以将铜梁县舍去,最终选取江津区、忠县、巴南区作为参照系。鉴于数据的可得性,统一选用 2007—2015 年的数据计算巴南区、忠县和江津区的产业结构优化度,然后将涪陵区与之进行比较。

表 4-3　重庆市各个地区人均面积排序

区县	面积/平方千米	人口/万人	人均面积/(平方千米/万人)	相近度排序
涪陵区	2941.46	116.5	25.25	
大渡口区	103	32	3.22	23

续表

区县	面积/平方千米	人口/万人	人均面积/(平方千米/万人)	相近度排序
巴南区	1825	86	21.22	4
江北区	213	45	4.73	20
南川区	2602	68	38.26	14
合川区	2356	156	15.10	15
垫江县	1518	100	15.18	11
黔江区	2402	53.6	44.81	19
武隆县	2901.3	35.1	82.66	25
永川区	1576	102.47	15.38	10
璧山区	915	58.6	15.61	9
巫山县	2958	60	49.30	24
铜梁县	1343	60.01	22.38	2
沙坪坝区	383	108.08	3.54	22
北碚区	754.19	78.62	9.59	18
渝北区	1452	146.52	9.91	17
万州区	3457	175	19.75	6
南岸区	274	75.96	3.61	21
丰都县	2901	84.29	34.42	8
潼南县	1583	95	16.66	7
梁平县	1892.13	92	20.57	5
荣昌县	1079	81.33	13.27	12
忠县	2184	100.41	21.75	3
奉节县	4087	107.27	38.10	13
江津区	3200.44	127.51	25.10	1
彭水苗族土家族自治县	3903	5.45	716.15	30
长寿区	1423.62	8.7	163.63	29

续表

区县	面积/平方千米	人口/万人	人均面积/(平方千米/万人)	相近度排序
石柱土家族自治县	3012	4.15	725.78	31
秀山土家族苗族自治县	2450	61	40.16	16
酉阳土家族苗族自治县	5173	57.83	89.45	26
巫溪县	4030	41.41	97.32	27
城口县	3232	25	129.28	28

资料来源：根据2012年重庆统计年鉴整理计算。

（二）巴南区产业结构优化度测算

作为重庆市主城区，巴南区2015年生产总值达到568.3亿元，其中，第一产业实现增加值45.0亿元，第二产业实现增加值262.0亿元，第三产业实现增加值261.3亿元。三次产业的比值为7.9∶46.1∶46.0，第二产业与第三产业比重基本持平。为了衡量巴南区产业结构优化程度，通过合理化与高度化两个维度分别对巴南区产业结构进行了测算。

表4-4表明，对于产业结构合理化的测算，用偏离度指数 E 计算得出的值要整体大于用泰尔指数 TL 计算得出的值。E 值在1.0和1.4之间浮动；TL 值在0和0.2之间浮动，浮动范围很小；这说明用 E 值测算的巴南区产业结构合理化水平没有 TL 值测算的产业结构合理化水平高。对于产业结构高度化的测算，用生产总值计算的范围在0.4和1.2之间浮动，用就业人数计算的范围在0.6和0.8之间浮动。除了2013年和2014年的 GD_1 值稍微大于1之外，其余值都小于1，这说明巴南区第三产业产值总体上低于第二产业，第三产业就业人数少于第二产业。总之，GD_1 和 GD_2 这两个指标都反映出巴南区产业结构高度化水平整体较低。

表4-4 2007—2015年巴南区产业结构合理化指数与高度化指数

年份	E	TL	GD_1	GD_2
2007	1.028	0.089	0.529	0.657
2008	1.047	0.095	0.499	0.751
2009	1.249	0.112	0.789	0.648
2010	1.231	0.113	0.751	0.695
2011	1.188	0.111	0.652	0.698
2012	1.185	0.103	0.783	0.698
2013	1.307	0.130	1.170	0.708
2014	1.239	0.121	1.101	0.705
2015	1.121	0.093	0.997	0.675

资料来源：根据巴南区统计年鉴中三大产业生产总值与从业人数数据计算。为了准确比较起见，最终数据保留小数点后三位。

（三）忠县产业结构优化度测算

忠县2015年地区生产总值达到222.4亿元，与涪陵区相比相对较少，其中忠县第一产业实现增加值33.97亿元，第二产业实现增加值112.74亿元，第三产业实现增加值75.69亿元，三次产业增加值的比例为15.3∶50.7∶34.0。为了衡量忠县产业结构优化程度，通过合理化与高度化两个维度分别对忠县产业结构进行了测算。

从表4-5可以看出，2007—2015年这9年中反映忠县合理化指数的E值都在1.0周围浮动，而TL值在0.1和0.3之间浮动，这说明忠县产业结构合理化程度相对来说还是较高。然而，从产业结构高度化指标来看，GD_1的值都小于1，GD_2的值却都在2.0左右浮动，这反映出忠县第三产业增长速度小于第二产业增长速度，同时第三产业就业人数远远多于第二产业，说明了劳动力更多地向第三产业聚集，产业结构高度化水平比较理想。

表4-5 2007—2015年忠县产业结构合理化指数与高度化指数

年份	E	TL	GD_1	GD_2
2007	1.008	0.109	0.919	2.060
2008	1.041	0.124	0.940	2.075

续表

年份	E	TL	GD_1	GD_2
2009	1.085	0.149	0.969	2.091
2010	0.941	0.128	0.961	1.954
2011	1.003	0.136	0.879	1.974
2012	1.044	0.146	0.810	1.949
2013	1.174	0.174	0.709	2.035
2014	1.298	0.209	0.635	2.095
2015	1.305	0.201	0.671	2.235

资料来源：根据忠县统计年鉴中三大产业生产总值与从业人数数据计算。为了准确比较起见，最终数据保留小数点后三位。

（四）江津区产业结构优化度测算

江津区和涪陵区同属重庆市"城市发展新区"，2015年江津区实现地区生产总值674.1亿元，在城市发展新区中排第2位。其中，江津区第一产业实现增加值83.7亿元，第二产业实现增加值397.4亿元，第三产业实现增加值193.0亿元。三次产业比重为12.4∶59.0∶28.6。为了衡量江津区产业结构优化程度，通过合理化与高度化两个维度分别对江津区产业结构进行了测算。

从表4-6可以看出，江津区产业结构合理化指标E值为0.9~1.8，TL值为0.3~0.8，这说明江津区产业结构合理化处于一般水平。通过对江津区产业结构高度化测算值的分析发现，GD_1的值在0.3和0.8之间波动，GD_2的值在0.9和1.1之间波动，这表明用产值测算的江津区产业结构高度化水平低，用就业人数测算的产业结构高度化水平相对较高，进一步表明江津区第二产业增长速度大于第三产业，第二产业吸引就业的人数与第三产业吸引就业的人数几乎相当。

表4-6 2007—2015年江津区产业结构合理化指数与高度化指数

年份	E	TL	GD_1	GD_2
2007	0.917	0.384	0.760	0.984
2008	1.042	0.414	0.631	0.990

续表

年份	E	TL	GD_1	GD_2
2009	1.176	0.423	0.552	0.962
2010	1.441	0.458	0.458	0.964
2011	1.621	0.490	0.423	0.995
2012	1.654	0.501	0.429	1.028
2013	1.682	0.502	0.400	1.008
2014	1.735	0.514	0.387	1.003
2015	1.555	0.505	0.483	1.047

资料来源：根据江津区统计年鉴中三大产业生产总值与从业人数数据计算。为了准确比较起见，最终数据保留小数点后三位。

（五）四地区产业结构合理化与高度化的比较

将之前计算的四地区产业结构优化度指标综合到图 4-3 中，通过观察图 4-3 可知，除了个别年份以外，其他 3 个地区的 E 值曲线几乎都处于涪陵区 E 值曲线的下端，这表明在以 E 值为标准测算出的产业结构合理化水平中涪陵区最低。同时，从 2014 年开始这 4 个地区的 E 值都在下降，这表明 4 个地区产业结构有向合理化发展的趋势，究其原因，与重庆市提倡产业结构优化政策不无关联。然而，通过观察泰尔指数曲线发现，江津区的泰尔

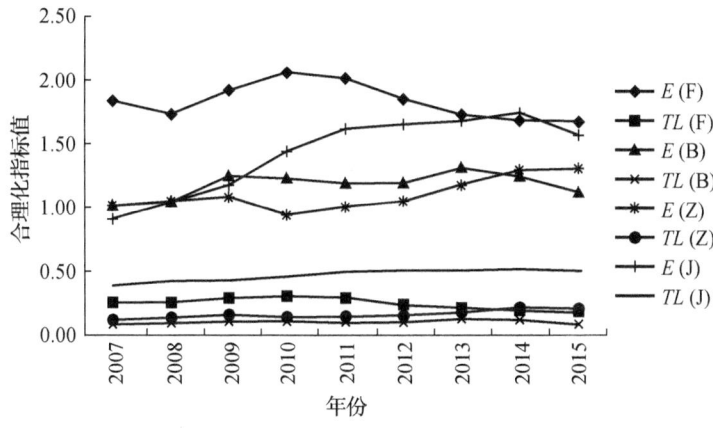

图 4-3 四地区产业结构合理化指标趋势

注：图中（F）代表涪陵区，（B）代表巴南区，（Z）代表忠县，（J）代表江津区。

指数曲线高于涪陵区，巴南区和忠县的泰尔指数曲线则处于涪陵区下端，这表明用泰尔指数为标准衡量产业结构合理化水平时，涪陵区排在第3位。

从图4-4可以发现，忠县的GD_2曲线远高与其他地区，涪陵区的GD_2曲线高度排在第2位，整体高于江津区与巴南区，这说明涪陵区第三产业吸引劳动力的能力较好；而忠县的GD_1曲线高于涪陵区与江津区，巴南区的GD_1值波动范围较大，整体来看，近几年涪陵区GD_1曲线高度处于第3位，与其他地区相比，产值高度化水平并不乐观。

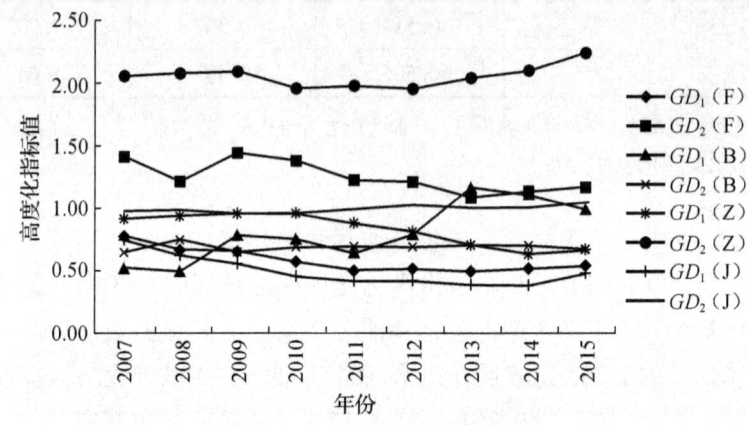

图4-4 四地区产业结构高度化指标趋势

注：图中（F）代表涪陵区，（B）代表巴南区，（Z）代表忠县，（J）代表江津区。

四、地区产业结构优化综合水平测算

本节采用层次分析法对几个地区产业结构优化综合水平进行了测算。

（一）层次分析法

层次分析法（AHP）能对人的主观感觉进行客观描述，对非定量事件做出定量分析，其中最关键的是以一定的标度把人的主观感觉数量化。一般要求以Saaty专门设计的1~9的比例标度作为比较的标准。首先，需建立递阶层次结构模型，层次可以分为目标层、准则层和方案层三类；其次，构造各层次的判断矩阵；最后，对判断矩阵进行一致性检验（表4-7~表4-9）。

有4种计算方法可以求出层次分析法中指标的权重，本小节以特征向量法求各指标的权重系数。

第四章 涪陵产业结构优化水平测算

表4-7 运用AHP比较各种指标重要性的衡量尺度

形容	数值等级
极重要	9
很重要	6
稍微重要	3
同样重要	1

资料来源：陈宏明，廖志军，曾小青.层次分析法在会计信息系统选择决策中的应用[J].财经理论与实践，2005（1）：81-84.

表4-8 平均随机一致性指标RI标准值

矩阵阶数	1	2	3	4	5	6	7	8	9	10
RI	0	0	0.52	0.89	1.12	1.26	1.36	1.41	1.46	1.49

资料来源：杜栋，庞庆华，吴炎.现代综合评价方法与案例精选[M].北京：清华大学出版社，2008.

表4-9 以涪陵产业结构优化指标构造判断矩阵A

	E	TL	GD_1	GD_2
E	1	1	2	3
TL	1	1	5	7
GD_1	1/2	1/5	1	1
GD_2	1/3	1/7	1	1

（二）指标权重计算

第一步：将判断矩阵每一列元素正规化。

$$b_{ij}^* = \frac{b_{ij}}{\sum_{i=1}^{n} b_{ij}} \quad (i,j = 1,2,3,4),$$

$$\sum_{i=1}^{4} b_{i1} = 1 + \frac{1}{2} + \frac{1}{3} = \frac{17}{6}。$$

同理可得 $\sum_{i=1}^{4} b_{i2} = \frac{82}{35}$，$\sum_{i=1}^{4} b_{i3} = 9$，$\sum_{i=1}^{4} b_{i4} = 12$。

依次将其余各列元素正规化，得到如下按列正规化的矩阵：

$$\begin{bmatrix} \frac{6}{17} & \frac{35}{82} & \frac{2}{9} & \frac{3}{12} \\ \frac{6}{17} & \frac{35}{82} & \frac{5}{9} & \frac{7}{12} \\ \frac{3}{17} & \frac{7}{82} & \frac{1}{9} & \frac{1}{12} \\ \frac{2}{17} & \frac{5}{82} & \frac{1}{9} & \frac{1}{12} \end{bmatrix}。$$

第二步：将正规化的矩阵按行相加。

$$w_1^* = 1.2520, w_2^* = 1.9187, w_3^* = 0.4563, w_4^* = 0.3731。$$

由此得到行向量 $W^* = (1.2520, 1.9187, 0.4563, 0.3731)^T$。

第三步：将行向量正规化。

$$w_i = \frac{w_i^*}{\sum_{j=1}^n w_j^*} \quad (i, j = 1, 2, 3, 4)。$$

于是，得到特征向量 $W = (0.3130, 0.4797, 0.1141, 0.0933)$。

第四步：计算判断矩阵的最大特征根。

求判断矩阵最大特征根的公式为：

$$\lambda_{max} = \frac{1}{n} \sum_{i=1}^n \frac{(AW_i)}{W_i}。$$

借以得到 $AW_1 = 1.3006, AW_2 = 2.0159, AW_3 = 0.4598, AW_4 = 0.3802$。

$$\lambda_{max} = \frac{1}{4}\left(\frac{1.3006}{0.3130} + \frac{2.0159}{0.4797} + \frac{0.4598}{0.1141} + \frac{0.3802}{0.0933}\right) = 4.1162。$$

第五步：进行一致性检验。

一致性指标的计算公式为：

$$CI = \frac{\lambda_{max} - n}{n - 1} = \frac{4.1162 - 4}{4 - 1} = 0.0387。$$

查阶数为 n 的判断矩阵平均随机一致性指标 RI，查得当阶数 $n = 4$ 时，$RI = 0.89$，则一致性比率 CR 为：

$$CR = \frac{CI}{RI} = \frac{0.0387}{0.89} = 0.0435。$$

当 $CR \leq 0.1$ 时，一般认为判断矩阵的一致性是可以接受的；上面专家的 CR 值明显小于0.1，所以构造的判断矩阵是合格的。

表4-10、表4-11、表4-12分别为巴南区、忠县和江津区产业结构优化

测算指标的比较结果。

表 4-10　巴南区产业结构优化测算指标的比较结果

	E	TL	GD_1	GD_2	w
E	1	2	3/5	3/7	0.2256
TL	1/2	1	4/5	3/2	0.2270
GD_1	5/3	5/4	1	3	0.3650
GD_2	7/3	2/3	1/3	1	0.1824

注：$\lambda_{max}=4.3371$，$CI=0.1124$，$CR=0.1263$。由此可知，$CR \geqslant 0.1$，则判断矩阵的一致性不可接受。

表 4-11　忠县产业结构优化测算指标的比较结果

	E	TL	GD_1	GD_2	w
E	1	5/3	7/5	1/3	0.1702
TL	3/5	1	1/2	1/5	0.0950
GD_1	5/7	2	1	1/9	0.1232
GD_2	3	5	9	1	0.6115

注：$\lambda_{max}=4.1644$，$CI=0.0548$，$CR=0.0616$。由此可知，$CR \leqslant 0.1$，故可以接受判断矩阵的一致性。

表 4-12　江津区产业结构优化测算指标的比较结果

	E	TL	GD_1	GD_2	w
E	1	6/5	2/3	3/2	0.2500
TL	5/6	1	5/9	5/4	0.2083
GD_1	3/2	9/5	1	9/4	0.3750
GD_2	2/3	4/5	4/9	1	0.1667

注：$\lambda_{max}=3.9236$，$CI=-0.0255$，$CR=-0.0286$。由此可知，$CR \leqslant 0.1$，故可以接受判断矩阵的一致性。

（三）产业结构优化综合指标计算及分析

由上面的计算可知，通过一致性检验的各指标算数平均权重分别为：

$$W_1 = \frac{1}{3}(0.3030 + 0.1702 + 0.2500) = 0.2444;$$

$$W_2 = \frac{1}{3}(0.4797 + 0.0950 + 0.2083) = 0.2610;$$

$$W_3 = \frac{1}{3}(0.1141 + 0.1232 + 0.3750) = 0.2041;$$

$$W_4 = \frac{1}{3}(0.0933 + 0.6115 + 0.1667) = 0.2905。$$

对各地区 E、TL、GD_1 和 GD_2 这4个指标分别赋予权重进行计算得出表4-13的结果，从表4-13可以看出，涪陵区产业结构优化的综合指标在 0.8~1.1，巴南区产业结构优化的综合指标在 0.5~0.8，忠县产业结构优化的综合指标在 1.0~1.2，江津区产业结构优化的综合指标在 0.7~1.0。相比较而言，涪陵区产业结构优化程度没有忠县高，但是要好于巴南区和江津区。

表4-13 2007—2015年地区产业结构优化综合指标

年份	涪陵区	巴南区	忠县	江津区
2007	1.083	0.573	1.061	0.765
2008	0.977	0.601	1.081	0.779
2009	1.096	0.684	1.109	0.790
2010	1.099	0.686	1.027	0.845
2011	1.026	0.655	1.033	0.899
2012	0.970	0.679	1.025	0.921
2013	0.892	0.798	1.068	0.917
2014	0.896	0.764	1.110	0.929
2015	0.904	0.698	1.158	0.915

资料来源：根据地区产业结构合理化和高度化测量指标的计算数据计算得到综合指标。为了准确比较起见，最终数据保留小数点后三位。

从图4-15可以看出，在2009年以前，忠县产业结构优化的综合指标高于涪陵区，2009—2011年，涪陵区产业结构优化的综合指标高于忠县；2011年之后，忠县产业结构优化程度高于涪陵区；2012年之后，忠县产业结构优化综合指标最高，其次是江津区、涪陵区和巴南区。涪陵区产业结优化综合指标的变化，与重庆市和涪陵区政府制定的产业结构优化政策及当地产业发展的现状息息相关。

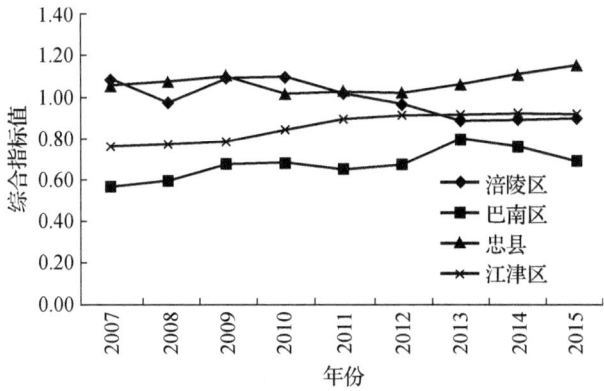

图 4-5　四地区产业结构综合指标值趋势

第五章 涪陵产业结构优化方向

与同类型地区相比，涪陵区目前产业结构优化水平并不乐观，涪陵区应该依托现有的资源优势，不仅提高农业、工业与服务业三大产业内部的加工深度、信息化程度、服务化程度，还要在三大产业的比例构成上进行合理布局，积极向现代产业体系方向转变，以促进产业结构向更高层次水平优化，为实现涪陵区经济健康成长找到新的突破口。

一、建立新型农业发展体系

涪陵区地处重庆市中部、三峡库区腹地，长江、乌江在此交汇，年均降水量为1072毫米，无霜期317天，得天独厚的气候环境造就了丰富的农产品资源。2016年，涪陵区全区蔬菜总产量216.95万吨，居全市第一。其中，榨菜产量150.6万吨，居全国第一；蚕茧产量2916.2吨，蚕桑产业居全市第二；水产品、中药材、茶叶等产业均居全市前十。[①] 但是从近两年政府统计数据来看，第一产业产值的比重占6%左右，所以特色农业资源发展潜力并没有得到充分发掘，以至于大量的农业资源不能最大限度地转化为经济效益。同时，虽然近几年农业吸引的劳动力人数在不断减少，但是截至2016年，涪陵区农业就业人数仍然占到20%以上，农业从业人数基数较大。20%以上的劳动力却只生产出6%的生产总值，这说明涪陵区农业劳动生产率很低，农业基础仍十分薄弱，所以急需促进农业朝产业化、综合化和品牌化的现代化农业体系方向发展。

（一）以产业化方向助推新型农业现代化

农业产业化经营是将现代工业的管理办法运用到农业的生产经营之中，以达到提高农业经济效益的目的，是在对各种生产要素重新组合的基础之上，对农业实行区域化布局、专业化生产、一体化经营、社会化服务、企业

[①] 郑友，郭建，张龙云. 涪陵狠抓"四化"建设 打造农业品牌效应 [EB/OL]. (2017-03-01)[2018-01-30]. http：//www.cqagri.gov.cn/lzzl/Details.aspx?topicId=671047&ci=14&psi=6.

化管理,最终形成以市场牵龙头、龙头带基地、基地连农户,集种养加、产供销、内外贸为一体的运行机制。农业产业化经营可以节约成本,提高产品质量与经营效率,缩短加工、运输、销售周期,提高经济效益,是促进传统农业向农业现代化产业体系转变的关键。涪陵区地处山区,近几年,农业资源虽然一直在朝着新型产业化的方向发展,但是仍存在农产品质量不达标、销售困难的现象。

要实现向新型农业现代化的转变,需要从如下6个方面入手。第一,要在产业化经营模式上探索推广新型农村股份制合作社,采用"农户+基地+龙头企业""农户+基地+专业合作社""农户+基地+科技大户"等多种模式,创新企业与农业合作社、农户之间的利益联系机制,增强农民的积极性;第二,应引入现代管理理念,在病虫害防治、施肥与农药投入量、作业时间、技术标准上进行统一的指导和规定,以便提升整体管理水平;第三,在供销方面依据行政区划建立定点农资直供站,不计利润为种植业主提供各类农业生产资料,以满足生产需求;第四,在交通不便的地区应建立深加工收购点,以提供深加工和出口服务,提高产品附加值,增加农产品销售收入;第五,为解决农产品销售难的问题,可借助现代电商营销模式建立"涪陵e生活"电商服务站,畅通农产品的交易渠道;第六,为使特色农产品卖得远、卖得贵,鼓励种植业主和养殖业主在自愿的基础上直接通过超市与农贸市场进行销售,同时,涪陵区政府应大力推荐符合条件的农产品进入重庆市农产品有限公司销售网络,打通农产品进入主要城市的销售渠道。

(二)以综合示范园区方向助推新型农业现代化

农业综合示范园区目前还未形成统一的定义,但它是农业现代化发展的一个创新性思路。随着新型农业的发展,农业综合示范园区所容纳的项目也越来越多,具体包括休闲观光农业、高效生产农业、粮牧循环农业、示范推广农业等,不同的地区在实施的过程中会根据自身的农业发展特点有取舍地进行选择性规划。农业综合示范园区是对人类经历工业社会后迫切回归自然的心理需求的恰当回应,因为它反映了新时代人们出现的对于美好生活的向往,所以预期它会带来可观的经济效益。由于涪陵区气候适宜,花果资源丰富,所以应充分发挥自身的特色优势,朝着综合示范园区的方向发展。从整体布局上着手,应加快推进"两园四区"[涪陵区现代农业科技示范园、涪陵区市级现代农业综合示范工程区(南沱农业园)、城郊都市农业区、沿江特色农业区、坪上生态农业区和后山观光农业区〕农业综合性示范基地规划与建设，实现特色化布局，将园区建设成集生态效益、社会效益、经济效益于一体的现代农业综合示范基地。在项目的具体设置上，应向游客开放园林植物景观园、水上游乐场、休闲度假村、古树名木观赏园、瓜果蔬菜采摘园、水产养殖及垂钓园等项目。要综合开展这些项目，探索与第三产业融合的发展道路，在园区内可以举办采梨节、南沱龙眼节、杨梅节、采橘节等四季特色农产品节庆活动，以充分发挥农业综合示范园区的作用，实现较高的经济与社会价值。

（三）以品牌化方向助推新型农业现代化

品牌化是助推农产品市场化与产业化发展的重要力量，是传统农业向现代农业转化的重要工具，同时能引导生产者规范生产流程，提高农产品质量，最终增强消费者的信任度。品牌化发展可以促进农业产业结构的整体优化与经营效率的提升。从经济学角度看，农产品属于价格弹性较小的产品，一般情况下，产量增产与农民增收并不能同步发生，依托品牌化发展可以增强农产品竞争优势，降低消费者的搜寻成本，提高产品附加值，缩小增产与增收之间的剪刀差，获得更大的利润空间。农业品牌化包括农产品商标注册、"三品一标"①认证、特色农产品（名牌）认证和社会性组织机构荣誉认证几种。涪陵区截至2017年认证无公害农产品91种、绿色食品41种、有机食品38种，农产品地理标志证明商标10个，目前有效的"三品"共96个，有效使用率大约只有56%。② 与重庆市其他地区相比，涪陵区农产品"三品一标"的整体认证数量并不大，在重庆市各个县区内只能处于中等水平；且品牌认证多侧重于蔬菜与水产品，例如，蔬菜和水产品占据无公害农产品认证总量的80.2%，而水果和畜禽等其他农产品品牌认证发展速度缓慢。因此，涪陵区首先应该围绕优势特色农产品不断壮大"三品一标"队伍，积极培育苕粉、柚子、花椒、黑山羊等后续骨干产业，对于已经认证的品牌要进一步加强管理，做大做强以带动其他后进企业的品牌化发展；其次，在对区域特色农产品不断培育和改进的基础之上，沿着创建涪陵青菜头、涪陵白茶、涪陵黑猪等自主区域特色农产品品牌的道路不断深化与发

---

① "三品一标"农产品是无公害农产品、绿色食品、有机食品和农产品地理标志产品的总称。
② 郑友，郭建，张龙云. 涪陵狠抓"四化"建设 打造农业品牌效应［EB/OL］. (2017-03-01)［2018-01-30］. http://www.cqagri.gov.cn/lzzl/Details.aspx?topicId=671047&ci=14&psi=6.

展,鼓励从事蔬菜、果品、畜禽、茶叶、水产品的中小企业申请注册独立商标,以扩大知名度;再次,鼓励农产品龙头品牌企业积极参加国内外社会团体定期组织举办的各种品牌类评比估价活动,获得更多荣誉,这样不但可以提升本企业发展品牌的积极性,而且可以刺激同类品牌的自我完善与发展壮大;最后,政府可以对获得各类商标荣誉称号的企业给予不同程度的财政资金奖励,以营造涪陵区农业品牌化的发展氛围。

二、建立现代化工业体系

涪陵区处于工业化中期阶段,经济增长主要依靠工业的拉动,2016年工业对GDP增长的贡献率达到55.3%,拉动GDP增长6.1个百分点。因此,建立现代化工业体系对涪陵区整体产业结构优化,实现经济增长有重要的意义。但是目前,涪陵区工业增长主要依靠传统六大支柱产业,2016年化工化纤、装备制造、材料、医药、食品、能源这六大产业占规模以上工业企业总产值的70.4%,而页岩气、新一代信息技术、MDI下游、新能源汽车及智能汽车、生物医药及生命健康、节能环保等新兴产业只占23.3%。①涪陵区今后应着手向现代工业化方向发展,由劳动密集型产业占优势向资本密集型、技术密集型产业占优势转变,从高消耗、高污染产业占优势向低消耗、低污染产业占优势转变,坚持"两化"融合发展、绿色工业发展和循环产业链发展等方向。

(一)"两化"融合发展方向

"两化"融合指的是工业化与信息化的融合,是通过信息化武装工业化,达到工业信息化的过程,是新兴工业化的发展方向,其中工业化是引擎,信息化是驱动,两者相互依托。重庆市"十三五"规划发展目标指出,要实施智能制造工程,工业化与信息化融合指数达到85,重点行业装备数控化率提升到75%以上。涪陵区目前工业化主导部门多为劳动密集型产业,资源浪费严重,这种发展模式导致工业发展格局小,竞争能力弱。涪陵区以信息化与工业化融合为未来工业发展方向,就要秉承"耦合、互动、创新"的思路,把以网络、集成电路为核心的信息技术运用到工业发展之中,从整体上加快发展数字化研发设计、数控设备应用、管理信息化、电子商务等,

---

① 2016年涪陵区国民经济和社会发展统计公报[EB/OL].(2017-04-06)[2018-01-30]. http://www.fl.gov.cn/Cn/Common/news_view.asp?lmdm=012001&id=6124921.

提升工业自动化、智能化和管理现代化的整体水平。同时，装备制造业是信息化与工业化融合发展的主要阵地，可以从原有大型装备制造业的研发入手，注入信息化"基因"，可以对原有主导性企业的落后装备进行信息化升级改造，推广使用数控机床与机器人，逐渐对各部门的生产设备进行数字化、智能化与网络化改造。

（二）绿色工业发展方向

《工业绿色发展规划（2016—2020年）》中提出，要实施绿色制造工程，加快构建绿色制造体系，大力发展绿色制造产品、绿色工厂、绿色园区和绿色供应链全面发展，健全工业绿色发展长效机制。绿色工业已渗透到产品生命周期的各个阶段，从资源提取、生产、消费再到废弃物处置循环利用的价值链的各个环节。涪陵区长年依靠高投入、高污染的六大传统支柱产业拉动工业经济的增长，属于工业发展老区。随着原有传统支柱产业的发展能力逐年受限，绿色发展应该成为涪陵区工业结构调整的方向之一。涪陵区绿色工业发展要以"产业节能、清洁生产、资源综合利用"为发展思路，不断淘汰落后产业，培育新兴产业。在淘汰高污染、高耗能产业方面，关闭小型水泥厂、小火电厂、中小煤矿，进行资源整合。在培育新兴产业方面，充分挖掘自身的优势，为接替原有的传统支柱产业做准备。目前，涪陵区探明页岩气储量居世界第二，应该加速技术突破，加大勘探开发与销售，大力发展页岩气新兴产业；加快构建钢铁薄板高端新材料产业链，建设汽车薄板生产基地，不断完善汽车"整车+零部件"的产业链发展；以太极集团为引领，加大生物医药企业集聚力度；加快电子制造业发展，打造笔记本硬件设备、印制电路板制造、LED应用等高技术新兴产业链。涪陵区要制定规划，提升绿色工业化的整体水平，为建立现代工业体系和实现工业产业结构的高度化发展水平助力。

（三）循环产业链发展方向

循环产业链是指以自然生态系统的物质链接模式为模板，人类在社会经济活动中人为设计的资源循环利用的共生系统。构建工业循环产业链的耦合系统①，可以优化工业产业结构，促进传统工业向现代化工业迈进。涪陵区传统工业在发展过程中，资源利用链条短，投入产出关系单一，而循环产业

---

① 闫二旺. 焦化循环经济工业园生态产业链运行研究：以山西省为例［J］. 中国人口资源环境，2014，24（3）：389 - 391.

第五章　涪陵产业结构优化方向

链发展方向可以解决资源利用率低的问题。例如，可以用天然气制成合成氨，再用合成氨制取尿素，然后用尿素做进一步的深加工。涪陵区可以在李渡、龙桥、白涛、清溪四大工业园区推广循环产业链的发展模式，使每个园区以特定的工业为主线，向外延伸产业链条。其中，在白涛工业园区内，一条化工循环产业链已经初步成型，但是各种运行机制还有待提高。未来产业园区要加强采用纵向一体化发展方向，将更多企业囊括进产业链中，提高企业的抗风险能力；同时注意实施横向兼并，提高规模化生产水平，实现规模经济效应。

三、发展现代服务业

许多学者将服务业水平的高低作为产业结构优化程度的重要指标。一般认为，产业结构达到高度化水平的较好状态是第三产业占国民生产总值的60%以上。涪陵区每年服务业产值占总产值的30%左右，整体水平偏低，所以，应充分发挥重庆"一圈两翼"战略支点地位的作用，整合区内优质资源，打造新型服务业基地，提高第三产业比重，把服务业培育成为朝阳产业。具体来说，就是要从提升生产性服务业比重和提高消费型服务业整体素质两个方向入手。

（一）提升生产性服务业比重

生产性服务业主要是为制造业提供服务的行业，可以说是制造业的派生品，它包括以研发、设计、会计、租赁、经纪等为主的中介服务，以银行、证券、保险、外汇等为主的金融服务，以物流、代理、会展等为主的贸易服务。发展生产性服务业可以节约制造业的交易成本，提高生产效率，延长价值链。[①] 同时，生产性服务业的发展程度代表着一个地区产业的专业化分工程度和经济发展水平。面对国家经济转型的大趋势，市场对制造业技术的精细化要求和复杂化程度要求加大，所以，相应地对生产性服务业的需求不断增多。目前，涪陵区经济主要依靠第二产业的拉动，所以在增加生产性服务业数量方面潜力巨大。从整体上看，应该不断通过市场深化发挥市场对资源配置的基础性作用，提高服务业整体的专业化水平，以此吸引制造业企业将服务活动外部化。在具体实施层面，应发展现代物流业来降低制造业企业的物流成本，发展研发科技服务业来增强制造业企业的核心竞争力，发展金融

---

① 宋海秋. 论我国区域产业结构调整的是哪个方向 [J]. 经济纵横, 2012 (10): 80-83.

服务业来缓解企业资金瓶颈。总之，在与第一、第二产业融合发展的基础之上，提升服务业整体的经济效率与发展水平，最终使其发展成为独立的生产性服务业业态。

（二）提升消费型服务业层次

消费性服务业的服务对象是消费者，它包括餐饮、商贸、房地产、社区服务等行业。由于最接近居民的日常生活，所以消费性服务业的发展程度决定着一个地区人们的幸福感。① 随着涪陵区居民收入的提升，人们对消费质量的需求在逐渐改变，因此，涪陵区应不断提升消费性服务业的整体层次，把现代信息技术和先进管理方式都融入消费性服务业的经营之中，促进传统服务业高度化水平的提升，从而为消费者提供高附加值的服务产品。基于涪陵区自然与人文资源，旅游业是涪陵区发展消费型服务业的灵魂和主线。从宏观上看，旅游业涵盖了消费性服务业的许多方面；从微观上看，涪陵区旅游资源丰富，包括以武陵山大裂谷、天台峡谷、乌江画廊等为代表的自然景观和以古巴国文化为代表的人文景观，具备大力发展旅游业的客观条件。所以，应在充分发掘自身资源特色的基础上，构建以观光、休闲、健康、康养、文化为主题的特色旅游产业线路，把特色旅游发展与餐饮、商贸、社区服务等活动链接起来，进行统一规划和高水平管理，从而打造出高水准的消费性服务业。

四、产业结构协调化发展方向

产业结构协调化发展是指将各种生产要素在各个产业之间进行合理配置，使产业之间形成互补机制与转化能力，它的最终方向是产业结构合理化。② 目前，涪陵区正处于工业化加速发展的时期，扩大综合经济实力、提升经济总量的任务依旧艰巨，所以应该在第二产业与第三产业联动发展及三次产业融合发展的思路下提升产业间的协调度。产业结构协调化发展方向应从产业间素质协调、产业间发展比例协调、产业间速度协调这 3 个方面入手。

---

① 宋海秋．论我国区域产业结构调整的是哪个方向 [J]．经济纵横，2012 (10)：80－83．
② 张文晋．如何处理产业结构高度化与协调化的关系 [J]．生产力研究，2003 (6)：189－190．

（一）产业间素质协调化

产业间素质是指整个产业系统建立在关联基础上的发展质量[①]，一般来说，它包括产业技术水平与劳动生产率水平两个方面。

从产业技术水平来看，产业间素质协调要求各个产业之间技术发展程度大致相当，不存在大面积的产业技术层次反差太大的情况。产业之间的关联性很强，每个产业在发展的过程中都会根据自身的需求对关联产业的工艺标准、产品质量、生产技术提出相应的要求。纵然产业链上大多数产业的技术普遍处于高水平层次，但只要某个环节的企业技术水平较低，就会影响整个产业链的快速运行。如果产业链上某个产业的技术水平过高，而其他产业的技术水平普遍较低，以至于不能与高技术产业相匹配，最终也会制约高技术产业的发展。

从劳动生产率水平来看，产业素质协调要求地区中各个产业或部门之间不存在劳动生产率水平差距太大的现象。如果个别企业通过引进高新科技和先进管理手段使得自身劳动生产率过高，导致其产出数量增多，产出质量提升，但是与它相关联的企业生产效率达不到相匹配的水平，那么关联企业就不能满足高效率企业的需求，就会造成高效率企业产品生产过剩的现象，由此形成产业之间的摩擦，不利于产业整体发展。2016年，涪陵区第一产业的生产率为32 969.46元/人，第二产业生产效率为196 594.89元/人，第三产业生产效率为94 047.77元/人，第二产业生产效率大约是第一产业的6倍，是第三产业的2倍。三大产业生产效率具有一定的反差，所以在对第二产业进行技术引进的同时要照顾到第一、第三产业，逐渐缩小三大产业之间技术与生产效率的差距，向产业素质协调化方向迈进。

（二）产业间发展比例协调化

产业发展比例可以反映一个地区的产业构成，各个产业的比重不但要满足经济健康运行的内在要求，而且要适应经济发展的合理倾向。产业发展比例协调度越高，越有利于产业结构的优化升级。如果某一产业所占比例较小，就会累及其他产业的发展。从近几年涪陵区三大产业的比例构成上看，第一产业所占比例在6%~7%，而且有不断下降趋势；第二产业所占比重在60%左右；第三产业所占比重在30%~40%，呈下降趋势，比例构成上不尽

---

① 何维达. 区域产业素质评价的实证分析：兼评河南省的区域产业素质[J]. 科技进步与对策，2006（10）：157-159.

合理。第三产业是发展短板,而实际上第三产业能够产生巨大的经济效益,所以要不断完善第三产业发展的运营机制,提高第三产业对涪陵区经济的贡献率,促进产业比例协调。

(三)产业间速度协调化

产业发展速度的协调包括两方面:一是相对发展速度的协调,二是绝对发展速度的协调。从相对发展速度协调来看,并不是说每种产业的发展速度都要保持一致,而是指产业之间发展的相对速度要保持一定的合理"度",否则在再生产过程中就会出现结构性停滞的问题。为了经济的发展需要,每个地区会根据产业的特征划分出支柱产业、主导产业、夕阳产业、高新技术产业等。支柱产业和主导产业因为要在国民经济部门中发挥引领GDP增长的作用,所以需要保持相对较高的发展速度;而高新技术产业是具有潜力的产业,具有高附加值特性,决定着经济未来的发展程度,所以也需要保持高速发展;夕阳产业因与现代发展理念相悖,是将要被淘汰的产业,所以应减慢其发展速度,对其进行有序的转移和收缩。涪陵区应根据产业的不同特性调整相应的发展速度,促进产业结构进一步优化。从绝对发展速度来看,相关产业之间的发展速度差距不能过大,否则会制约经济的发展。例如,乙醇的主要原料是玉米等淀粉含量较高的农作物,如果乙醇加工的技术先进,发展速度较快,而玉米等农作物的生产速度跟不上乙醇的加工速度,两者之间就会出现交接不协调的问题,最终会阻碍乙醇用此方法生产的速度。与上年相比,涪陵区2016年第一、第二、第三产业可比增长率分别为4.5%、12.6%、9.6%。① 三大产业发展速度具有一定的差距,应该充分重视农业的发展速度,向第二、第三产业的发展速度靠拢,这样才会尽可能减少产业融合发展的阻碍。

---

① 2016年涪陵区国民经济和社会发展统计公报[EB/OL].(2017-04-06)[2018-01-30]. http://www.fl.gov.cn/Cn/Common/news_view.asp?lmdm=012001&id=6124321.

第六章　涪陵产业结构优化路径

自1998年以来，涪陵区全区生产总值增长迅速，高于重庆其他区同期水平，其中，第二、第三产业增长尤为迅速，对涪陵区经济总量增长的贡献较大；涪陵区第一、第二、第三产业的区域竞争力有所提高，高于重庆其他地区。但是，总体上涪陵区与重庆市三次产业结构较为相似，三次产业结构中第二产业生产总值在地区生产总值中的比重较高，呈现出明显的工业结构特征。因此，对涪陵区进行产业结构优化是促进涪陵地方经济健康合理发展的关键。基于涪陵产业结构的现状，本章分别从产业支撑、产业关联、产业效益和产业培育的角度提出了涪陵产业结构优化策略。

一、强化产业支撑

（一）大力发展主导产业，发挥优势产业的带头作用

所谓主导产业就是指在一个地区或一国经济发展的某个阶段对产业结构和经济发展起着导向性和带动性的作用，并具有广阔市场前景和技术进步能力的产业。大力发展主导产业，可以发挥优势产业的导向作用，形成产业集聚效应，提高产业规模效益水平；发挥主导产业在产业链条中的带动作用，有利于结合本地原有资源优势延伸产业链条。

首先，积极发展主导产业中的大型企业，形成一批竞争力强、主业突出的龙头企业。在涪陵工业园区中以食品工业、新型建材、生物医药、精细化工等主导产业为核心，以大型骨干企业为主体，培育出区域影响力强、经济辐射力广、产业波及面宽的若干龙头企业。

其次，发展为主导产业服务的中小型企业，明确大型企业和中小型企业的分工，协调两者的合作关系，提高产业生产的专业化水平，促进中小企业更好地发展。协调产业间合作发展关系，完善产业链，从而使服务产业围绕

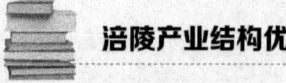

主导产业发展，消除区域内产业之间的缝隙，形成产业集聚格局①，发挥出产业合力效应。

最后，延伸产业链，发挥主导产业的"虹吸"作用。根据现有的产业结构优化政策，积极引导主导产业中大型企业和中小型企业的发展，通过横向一体化和纵向一体化延伸生产链、价值链、产业链，扩大企业规模和产业规模；发挥主导产业在产业链中的"虹吸"作用，促进上下游产业转移和集聚，逐步形成完善的产业链式发展局面，提升产业规模化和集约化水平。

（二）大力发展第三产业，形成产业发展梯队

第三产业发展程度可以表明一个地区的产业高度化程度，代表了一个地区经济发展现代化水平的高低与竞争力的强弱。当前，涪陵区以工业制造为主的第二产业发展迅速，而第三产业发展速度低于第二产业的发展速度，因此要尽快调整产业结构，大力发展第三产业，以促进产业结构合理化发展，形成产业发展梯队。

首先，科学配置第三产业新型服务业态，完善第三产业内部结构。发挥涪陵区作为重庆市经济重心、一圈两翼战略支点的作用，整合区内优质资源，主要发展商贸、物流、旅游、大数据等资本密集型和知识密集型的服务业，大力发展以金融服务业和商业服务业等为主的生产性服务业，构建起第三产业业态全面、重点突出的发展格局，以此实现涪陵产业结构的优化升级②。

其次，大力发展信息服务业和物流服务业。发展通信、网络等信息服务业，为企业提供高效、快速和安全的信息交流和获取信息的平台；发展现代物流业，提升物流运输能力，为企业开展区域内、区域间、跨国、跨境贸易提供良好服务。

最后，积极发展文化、旅游、教育培训、医疗保健等需求潜力大、与人们生活相关的产业。对传统服务业进行规范和提升，推进连锁营运、电子结算等组织形式和服务方式。在为企业发展提供服务的同时，注重发展能够提高人们生活水平的产业，促进人与经济的平衡发展。

---

① 高志文，李莉. 优化产业结构的路径选择 [J]. 首都师范大学学报（社会科学版），2011 (6)：124 - 128.

② 保永文，熊捍宏. 城市产业结构分析及优化路径探索：以重庆市涪陵区为例 [J]. 重庆科技学院学报（社会科学版），2014 (11)：86 - 88.

第六章 涪陵产业结构优化路径

（三）完善工业体系，优化产业空间布局

涪陵区第二产业占三次产业的比重偏大，区域工业化水平较高，形成了以食品、药品、机械、纺织等为支柱的工业体系，基础产业优势突出，产业链条基本完善。基于涪陵区原有的资源优势和产业基础，应从以下方面对工业产业结构进行优化升级。

首先，优选第二产业的支柱产业，增强产业持续发展动力。在保持食品、机械装备、新材料、新能源、农产品深加工等产业优势的同时，根据国内外产业发展形势和政策环境对涪陵区支柱性第二产业进行结构的动态调整，培育多点支撑、富有后劲的支柱性工业体系。

其次，加大第二产业和区内其他产业、其他地区的产业关联度，形成产业集群，发挥产业的规模经济效益。利用涪陵区域内的资源、已有的产业基础和比较优势，且与周边地区实现产业联合，搭建有效的新兴产业链，通过发展产业集群形成规模经济，以使集群内企业共享信息和借鉴彼此发展的经验，促进企业自身和区域的经济发展。

最后，增强第二产业的技术创新力，充分利用新技术对传统产业进行技术改造和升级。通过技术引进和技术改造对传统产业原有技术进行升级，加强产业技术队伍的建设。政府通过引导和市场化运作使科研成果能被及时运用到企业发展中，促进企业创新和产业进步。

（四）优化农业内部结构，促进农村经济持续发展

从涪陵区1998—2015年的第一产业生产总值的统计数据可以看出，第一产业的生产总值在逐年增加，但第一产业生产总值占三次产业的比重在逐渐减少。涪陵区的自然地理条件决定了其在发展第一产业，即农业方面的优势所在，通过聚焦于本地优势发展可以优化农业内部结构，促进农村经济持续发展。

首先，发展涪陵区特色农业，打造农产品品牌。政府要利用涪陵区现有的农业资源，做大做强特色农业；要加大对农业的扶植力度，给予相应的优惠政策。重点发展涪陵区的粮食、榨菜、柑橘、中药材、茶叶等，进一步扩大方坪黄金芽、涪陵油醪糟、涪陵黑猪、涪陵榨菜、涪陵青菜头等农产品的品牌知名度，以特色农产品带动本地农业的发展。

其次，大力发展畜牧和水产养殖，以及关联产业，不断完善农业内部结构，扩大高层次农产品的产量，以适应人民群众农产品消费升级换代的需求。可以大力发展渝东黑山羊、涪陵黑猪养殖业，加强特色水产品养殖业发

展；延伸养殖业前后向关联产业，对产品进行深加工，提升产品的附加值，满足对养殖产品的特定需求和高层次需求。

最后，利用科技进步加强第一产业和第二、第三产业的关联性，对本地资源进行合理的转化，大力发展农产品加工业，提高产品附加值。建设流通服务网络，畅通涪陵区农产品供销渠道，推进特色农产品带的建设。加强对农产品衍生产品的开发、包装与设计，实现农产品由点及面的扩散式发展，增加农产品的销售收入，提高人们从事农业生产的积极性。

二、提高产业关联度

（一）加强关联产业的配套建设

产业关联反映了产业间广泛且复杂的密切联系，而实现产业关联发展是地方发展产业的一种有效途径。为此，需要提高对关联产业的配套能力，破除关联产业发展障碍。

首先，加强金融业对各产业发展的支持能力。产业的发展需要资金的支持，发展涪陵金融业，提高金融业对其他产业的配套支撑能力，有助于确保产业发展的资金链不出现断裂。通过为处于创业创新阶段的企业提供优惠金融政策，可降低这些企业的融资成本，培育成长型、创新型企业。为了更好地服务于产业发展的金融需要，可以建设各类金融服务平台，使企业在发展的不同阶段能够得到必要的资金管理建议、融资支持和规避金融风险的指导。

其次，加强涪陵区物流运输能力，打通涪陵各行业产品的销售通道。物流业的快速发展推动了仓储类物流设施的发展，仓储和配送设施现代化水平的不断提高为涪陵产业的发展提供了运输渠道，使涪陵区的水产品和水果等不易储存的产品能够很快运输到消费者手中，使工业产品和日常消费品能够便捷、快速地抵达购买方，加快了产品周转速度，提升了产品周转量。

最后，加大基础设施的配套建设。基础设施建设可以为产业发展提供基础条件和承载能力，增长动力。要加强产业园区的道路建设，实现道路畅通、快捷、有序；要加强地下管网建设，实现对地下基础设施的智慧管理，确保地下基础设施安全；要加强产业园区、旅游景区的生态建设，确保绿色、降污、美化，实现园区和景区生态的自我更新。

（二）完善产业链，发挥产业关联效应

各产业之间存在技术和经济等方面的联系。因此，当一个产业转移到某

地时,与其相关的产业为了降低成本,也可能转移到该地。涪陵区应从两个方面入手加强对产业链的完善,提高产业关联程度,发挥产业关联效应。

一方面,延伸产业链,提升产业规模效益。将已经存在的产业链向上下游进行扩展延伸,向上游延伸使产业链进入基础产业和技术研发环节,向下游延伸产业链进入市场销售环节。通过将不同产业的企业之间进行关联为不同产业的企业提供可扩展可增值机会;通过对上游或者下游企业实施兼并与收购活动,或者与其建立合作关系,可以增强企业抵御风险能力,提高企业竞争力。

另一方面,接通产业链,实现产品供需之间的无缝对接。通过"嫁接"、协议、协商和创新,在一定的区域范围内将产业链的断环、缺环和短环串联起来,实现产业之间强强联合、强弱相济、弱弱相辅,最终在一个共生生态体中茁壮生长。在这种模式下,产业之间建立起了松散却更为灵活的合作与互动关系。要确保彼此之间关系的稳定性与可靠性,需要产业间优势互补、人员互动、利益互分,以平等、自愿、协商为基础,以平台共享和信用备案为约束,实现合作共赢。

(三) 打破区域间的行政壁垒,建立产业长期有效的合作

涪陵区要与重庆其他地区加强互补合作,寻求产业共同发展和差异化竞争,打破区域间的行政壁垒,建立长期有效的合作关系,促进产业之间关联发展。

首先,加强加快与其他地区建立合作关系,打破区域间行政壁垒,从发展的角度仔细分析本地区和其他地区各自具有的竞争优势,在此基础上确立地区之间互惠互利、合作分工、共享发展的模式。

其次,大力推行政府行政审批事务改革,有效提高政府的审批效率;大力使用电子产品进行办公,建立各区政府之间的网络关系,提高政府之间的沟通效率;减少不必要的行政干预,减少产业审批范围,提升区域间产业的合作交流。①

最后,为区域产业间合作发展建立相应的利益分享和补偿制度。一方面,利益分享制度反映了各地区之间既要合作又要竞争的关系,可以为各地区发展产业创造公平的竞争环境,促进地区间产业结构的调整,保证参与合作的区域能够享受平等的发展空间权利和合理分享区域经济发展的成果。另

---

① 黄雯慧. 成渝经济区产业关联与产业优化路径研究 [D]. 重庆:重庆工商大学,2014.

一方面，区域产业发展的利益补偿制度，是对在区域产业分工的过程中因产业基础薄弱所短暂蒙受的产业经济利益的损失所给予的一定的技术、人才和资金上的政策支持与补偿。

三、提升产业效益

（一）实现产业结构生态化，提升产业生态效益

降低环境污染，发展循环经济，实现产业结构生态化，是提升产业生态效益的关键。

首先，打造产业发展和自然生态环境的统一。在产业的发展过程中，使资源利用效率达到最大化，注重环境保护和污染的治理，实现产业和生态环境的协调发展。

其次，在产业生产活动中，坚持走资源节约型发展之路。通过科技进步改变产业粗放型发展现状，高效利用资源，推进涪陵产业的清洁生产，实现产业的低消耗、低污染，建立节约型和生态型的产业发展模式。

最后，延伸产业链，实现原材料的多层次利用，注重能量的阶梯式利用。针对涪陵当地的产业发展，在不同产业之间形成类似自然生态链式的关系，实现资源和能源的有效利用，降低废弃物的产生，减少对环境的破坏，提升产业发展的生态质量，促进产业生态结构的不断改善。

（二）改造升级特色产业，提升产业质量效益

产业结构的优势决定了资源的配置效率和经济效益，合理的产业结构有利于产业的协调发展和资源的科学配置，推动产业良性发展。对涪陵特色产业进行改造和升级，是促进本地产业结构改造的关键，也是提升产业质量效益的必然要求。具体可从如下3个方面入手。

一是打破传统行业的局限性，通过技术改造走出行业"新路"。榨菜是涪陵当地的特色产业。但是仅仅将榨菜作为餐桌的配菜，不能充分发挥榨菜的其他作用。如果对传统榨菜行业进行技术改进，研发开胃小菜和多种风味的榨菜零食，开拓更大的休闲食品市场，就可以使像榨菜这样的传统产业走出新路，获得更广阔的市场空间。

二是科学规划和合理布局特色产业。围绕要保证特色产业尽可能方便地获得优质原材料，使每种特色产业都能依据清洁生产标准布局，从而优化特色产品的品质，降低特色产业的生产成本，提高特色产业质量效益。

三是逐步完善特色产业产品的流通体系，促进产品向深加工转化。围绕

第六章 涪陵产业结构优化路径

涪陵榨菜、增福土鸡、胭脂萝卜、渝东黑山羊、涪陵黑猪、涪陵龙眼、涪陵白茶、方坪香茗等特色产业或产品进行新技术和经营理念上的改造，对产品进行深加工。在流通运销上，采用供销合作社、产品销售聚散地、"公司+农户"、产供销一条龙、电子销售等形式，逐步培育形成市场销售、订单销售和网络供销齐头并进的产品销售体系。

（三）促进产业融合，提升产业衍生效益

近年来，随着创新和研发投入力度加大，原有三次产业的界限在不断被打破，产业融合趋势凸显。产业融合会形成许多新的行业，密切行业间的联系，适应产业发展新形势的需要，促进产业衍生效益的提高。

首先，促进"互联网+产业"的融合发展。要深入实施创新驱动战略，积极促进"互联网+产业"的加速聚集和创新力的提升，加快"互联网+产业"的融合互动发展。立足涪陵产业基地，利用互联网改造设计体系，促进生产的自动化和智能化，打造服务地方、辐射周边的云计算产业示范区，加强电子商务在产业发展中的作用。

其次，促进"文化+产业"的融合发展。文化是一个国家和民族的灵魂，"文化+产业"融合发展可以赋予产业以精、气、神，培植差异化产品，适应人们对美好产品的需要。在产业形态上，可以实现"文化+制造业""文化+旅游""文化+商业""文化+农业"的融合发展，以文化内涵助推产业转型升级。

最后，促进第一、第二、第三产业融合发展。在当今创新日新月异的背景下，产业实现跨界融合已成为一股不可逆转的趋势。促进第一、第二、第三产业融合发展是适应形势发展的需要，也是转变农业发展方式、营造美丽乡村、助推精准扶贫的需要。要通过第一、第二、第三产业融合发挥农业的复合功能，改造农村环境，拉伸农业产业链，实现农业增产提效、农民增收就业、农村变富变美的全面小康战略目标。

四、加强产业培育

（一）加强产学研合作

应鼓励企业与高校和研究机构加强联系，建立起产学研合作机制，推动最新研究成果的转化，提高技术创新能力。

首先，加强企业与高校和研究机构在高层次人才培养领域的合作。支持企业和高校、科研机构等建立合作关系，积极为研究生提供实习岗位，提高

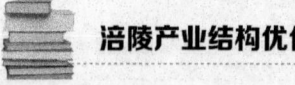

所培养人才的应用潜力。鼓励企业根据自身发展需要向高校提供人才需求信息，使高校能够调整课程设置，及时培养出企业急需的人才。

其次，加强企业与高校和科研机构在技术研发领域的合作。鼓励企业与高校和科研机构建立定向研发合作，通过联合攻关、技术指导、人员挂职等多种方式增强在合作研究中的参与度，共同致力于解决技术和发展难题，实现从研发到产品的零距离对接。

最后，由政府出台促进产学研结合的支持政策。建立研发共同体和产学研一体化基地，助推企业提升自主创新能力。对高级别研究中心的研发活动实施后补助，奖励知识产权转化行为，支持建设院士工作站、博士后工作站、研究生工作站、技术研究中心、工程研究中心等研发平台。

（二）支持和培育战略性新兴产业

战略性新兴产业对当地经济发展具有重要的作用，选择适合的战略性新兴产业是确保产业梯度发展成功的关键。涪陵区在发展战略性新兴产业方面存在产业政策体系不完善、新兴产业发展规模小、技术创新能力弱等问题，因此要加强对新兴产业的支持和培育。

首先，政府应完善产业政策体系，加强对战略性新兴产业的扶持力度。要进一步明确战略性新兴产业的重点发展领域，对新兴产业的发展给予相应的政策优惠和政策扶持，加大对新兴产业的科技投入和政策的扶持力度。[①] 通过外引内转扩大战略性新兴产业的范围，提升战略性新兴产业的竞争力，抢占战略性新兴产业新的发展方向制高点。

其次，加大对新兴产业的投入，扩大新兴产业规模。对新兴产业要加大创新投入力度、人才投入力度、科技投入力度、资本投入力度等，切实有效地为新兴产业的发展提供要素保障，使产业规模进一步扩大，实现产业规模效应。

最后，加强新兴产业技术创新，增强其核心技术和竞争力。技术创新是支持战略性新兴产业发展的前提。要推进科技创新平台建设，鼓励重点领域成立或加盟研发中心，引领和带动技术创新；鼓励具有技术和产品创新能力的中小企业积极参与产品研发，提升其在同行业中的竞争力。

---

① 李晓华，吕铁．战略性新兴产业的特征与政策导向研究［J］．宏观经济研究，2010（9）：20-26．

（三）加大支柱产业培育力度

地区支柱产业是地方政府根据经济发展的阶段性特征选择和培育的，在每个时期因经济发展目标和战略不同，地方政府会选择培育不同的支柱产业。涪陵区在发展传统产业和当地特色产业的同时，需要结合本地产业的现状培育支柱产业，实现产业结构的高度化。

首先，要加强高新技术的投入力度。生物制药、新能源开发、环保产业等都需要科技的支撑，依靠科技才能快速发展。要加大科技投入力度，提升支柱产业自身的核心竞争力和自主创新能力，积极引进其他地区先进的技术和设备，为支柱产业发展提供良好的基础。

其次，要加大对高技术人才的培养和引进。鼓励企业与长江师范学院等高等院校、职业院校进行对接，实施订单培养模式，完善产业技术基地的建设①，大力培养"工学两用"人才。与高校、科研机构进行合作，实现对企业员工的定期成批技术培训和轮训，提升企业员工的技术水平，服务于支柱产业建设需要。

最后，要拓宽支柱产业融资途径。培育新的支柱产业需要大量资金投入，仅依靠政府的财政支持和相应的优惠政策，并不能使支柱产业长期持续发展。因此，要发挥支持资金的杠杆效应，撬动外资和社会资本投向支柱产业。鼓励银行业金融创新，打通企业以无形资产、应收账款、知识产权质押等多种方式的贷款通道，解决企业流动资金短期困难问题，避免企业因资金链断裂出现破产风险。建立健全征信体系，鼓励企业信用发展，逐步通过信用评级助力优质企业融资。

（四）加强对特色产业的培育

推进涪陵产业结构优化，要协调发展三次产业，突出特色结构，扶持和培育当地特色产业，着力形成特色农业、特色工业与特色旅游业争奇斗艳的格局。

一是培育特色农业。强化榨菜、桑果、蔬菜和畜牧四大特色农业，深挖涪陵榨菜、胭脂萝卜、涪陵黄壳龙眼、涪陵黑土猪、方坪茶、涪陵白茶等品牌价值，促进深加工产品和衍生产品发展。

二是培育特色工业。涪陵工业发展比较粗放，要加强对特色工业的发

---

① 邱晓莉，胡民，刘祺盼，等. 四川支柱产业培育与发展研究［J］.商场现代化，2016（3）：132-133.

涪陵产业结构优化研究

展,充分发挥涪陵产业基础雄厚、工业门类多的优势,加快建设现代工业高地。建设涪陵特色工业园区,培育新能源、新材料、生物医药、智能制造等特色主导产业,提升工业转型升级,增强产业的区域竞争力和发展后劲。

三是培育特色旅游业。充分利用涪陵特有的文化旅游资源,发展本区域的特色文化旅游。将巴国故都、乌江文化、两江文化、周易文化、名人文化等涪陵独具特色的文化融入旅游宣传和设计中,推动旅游业的文化转向和特色升级。

第七章 涪陵农业优化分析

第一节 涪陵农业结构分析

一、涪陵发展农业的条件分析

（一）涪陵发展农业的地理条件

涪陵区总面积为2942.34平方千米。从地势来看，大致呈现出东南高西北低的态势，其中，处于200~800米的地势较为普遍；从地貌来看，以丘陵、台地为主，这两者占区域总面积的54.4%。在气候方面，涪陵区常年平均气温在18℃左右，年均降水量为1072毫米，日照时间为1248小时，四季分明，因地势由西北向东南升高，所以出现气温递降、降水递增的立体式气候特点。[①] 多样化的地形与气候为涪陵区农业的全方位发展提供了适宜的条件。

（二）涪陵土地资源概况

以2010年为分界点，在2010年之前，涪陵区耕地面积在不断上升，2010年之后，耕地面积几乎达到平稳状态。其中，可灌溉面积一直处于上升状态，但是上升幅度不大。截至2016年，涪陵区耕地面积为103 230公顷，大约占涪陵区总面积的35%，可灌溉面积为36 570公顷，此外，林地面积14.03公顷，内陆水域面积1.11万公顷。具体如图7-1所示。

（三）涪陵发展农业的社会条件

明确农业人口数量及农业从业人口数量，对了解涪陵区农业经济发展水平具有重要的意义。在此从行政划分与产业划分角度对涪陵区的农业人口规模及结构进行分析。

从行政划分角度来看，涪陵总人口分为农业人口与非农业人口两部分。

---

① 涪陵概况 [EB/OL]．[2018-01-30]．http：//www.fl.gov.cn/cn/flgk．

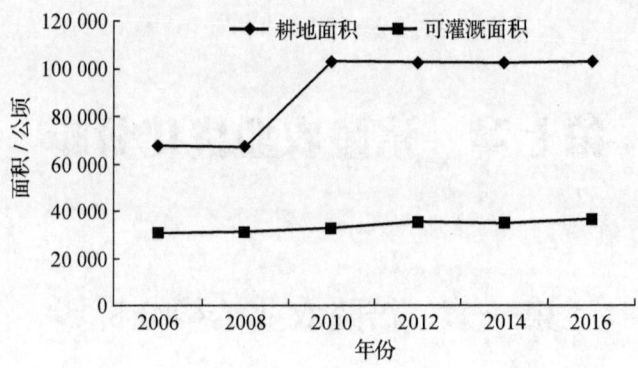

图 7-1　2006—2016 年涪陵区农业耕地面积与灌溉面积

资料来源：涪陵统计年鉴 2007—2017。

从表 7-1 可以看出，2005—2013 年涪陵区总人口处于不断上升之中，而 2013 年以后总人口出现略微下降。其中，2007 年农业人口达到最高峰值，为 80.83 万人，在 2007 年以前农业人口处于上升之中，2007 年以后逐步下降。从农业人口所占总人口的百分比来看，2005—2015 年农业人口所占比例整体直线下降，尽管如此，涪陵农业人口还是占到全区总人数的一半以上，截至 2015 年，农业人口所占比例为 58.15%。这充分说明涪陵目前仍是农业人口区，较大比例的农业人口为农业发展提供了强劲动力。

表 7-1　2005—2015 年涪陵区农业人口数量基本状况

年份	年末总人口/万人	农业人口/万人	农业人口所占百分比/%
2005	111.78	80.03	71.60
2006	112.45	80.23	71.35
2007	113.45	80.83	71.25
2008	113.80	80.76	70.97
2009	114.51	79.34	69.29
2010	115.66	74.24	64.19
2011	116.50	68.62	58.90
2012	116.66	68.48	58.70
2013	116.77	68.28	58.47

续表

年份	年末总人口/万人	农业人口/万人	农业人口所占百分比/%
2014	116.67	68.21	58.46
2015	116.19	67.57	58.15

资料来源：根据涪陵统计年鉴2006—2016计算。

从产业角度看，涪陵区第一产业从业人数在不断下降。在2005—2015年这11年间，涪陵区第一产业流失了约10万人次，所占全部从业人数的比重从2005年的45.97%下降到了2015年的24.42%（表7-2），这可能与第一产业以往人均收入相对较低有很大的关系，所以还需进一步优化涪陵区农业，以增进农业对人们就业的吸引力。

表7-2 2005—2015年涪陵区第一产业从业人数基本状况

年份	年末全部从业人数/万人	第一产业从业人数/万人	第一产业从业人数所占百分比/%
2005	63.30	29.10	45.97
2006	63.40	25.10	39.59
2007	64.10	24.10	37.08
2008	66.75	23.90	35.81
2009	67.50	23.80	35.26
2010	68.54	23.78	34.70
2011	70.90	23.25	32.79
2012	72.50	20.65	28.48
2013	75.17	20.00	26.61
2014	76.30	19.10	25.03
2015	76.50	18.68	24.42

资料来源：根据涪陵统计年鉴2006—2016计算。

二、涪陵农业规模分析

（一）涪陵农业在国民经济中的地位

近10年来，除了在个别年份涪陵区农业生产总值占地区生产总值的比重有略微的上升外，整体呈下降趋势。其中，农业生产总值占地区生产总值比重最高的年份是2007年，但是仍然低于10%。全国农业生产总值占国民生产总值的比重虽整体呈下降趋势，但是在这10年中的每年都高于涪陵区。不过，图7-2表明，这两条曲线近两年有趋近的倾向。由此可见，涪陵区农业在国民经济中的地位在逐渐向全国靠拢。

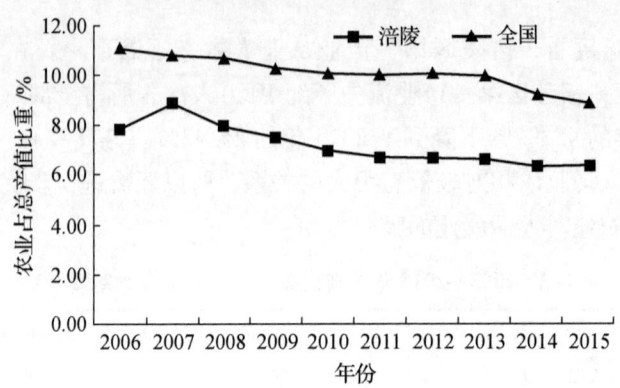

图7-2　2006—2015年涪陵区与全国农业占总产值比重对比

资料来源：根据涪陵统计年鉴2007—2016计算。

（二）涪陵农业结构分析

涪陵区农业由种植业、林业、畜牧业、渔业及农林牧渔服务业五部分组成。由表7-3可知，2001年农业总产值为16.03亿元，2016年则达到87.93亿元，16年间增长了约72亿元，年平均增长率约为12.02%。根据表7-3可知，种植业、林业、畜牧业及渔业四大子产业都实现了大幅增长，其中种植业产值由2001年的8.75亿元增长为2016年的54.66亿元，年平均增长率约为12.99%；林业总产值由2001年的0.11亿元增长为2016年的3.82亿元，年平均增长率为26.68%；2001年畜牧业总产值为6.63亿元，2016年增长为23.75亿元，年平均增长率为8.88%；2001年渔业总产值为0.54亿元，2016年为4.10亿元，年平均增长率为14.47%。在四大子产业里，种植业总产值最高，其次是畜牧业，所以重视农作物生产、发展畜牧业是带动涪陵区农业发展的重要方向。

第七章 涪陵农业优化分析

表7-3 2001—2015年涪陵区农业产值   单位：万元

年份	农业	种植业	林业	畜牧业	渔业
2001	160 320	87 524	1087	66 311	5398
2002	179 597	96 328	1194	71 774	6570
2003	190 272	99 193	1667	78 968	4748
2004	222 896	116 298	2188	92 142	6392
2005	223 321	112 574	3057	94 540	6877
2006	216 599	107 476	3578	89 151	8362
2007	309 762	176 369	12 301	92 417	14 077
2008	375 313	199 588	14 244	129 096	16 120
2009	401 765	222 168	19 377	123 719	18 260
2010	449 808	260 595	20 553	126 020	19 359
2011	554 601	352 894	18 849	153 024	20 703
2012	622 306	397 596	22 536	165 978	26 410
2013	673 653	426 156	25 393	177 992	32 858
2014	721 202	460 461	27 799	182 848	36 799
2015	781 686	489 550	31 509	206 488	39 064
2016	879 309	546 557	38 222	237 497	41 045

资料来源：涪陵统计年鉴2002—2017。

表7-4为2001—2015年涪陵区农业结构比重。

表7-4 2001—2015年涪陵区农业结构比重   单位：%

年份	种植业	林业	畜牧业	渔业
2001	54.59	0.68	41.36	3.37
2002	53.64	0.66	39.96	3.66
2003	52.13	0.88	41.50	2.50
2004	52.18	0.98	41.34	2.87
2005	50.41	1.37	42.33	3.08
2006	49.62	1.65	41.16	3.86

续表

年份	种植业	林业	畜牧业	渔业
2007	56.94	3.97	29.83	4.54
2008	53.18	3.80	34.40	4.30
2009	55.30	4.82	30.79	4.54
2010	57.93	4.57	28.02	4.30
2011	63.63	3.40	27.59	3.73
2012	63.89	3.62	26.67	4.24
2013	63.26	3.77	26.42	4.88
2014	63.85	3.85	25.35	5.10
2015	62.63	4.03	26.42	5.00
2016	62.16	4.35	27.01	4.67

资料来源：涪陵统计年鉴2002—2017。

（三）农业子产业的结构分析

涪陵区在农业发展过程中形成了以青菜头、柑橘为代表的种植业，以黑猪、黑山羊、增福土鸡为主的畜牧业，以马尾松、杉木、柏木等乔木为主的上百种林木，以及以胭脂鲤为代表的渔业资源。

1. 种植业

涪陵区种植业主要由粮食作物、经济作物、水果及蔬菜4类构成，根据涪陵统计年鉴数据整理，2001年以来，在这4类产业中，蔬菜产量一直领先，并且呈直线上升状态，2001年为69.56万吨，2016年为376.56万吨，年平均增长率达到11.92%；产量次高的是粮食作物，2016年达到44.84万吨，在2001—2016年这16年里年平均增长率为0.83%；水果产量呈直线增长趋势，由2001年的2.36万吨上升为2016年的14.09万吨，年平均增长率约为12.65%，所以具有较好的发展前景；涪陵区经济作物的总产量变化不是很显著，16年来都处于1.1万~1.6万吨。总之，蔬菜和水果发展势头强劲，见表7-5。

表7-5 2001—2016年涪陵区不同类型种植业产量　　单位：吨

年份	粮食作物（水稻）	经济作物	水果	蔬菜
2001	396 158	13 136	23 553	695 572
2002	430 366	13 422	39 052	751 774
2003	420 718	14 426	41 157	808 482
2004	438 630	13 605	45 641	920 975
2005	446 618	15 450	65 451	1 022 199
2006	343 747	11 036	68 890	1 227 187
2007	438 400	15 600	85 600	1 378 500
2008	435 303	14 395	89 805	1 581 643
2009	429 233	13 661	93 970	2 552 810
2010	440 348	13 985	96 400	2 743 423
2011	431 541	13 886	104 800	2 911 354
2012	438 283	12 898	112 300	3 115 835
2013	438 245	12 394	121 852	3 328 164
2014	433 106	11 865	123 705	3 508 553
2015	438 156	12 418	130 110	3 577 395
2016	448 446	13 003	140 874	3 765 620

资料来源：涪陵统计年鉴2002—2017。

涪陵区的经济作物主要由油料、麻类、烟叶、蚕茧及茶叶5类构成。相比较而言，油料作物产量最高，其中在2003年达到最高点，为8592吨，所以占比最高，2001—2016年占比都在50%上下浮动；其次是蚕茧，所占比例在20%~35%，浮动幅度不大，麻类及蚕茧占比并不具有明显的特定趋势，每年茶叶产量最少，占比变化幅度也最小。具体情况见表7-6和表7-7。所以可以把油料产业作为涪陵区经济作物的发展重点。

表7-6 2002—2017年涪陵区种植业经济作物结构　　单位：吨

年份	油料	麻类	烟叶	蚕茧	茶叶
2001	6189	959	981	4150	857
2002	6726	338	1239	4156	963

续表

年份	油料	麻类	烟叶	蚕茧	茶叶
2003	8592	580	1258	3346	650
2004	7108	587	1258	4012	640
2005	6591	2117	1679	4409	654
2006	4040	1212	1335	3703	746
2007	3531	3748	1445	4391	741
2008	5557	3789	1038	3525	486
2009	5425	3280	1721	2700	535
2010	5500	3300	1495	3061	629
2011	5349	3300	1700	2848	689
2012	5683	1261	2184	2900	870
2013	5891	874	1742	3012	875
2014	6190	784	1522	2709	660
2015	6581	699	1660	2810	668
2016	6866	670	1765	2916	786

资料来源：涪陵统计年鉴2002—2017。

表7-7 2001—2016年涪陵区经济作物占比   单位:%

年份	油料	麻类	烟叶	蚕茧	茶叶
2001	47	7	7	32	7
2002	50	3	9	31	7
2003	60	4	9	23	5
2004	52	4	9	29	5
2005	43	14	11	29	4
2006	37	11	12	34	7
2007	31	30	8	28	3
2008	39	26	7	24	3
2009	40	24	13	20	4
2010	39	24	11	22	4

续表

年份	油料	麻类	烟叶	蚕茧	茶叶
2011	39	24	12	21	5
2012	44	10	17	22	7
2013	48	7	14	24	7
2014	52	7	13	23	6
2015	53	6	13	23	5
2016	53	5	14	22	6

资料来源：涪陵统计年鉴2002—2017。

涪陵区水果种植种类较多，主要由柑橘、梨、杨梅、枇杷、龙眼、李、猕猴桃、桃、葡萄等构成，2015年产量处于前3位的依次为柑橘、梨和西瓜，其中柑橘产量占到了水果总产量的一半以上。具体如图7-3所示。

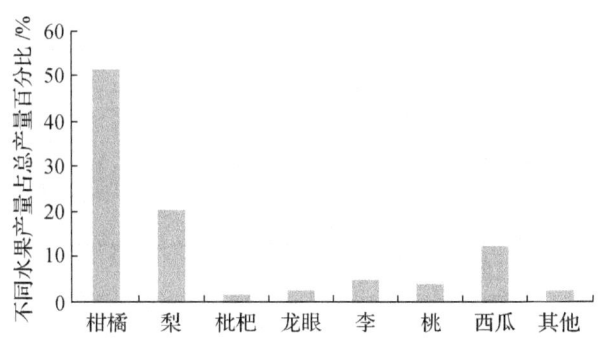

图7-3　2015年涪陵区水果种类产量构成

资料来源：2016年涪陵统计年鉴。

涪陵区的蔬菜发展势头较好，2001年以来，呈直线上升趋势，尤其是2008—2009年蔬菜产业飞速增长，一年内增长了约97万吨，年平均增长率为11.92%。此外，涪陵区是全国种植青菜头的主要地区，从2001年以来，青菜头产量个别年份虽有反复，但是整体而言产量是呈上升态势的，在2016年青菜头产量已经近160万吨；而青菜头产量在涪陵区蔬菜总产量中所占的比重也很大，2008年之前青菜头产量占到了全区蔬菜产量的60%以上，2009年以后占比维持在43%左右，但仍是蔬菜产量的主力军，为涪陵

发展榨菜产业提供了有力支撑。具体见表7-8。

表7-8　2001—2016年涪陵区蔬菜产量情况

年份	青菜头/吨	蔬菜/吨	青菜头产量在蔬菜产量中的比重/%
2001	494 568	695 572	71.10
2002	536 700	751 774	71.39
2003	565 400	808 482	69.93
2004	665 300	920 975	72.24
2005	755 000	1 022 199	73.86
2006	952 000	1 227 187	77.58
2007	1 054 000	1 378 500	76.46
2008	968 125	1 581 643	61.21
2009	1 133 741	2 552 810	44.41
2010	1 217 381	2 743 423	44.37
2011	1 271 669	2 911 354	43.68
2012	1 343 335	3 115 835	43.11
2013	1 442 783	3 328 164	43.35
2014	1 496 851	3 508 553	42.66
2015	1 506 260	3 577 395	42.10
2016	1 596 151	3 765 620	42.39

资料来源：涪陵统计年鉴2002—2017。

2. 畜牧业

涪陵区的畜牧业主要由猪、牛羊及禽兔类构成。其中，禽类出栏量相对较高，在2007年达到1000.03万只，之后又有回落；2001—2015年生猪产量变化不大，每年都在80万只左右，其中涪陵黑猪是当地特色品种，常年被散养在1500米海拔的大木山上，食用的是纯粮加青饲料，出栏时间一年以上，体重可达150~200斤；涪陵区每年的牛羊出栏量不太多，但是近几年整体呈不断上升趋势，2015年达到7.7万只。具体见表7-9。

第七章 涪陵农业优化分析

表 7-9　2001—2015 年涪陵区主要牲畜出栏数量　　单位：万只

年份	猪	牛羊	禽兔
2001	73.50	4.65	757.60
2002	73.85	5.09	768.33
2003	76.20	6.20	804.00
2004	80.60	7.00	805.00
2005	83.15	7.19	850.35
2006	85.60	8.00	880.00
2007	85.50	8.02	1000.03
2008	72.02	2.21	502.62
2009	76.35	3.21	563.31
2010	83.11	5.49	707.80
2011	84.10	5.93	752.50
2012	86.50	6.16	870.00
2013	88.55	7.60	893.00
2014	85.61	7.43	848.35
2015	82.79	7.70	909.86

资料来源：涪陵统计年鉴 2002—2017。

由表 7-10 可知，每年猪肉的产量在禽蛋肉类产量中最高，但是具体年份之间的产量差别并不是很大，这与市场需求有密切的关系。产量次高的是禽肉和禽蛋，而牛羊肉和奶类产量相对较少。

表 7-10　2001—2016 年涪陵区禽蛋肉类产量　　单位：吨

年份	猪肉	牛羊肉	奶类	禽蛋	禽肉	水产品
2001	55 140	1784	618	16 950	11 373	8020
2002	55 388	1877	702	17 065	11 527	8120
2003	57 123	2259	810	18 050	12 048	8508
2004	58 773	2323	816	18 120	12 154	8812

续表

年份	猪肉	牛羊肉	奶类	禽蛋	禽肉	水产品
2005	61 922	2492	836	19 632	12 681	9580
2006	62 740	2590	840	19 870	12 875	8750
2007	49 700	955	781	21 390	7278	7981
2008	51 278	1198	344	22 093	8644	11 897
2009	54 732	1418	435	9250	8888	14 850
2010	56 272	1578	480	9641	9198	16 140
2011	56 744	1750	349	9702	9688	19 280
2012	57 909	1915	343	10 620	10 663	20 133
2013	59 857	2122	436	11 105	11 188	20 359
2014	61 303	2381	120	12 093	11 545	20 550
2015	60 390	2617	0	13 490	1 1937	20 960
2016	58 577	2255	0	14 056	2403	21 250

资料来源：涪陵统计年鉴 2002—2017。

3. 林业

近年来，涪陵区以生态林业与民生林业为重点，突出发展特色林业、效益林业。如图 7-4 所示，2015 年造林面积最多，为 7334 公顷，超额完成任务的 5.5%，实现产值 17.95 亿元。近 15 年造林面积虽有周期性波动，但是与 10 年前相比，总体上在不断提升。

4. 渔业

2015 年涪陵区渔业实现总产值 6.18 亿元，比上年增长了 7.8%。2002—2016 年，涪陵区水产品产量虽然个别年份略微下降，但是整体上不断增长，年平均增长率为 6.7%（图 7-5）。

三、涪陵农业区域集中化程度

行业集中度是指行业中规模最大的前几位企业在产值、产量、销售额等方面占整个市场或行业的份额，一般取前 4 名和前 8 名。[①] 以此为依据，本

---

① 苏东水. 产业经济学 [M]. 北京：高等教育出版社，2015.

第七章　涪陵农业优化分析

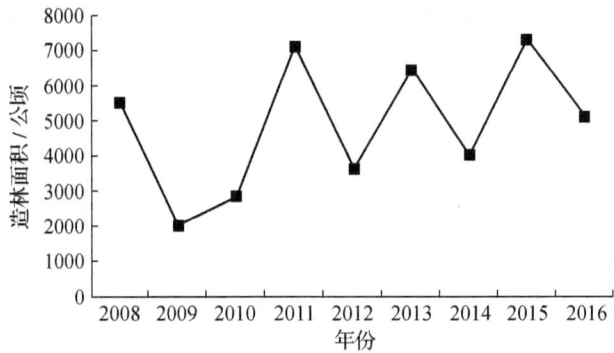

图7-4　2008—2016年涪陵区造林面积情况

资料来源：涪陵统计年鉴2009—2017。

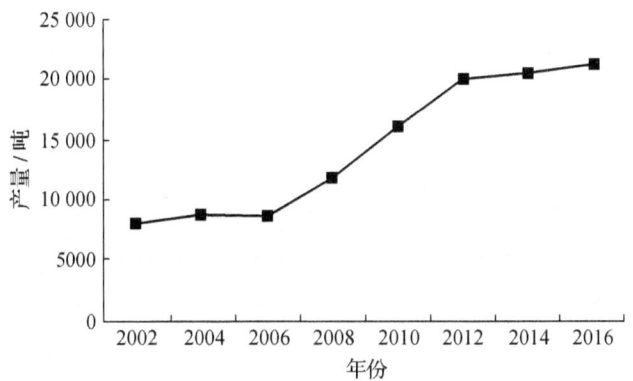

图7-5　2002—2016年涪陵区水产品产量

资料来源：涪陵统计年鉴2003—2017。

小节以涪陵农林牧渔业的年生产总值为衡量标准测算了农业产值的区域集中程度。

由于只能获得涪陵2007年与2008年这两年各个县乡的农林牧渔业总产值数据，所以以这两年产值为基础进行了简单比较计算。涪陵共有24个乡镇街道，其中农林牧渔业生产总值位居前4位的乡镇在2007年与2008年产值累计分别达到了35%与32%，前8位累计分别达到了60%和54%。因此，计算出的区域集中度都远大于10%，这说明涪陵农业发展区域集中度较高，但是也从侧面说明乡镇之间农业发展差距较大。具体见表7-11。

表7-11 2007—2008年涪陵农业区域集中度 单位：万元

区域	2007年农林牧渔业产值	2008年农林牧渔业产值
全区	309 762	375 313
珍溪镇	31 802	34 760
李渡街道	29 306	31 951
百胜镇	25 145	27 349
蔺市镇	22 628	24 707
义和镇	20 612	22 372
马武镇	20 052	21 870
新妙镇	19 626	21 201
南沱镇	15 957	17 474

资料来源：涪陵统计年鉴2007—2008。

四、涪陵农产品差异性

农产品差异性指在农业内部不同单位主体生产的同类产品在质量、款式、性能、销售及消费者偏好等方面存在差异，进而会因不可被完全替代而在市场中取得竞争地位。一般认为，产品间差异性程度与产品间的相互替代性程度密切相关。如果在市场中，产品的可被替代性越弱，则产品的差异性越强。而产品的相互替代性程度由产品间的需求交叉弹性决定，例如，A、B两种农产品，如果A的价格变动所引起的B的需求量变动幅度较小，则A、B两种农产品的需求交叉弹性就越小，则两者相互替代性就越小，即说明A、B两种农产品之间的差异性较大。

长期以来，在独特的地理气候环境下，涪陵产出了种类繁多的高质量农产品，其中包括以青菜头、胭脂萝卜为特色的蔬菜，以柑橘、脐橙、龙眼为特色的水果，以白茶、涪陵竹笋为代表的经济作物，以涪陵黑猪、渝东黑山羊、增福土鸡及胭脂鱼为特色的肉类产品，以及以涪陵榨菜为代表的加工类农产品。与同类产品相比，这些农产品因品质特色具有不可被替代的优势。但是，在市场竞争中，这些农产品的差异性优势转化为经济优势的状况并不乐观。

第七章 涪陵农业优化分析

第二节 涪陵农业生产者行为分析

农业生产者行为是农业生产者为了自身利润的最大化或者市场占有率最高的目标在面对市场复杂的外部环境时所做出的理性应对的反映。通过对涪陵农业结构的分析发现，涪陵农业发展前景较好，但是农产品经济效益转化率低，有鉴于此，涪陵应通过发展新型农业经营主体建立协调发展机制、通过实施多层次广告宣传活动拓宽市场、通过实施品牌化策略增加农产品异质性、通过实施农社与农超对接活动保证农产品价格，多策并举，积极调整，进一步提升农产品经济效益。

一、协调发展行为

协调发展行为是生产者为了达到某些共同目标而采取的相互协调的市场行为。截至 2015 年，涪陵农业人数占总人口的 58%，农业人口众多，然而，农业经营者小而分散，导致缺乏统一的技术指导、统一的种植标准及统一的定价标准等。为了避免农户之间在农产品价格方面的恶性竞争，提高整体的对外议价能力，增加农产品利润，涪陵农户之间应实施协调发展机制。

近几年，涪陵出现了龙头企业、农民合作社、农场、专业大户等在内的新型农业经营主体，小农户依靠这些经营主体进行合理化生产。表 7-12 表明，4 年来涪陵龙头企业、农场、合作社数量都处于直线上升之中。其中，龙头企业 4 年来增长了 4 倍多，年平均增长率达 59.83%，农场数量年平均增长率为 9.40%，农业合作社年平均增长率为 9.97%，而农户参合率于 2015—2016 年达到了 60% 左右。其中，以土地经营权入股的形式在逐年增长。另外，在发展新型农业主体的同时积极发展以龙头企业带动型和以合作社带动型的农业组织化形式。其中"龙头企业＋农户"是龙头企业带动型的代表，"合作社＋公司＋农户"是合作社带动型的代表。[1] 两者都是农户在强强联合中获取利益的模式。不同之处在于，龙头企业带动型是以龙头企业为主导的，它在产业链中处于支配地位[2]。涪陵李渡街道飞越水产专业合

---

[1] 郭晓鸣，廖祖君，付娆. 龙头企业带动型、中介组织联动型和合作社一体化三种农业产业化模式的比较 [J]. 中国农村经济，2007 (4)：40-47.

[2] 吕火明. 论特色农业 [J]. 社会科学研究，2002 (3)：27-30.

作社采用"合作社+公司+农户"的模式,两年时间内该合作社成员已经发展到86户,养殖面积达到3000多亩(1亩≈666.7平方米),每年向市场提供优质水产品4000多吨,渔业产值超过6000万元。重庆兴冠农业开发有限公司采用"公司+农户"的模式,每年直接受益农户220户,户均增收6500元,并辐射带动周边农户1126户。①

表7-12 2013—2016年涪陵新型农业主体数量

年份	龙头企业/个	农场/个	合作社/个	参合农户/万户	参合率/%
2013	24	621	576	10.74	45.00
2014	26	675	610	12.47	52.24
2015	53	794	694	14.75	61.80
2016	98	813	766	14.18	59.42

资料来源:涪陵统计年鉴2014—2017。

二、多层次广告宣传行为

广告行为最直接的作用就是信息传递,在产业组织学中,商品分为"先验品"与"后验品"两种,其中先验品是指消费者在支付该商品之前就已经能够判断出此商品的质量等信息,而后验品是需要消费者在支付并使用之后才能确定其质量水平的产品。②农产品更像后验品,并且需求弹性很小,所以广告在吸引消费者方面起着非常重要的作用。

为扩宽农产品的销售出路,涪陵通过引进来与走出去两方面积极实施多层次广告宣传模式。首先,在农产品成熟的季节举办各种以农产品为主角的节庆活动,如"榨菜嘉年华""龙眼节""杨梅节""采莲节""采橘子节"等,通过这种新颖的广告宣传方式争取旅游市场中的农产品消费者,进而在消费者与潜在消费者中间扩大传播力。在南沱镇举办的第六届龙眼文化节上,开幕首日就迎来2000多人采摘,全镇共销售龙眼上万斤。③ 其次,在全国许多地区,尤其蔬菜与果品相对缺乏的北方市场,举办涪陵农产品推介

---

① 龙头企业栏目 [EB/OL]. [2018-01-30]. http://www.flagri.gov.cn.
② 苏东水. 产业经济学 [M]. 北京:高等教育出版社,2015.
③ 廖存强,何乾健. 魅力南沱·第六届三峡库区龙眼文化节开幕 [EB/OL]. (2017-09-13) [2018-01-30]. http://www.cqagri.gov.cn.

第七章 涪陵农业优化分析

会,以打通国内市场。截至2018年,涪陵已经在全国50多个大中城市签订鲜销协议42.5万吨。① 此外,实力相对较强的龙头企业则积极实施自身的产品广告宣传。以重庆市涪陵榨菜集团股份有限公司为例,该公司在宣传"乌江"牌榨菜上不断顺应社会发展趋势,由最初的名人代言+特色的广告词宣传方式到后来的脸谱版创意电视广告,这些措施大大提高了"乌江"榨菜的社会知名度。

三、品牌化发展行为

通过产品品牌化策略可以提高产品的差异化程度,即增加与同类产品的需求交叉弹性,降低本产品的需求价格弹性。需求价格弹性低意味着企业对市场的垄断能力较强,生产者对产品的价格具有更大的主动权,从而可以增加产品的利润,同时能减少消费者的搜寻成本。随着人们对健康生活、绿色生活的重视程度加深,购买放心优质的农产品逐渐成为社会发展趋势。而品牌化在一定程度上代表了产品的品质与特色,是进一步实现产品异质性的途径。

为了进一步提高农产品的市场差异化程度,增强市场竞争力,涪陵农户积极响应政府参与农产品品牌化建设的号召。首先,农产品生产者积极进行"三品"认证。截至2015年,农产品"三品"数量总数已经达到143个,且累计总数呈直线上升趋势。② 在"三品"认证中,数量从高到低依次为无公害产品、绿色产品以及有机产品,详见表7-13。其次,涪陵农产品龙头企业也积极走品牌化发展道路,形成了以"乌江""辣妹子""红昇"为龙头的知名榨菜品牌、以"大木山""泰升"为龙头的猪头品牌和以"三峡笋"为龙头的竹笋品牌,以"珍溪脐橙"为龙头的果品品牌。此外,涪陵农产品生产者积极参与全国各类农产品商标评选活动,截至2016年,涪陵农产品获得中国驰名商标7个,重庆市著名商标28个。近几年,涪陵还积极在境外开展商标注册,总数达到50多个③,以提升在境外市场的知名度。

---

① 涪陵青菜头成北京"菜篮子工程"配送蔬菜 [EB/OL]. (2018-02-07) [2018-03-20]. http://cq.cqnews.net.
② 资料来源于2016年涪陵统计年鉴。
③ 郑友,郭建,张龙云. 涪陵狠抓"四化"建设打造农业品牌效应 [EB/OL]. (2017-03-01) [2018-01-30]. http://www.cqagri.gov.cn.

表7–13　2012—2015年涪陵"三品"认证　　　　单位：个

年份	新增无公害产品	新增绿色产品	新增有机产品	新增三品一标总数	累计总数
2012	8	2	21	31	109
2013	12	8	0	20	122
2014	8	3	1	12	135
2015	7	2	2	11	143

资料来源：涪陵统计年鉴2013—2016。

四、农社与农超对接行为

对于农产品来说，产品的价格与时间是呈负向相关关系的，即农产品从采摘到传递到消费者手中的时间越短，产品的单位市场价格就会越高，反之，时间越长，单位价格越低，最终会成为没有任何价值的产品。而农产品生产者在寻找消费者过程中有时会耗费大量的时间，从而产生变质的问题，如产品变质则会使农户利益受损。

为实现农产品鲜销，缩短农产品到达消费者手中的时间，涪陵农产品生产者自身主动寻找消费者，采取了农社对接和农超直通的模式。其中，农社对接是指涪陵各类农业合作社在城镇社区建立直销门店，直接接触消费者，以减少中间环节。2012年起，全区就有21家农业合作社在城镇社区开展直销门店，其中种植类农业合作社有16家，养殖类农业合作社有5家。[①] 截至2013年，海林种养友好专业合作社的涪陵黑猪先后在重庆市及周边区县开设专卖柜29个，在涪陵区县开设专卖店21个，市场销量剧增。[②] 农超对接是指农业合作社与城镇社区的超市进行定点合作，成为超市的鲜销农产品供应商。江北、龙桥、青羊等蔬菜基地隶属的农业合作社积极与新大兴农副产品交易中心、新大兴超市、金山农贸市场等建立产销合作关系，农超对接模式逐渐成熟。2012年，海林养猪合作社、洪丽鲜榨菜合作社、睦和龙哥果品合作社等11家合作社与超市连锁企业进行了股份合作，联合出资180万成立了涪陵众发农产品合作社联合社，联合社通过连锁配送方式实现了农

---

① 资料来源于2013年涪陵统计年鉴。
② 资料来源于2014年涪陵统计年鉴。

超对接经营①，促使其利润额不断攀升。

第三节 涪陵农业绩效分析

产业组织理论认为，市场绩效是在一定的市场结构中由一定的市场行为所产生的关于价格、产量、成本、利润、产品质量、技术进步等方面的最终经济成果。本节通过农业要素生产效率、农业生产能力、农民收入及科技进步程度4个方面对涪陵农业绩效进行分析。

一、农业要素生产效率

（一）劳动生产效率

在表7-14中，用每个农村劳动力生产的农产品产量作为衡量涪陵劳动生产效率的指标；以农村就业人数作为从事农业劳动生产的总人数；分别选取粮食产量、蔬菜产量、水果产量、肉类产量及水产品产量几个指标作为农产品产量指标。表7-14表明，涪陵的粮食、蔬菜、水果、肉类及水产品10年来是稳步提升的。其中，粮食、蔬菜、水果、肉类及水产品产量的人均年增长率依次为6.03%、5.99%、11.05%、2.58%、14.87%。可以看出，水产品及水果的年人均产量增长率较高，这与近几年涪陵鼓励发展水产品养殖及以柑橘为主导的水果种植有很大的关系。

表7-14 2006—2016年涪陵单位农业劳动力生产的农产品产量

单位：吨/人

年份	粮食	蔬菜	水果	肉类	水产品
2006	1.37	1.38	0.27	0.31	0.03
2007	1.79	1.80	0.35	0.29	0.05
2008	1.82	1.83	0.38	0.26	0.05
2009	1.80	1.81	0.39	0.28	0.06
2010	1.85	1.86	0.41	0.29	0.07
2011	1.86	1.86	0.45	0.30	0.08

① 资料来源于2013年涪陵统计年鉴。

续表

年份	粮食	蔬菜	水果	肉类	水产品
2012	2.12	2.13	0.54	0.35	0.10
2013	2.19	2.20	0.61	0.37	0.10
2014	2.27	2.28	0.65	0.40	0.11
2015	2.35	2.36	0.70	0.40	0.11
2016	2.46	2.47	0.77	0.40	0.12

资料来源：涪陵统计年鉴2007—2017。

(二) 土地生产率

以土地的每公顷产量作为土地生产率指标，表7-15表明，2008年以来，涪陵粮食产量一直处于4500千克/公顷左右的水平。与重庆市进行对比后发现，每年单位土地粮食产量都低于重庆市，所以单位土地的粮食生产率还有待提高。2008年以来，涪陵蔬菜单位土地产量呈直线上升趋势，年平均增长率为4.59%，并且每年都高于重庆市的平均水平。所以涪陵在蔬菜方面的土地生产效率较高。这与近几年涪陵大力发展无公害蔬菜和绿色蔬菜的规模化种植、推广蔬菜新型培育技术是分不开的。

表7-15　2001—2015年涪陵与重庆市土地单位产量比较

单位：千克/公顷

年份	涪陵粮食	涪陵蔬菜	重庆粮食	重庆蔬菜
2006	3416.29	19 962.79	3750.41	21 292.05
2007	3325.23	19 786.59	4954.91	21 834.07
2008	4561.92	20 733.26	5204.46	20 651.92
2009	4481.07	23 365.31	5100.71	21 321.62
2010	4547.73	24 432.31	5152.35	22 229.77
2011	4406.58	25 004.73	4987.58	22 759.45
2012	4511.50	25 448.31	5038.67	23 125.98
2013	4533.79	25 982.32	5093.96	23 479.88
2014	4482.29	26 950.26	5103.81	23 855.19
2015	4576.95	28 388.43	5169.70	24 334.43

资料来源：根据2007—2016年重庆统计年鉴和涪陵统计年鉴整理计算。

二、农业生产能力

(一) 农业对经济的贡献率

贡献率是用来分析经济效益的指标,它表示经济增长中各因素作用的大小。① 该指标可以从整体上反映出产业对经济增长的贡献程度。表 7-16 给出了 2006—2015 年涪陵农业、工业和服务业对经济增长的贡献率。可以看出,在涪陵三大产业中,农业对经济增长的贡献率最小,从 2008 年开始一直在 2% 和 3% 之间浮动,变化很小,并且没有明显的变化趋势;涪陵工业与服务业对经济增长的贡献率远远高于农业。其中,2015 年工业对经济增长的贡献率大约是农业对经济贡献率的 35 倍,服务业对经济增长的贡献率约是农业的 14 倍。此外,从横向比较来看,全国农业对经济增长贡献率整体也较低,但是高于重庆市和涪陵,以 2015 年农业对经济贡献率来看,全国是重庆市的 1.7 倍,是涪陵的 2.3 倍。从每年数值看来,重庆市农业对经济增长贡献率都略高于涪陵,这说明涪陵的农业对经济增长的贡献率并没有达到重庆平均水平,农业发展还需进一步提升。

表 7-16 2006—2015 年涪陵三大产业的经济贡献率及其比较

单位:%

年份	涪陵区农业	涪陵区工业	涪陵区服务业	重庆市农业	全国农业
2006	-3.10	68.80	34.50	-6.00	4.40
2007	5.00	56.20	38.80	6.70	2.70
2008	2.20	66.20	31.60	4.90	5.20
2009	2.30	67.90	29.80	3.60	4.00
2010	2.90	74.50	22.60	3.20	3.60
2011	2.30	73.60	24.10	2.70	4.20
2012	2.70	67.50	29.80	3.10	5.20
2013	2.60	78.70	18.70	2.70	4.30
2014	2.40	74.90	22.70	2.70	4.70
2015	2.00	69.30	28.70	2.70	4.60

资料来源:2007—2016 年涪陵统计年鉴、重庆市统计年鉴、中国统计年鉴。

---

① 什么是"贡献率"?它是怎样计算的[J].统计与咨询,2012(3):6.

(二)农业对经济的拉动力

产业拉动力是经济增长中各产业对经济增长拉动的百分比。表7-17表明,涪陵区农业对经济增长的拉动力在不断减弱,远低于工业和服务业。这与大多数地区的经济发展状况相一致,是由农业自身的特点决定的。但是,与重庆市和全国相比,涪陵区在农业对经济增长的拉动力方面差距很小,并且在2010年与2011年出现过高于重庆与全国的整体水平。这说明涪陵区农业发展的提升对整个经济发展的作用较大。

表7-17 2005—2015年涪陵区三大产业对经济增长的拉动力及其比较

单位:%

年份	涪陵区农业	涪陵区工业	涪陵区服务业	重庆市农业	全国农业
2005	0.50	7.20	6.90	0.50	0.60
2006	-0.50	9.90	4.90	-0.70	0.60
2007	0.90	10.40	7.10	1.10	0.40
2008	0.60	16.80	8.10	0.70	0.60
2009	0.40	12.30	5.40	0.50	0.40
2010	0.60	14.40	4.30	0.40	0.40
2011	0.50	15.10	4.90	0.30	0.40
2012	0.40	10.50	4.60	0.30	0.40
2013	0.30	10.20	2.50	0.30	0.40
2014	0.20	7.30	2.20	0.30	0.30
2015	0.10	5.10	2.10	0.30	0.30

资料来源:根据2006—2016年涪陵统计年鉴、重庆统计年鉴、中国统计年鉴数据整理与计算。

三、农民人均收入

由于受技术水平、学历条件的限制,加之土地是农民的唯一资本,因而,农业生产是农民改善自身生活水平的主要活动,而实施农业发展的首要目的就是实现大多数农民的不断增收。所以,可以把农民人均收入作为农业发展绩效的标准。从2006年起,涪陵农业人均可支配收入呈直线上升趋势,截至2016年,人均收入达到12 253元,约是2006年的4.3倍,农民年人均收入增长率为15.69%(表7-18)。与全国相比,涪陵人均可支配收入整体上低于全国农民水平,但是与全国农民收入的差距在逐渐缩小。2006 年,全国农民人均可支配收入是涪陵农民人均可支配入的 1.26 倍;2012 年,涪陵出现了略微超过全国农民人均收入水平的情况,之后虽然涪陵农民人均可支配收入每年又低于全国水平,但是几乎与全国水平持平。总之,涪陵的农民增收速度很快,有超过全国农民人均收入水平的潜力,所以在涪陵农业发展过程中农民生活水平得到了相应的改善。

表 7-18 2006—2016 年涪陵区与全国农民人均可支配收入对比

单位:元

年份	涪陵农民人均可支配收入	全国农民人均可支配收入
2006	2854	3587
2007	3199	4140
2008	4168	4761
2009	4651	5153
2010	5549	5919
2011	6858	6977
2012	7942	7917
2013	8817	8896
2014	9963	9892
2015	11 089	11 422
2016	12 253	12 363

资料来源:涪陵统计年鉴 2007—2017。

四、农业科技进步

科技与现代农业的发展是密切相关的。它催生了现代农业的产生,同时现代农业的发展也推动了科技的进步。所以,科技贡献率是农业绩效分析的一个重要指标。本小节从机械化程度和农业生产技术创新成果两个方面进行说明。

(一)农业机械化程度

近几年,涪陵从农机购置补贴、农机宣传、提升电子化管理水平等方面入手积极促进农业机械化发展。2014 年全年共提供农机补贴 1744.98 万元,

2015年提供农机补贴883.8万元①,农业机械化程度得到了很大程度的提高。

在农用机械总动力方面,2010年以来机械总动力呈直线上升趋势,2016年已经达到了77万千瓦时,与2011年相比,提高了将近16万千瓦时,年增长率大约为3.96%(图7-6)。如果以2015年为基准与重庆市及全国进行横向对比可以发现:涪陵区耕地面积为102 825公顷,2015年平均每公顷机械化动力为7.45千瓦时;重庆市平均每公顷机械动力为5.08千瓦时;而全国的平均机械动力为不足1千瓦时(表7-19)。这说明涪陵区在机械化应用推广方面成效显著,机械化程度较高。

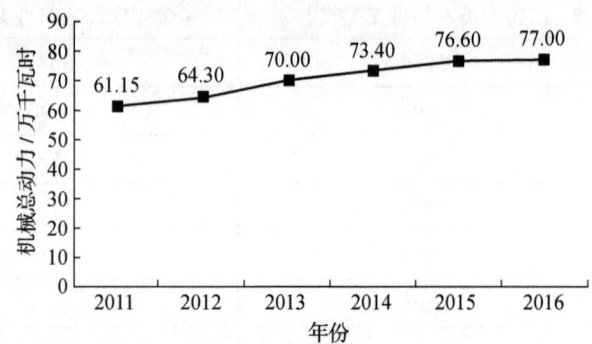

图7-6　2011—2015年涪陵机械总动力

资料来源:涪陵统计年鉴2012—2016。

表7-19　2015年涪陵区、重庆市及全国机械化动力比较

类别	涪陵区	重庆市	全国
机械总动力/万千瓦时	76.60	1299.73	111 728.10
耕地面积/万公顷	10.28	255.64	202 400.00
平均机械总动力/(千瓦时/公顷)	7.45	5.08	0.50

资料来源:2016年中国统计年鉴、重庆统计年鉴、涪陵统计年鉴。

在机械化具体应用方面,2014年机械化耕作面积为15.53万公顷,机插秧面积为1098公顷,机械化收割面积为10 000公顷;2015年各种农业活动的机械化水平都有所提高,机械化插秧面积为5300公顷,增加了约4000

---

① 资料来源于2014—2015年涪陵统计年鉴。

公顷,机械化收割面积增加了 3000 公顷,增加为 1.3 万公顷。同时,在推广各类农业机械补贴中,2014 年受补贴机械将近 3 万台,2015 年有 1.34 万台,照此趋势下去,涪陵农业机械化受益范围会持续扩大。① 此外,在积极探索特殊化新型农业机械化水平方面也初见成效,例如,在柑橘产业机械化方面研发了具有清洗、烘干、分级功能的选果分级机械化生产线。在青菜头生产全程机械化的技术推广中已经实现了移栽机械与田间转运机械的实际作业应用,青菜头收砍机正处于研制之中。

(二)农业创新模式

涪陵在农业发展过程中,积极探索多种农业发展模式,以降低生产成本,提高产业效率。经过长期探索,已经进行实地应用的种植模式有:第一,桑榨间作模式,即在同一块地中同时穿插种植桑树与青菜头,这既可以增加土地利用效率,又可以减少水土流失。第二,桑枝食用菌,即利用废弃的桑枝进行食用菌种植。在实现废物利用的同时,这种模式可以增加食用菌的产量。此外,涪陵形成了种养结合的沙地循环模式,即以沙子作为猪圈的垫基,因沙子能很好地分解猪的排泄物;在生猪出栏后将沙子进行消毒,之后在沙子上种上蔬菜,这既可以解决农业污染物的处理问题,又可以增加农作物的产量。

第四节 涪陵特色农业培育状况

特色农业是基于一定的区位优势、环境优势、资源优势、产业基础及技术优势而形成的高效农业,与一般农业相比,它具有质量高、市场竞争力强的特点。②

一、涪陵特色农产品发展现况

由于拥有适宜的气候与海拔的双重优势,涪陵发展特色农业具有很好的先天条件。长期以来,涪陵培育出的特色农产品种类丰富多样,包括以青菜头、柑橘、白茶、竹笋为主的种植业,以黑猪、黑山羊、土鸡为主的畜牧业,桑蚕业和水产业等。目前,涪陵正在打造"义和—李渡—江北—百

---

① 资料来源于 2015—2016 年涪陵统计年鉴。
② 吕火明. 论特色农业 [J]. 社会科学研究,2002 (3):27-30.

胜—珍溪"沿江特色和"马武—蔺市—石沱—新妙"坪上特色两个高效益农业产业带，以促进涪陵特色农产品的规模化发展。根据涪陵的农业发展优势及政策导向，榨菜、柑橘、蚕桑及畜牧业被定位为四大特色农产品支柱产业。①

（一）榨菜

自 1898 年诞生以来，涪陵榨菜已发展成为涪陵乃至重庆市农村经济中产销规模最大、知名度最高、辐射带动能力最强的特色支柱产业，同时被冠以世界三大名腌菜之一。而青菜头是榨菜的主要原料，截至 2016 年年底，涪陵青菜头种植涉及全区 24 个乡镇街道，种植面积稳定在 72 万亩以上，总产量达到 150 万吨以上，其中应季蔬菜用地 30 万亩，加工榨菜用地 42 万亩，居全国之首，带动涪陵 16 万农户、1000 余户加工户、7 万余人增收。2016 年销售成品榨菜共 47 万吨，实现 28.2 亿元收入，出口创汇达到 1678.10 万美元，如果包括榨菜半成品加工业、所带动的务工、运输、包装等相关产业在内，那么榨菜产业实现总产值 85 亿元，全区人均榨菜纯收入达到 2000 多元。②

（二）柑橘

涪陵柑橘的种植历史悠久，在果品种植中规模最大，2015 年种植规模达到 12 711.33 公顷，产量达 7.57 万吨，占果品总产量的 51%。③ 2015 年，涪陵区政府决定将柑橘作为主导特色农业进行发展，9 月涪陵区政府审议通过了《关于加快柑橘产业发展的意见》《重庆沿江高速涪陵段晚熟柑橘基地建园实施方案》《涪陵区现有柑橘果园管理改造实施方案》等议题。④ 同时，依据特殊的气候条件将晚熟柑橘基地建设定为发展方向。2014 年，财政投入资金 120 万元，用于新妙镇十字晚熟柑橘基地休闲观光示范园的基础设施建设，该示范园占地 60 公顷；投入资金 180 万元用于龙桥街道办事处晚熟柑橘基地示范园建设，该示范园占地 80 公顷；建设珍溪镇东桥村和义和镇

---

① 涪陵区人民政府. 重庆市涪陵区农业和农村经济发展第十三个五年规划 [EB/OL]. (2016 - 11 - 17) [2018 - 01 - 20]. www.fl.gov.cn.

② 涪陵区人民政府. 榨菜产业对涪陵农民贡献率得到提升 [EB/OL]. (2017 - 02 - 28) [2018 - 01 - 20]. www.cq.gov.cn.

③ 根据 2016 年涪陵统计年鉴整理计算。

④ 袁颖. 将柑橘打造成特色优势农业产业 [EB/OL]. (2015 - 09 - 16) [2018 - 01 - 30]. http://www.fl.gov.cn/Cn/.

高峰村柑橘管理示范园 300 公顷；建设南沱镇柑橘高换管理示范园 33.33 公顷。① 计划到 2020 年建成以晚熟为主的鲜食柑橘基地 20 万亩，柑橘产量达 30 万吨，年产值实现 10 亿元以上。②

（三）畜牧业

目前，涪陵特色畜牧业主要以涪陵黑猪、渝东黑山羊及增福土鸡为代表。其中涪陵黑猪生活在海拔 1500 米左右的涪陵大木山，相比一般猪肉具有肉质鲜嫩、营养较高的特点。2012 年"涪陵黑猪"取得了国家地理标志证明商标，2015 年涪陵黑猪出栏量达到 2.45 万头。2016 年 4 月，涪陵区政府在《关于加快发展涪陵黑猪产业的发展意见》中指出，到 2018 年要建成涪陵黑猪Ⅰ系、Ⅱ系、Ⅲ系种猪场各 1 个，年产涪陵黑猪父母代种猪 5000 头以上，同时改造涪陵黑猪父母代场 30 个，年产涪陵黑猪商品仔猪要达到 5 万头以上，出栏涪陵黑猪 5 万头，最终实现总产值 1.5 亿元的目标。在涪陵黑猪的培育过程中，探索出了"种养结合"的生态养殖模式，同时在猪舍改造上采用悬空式设计、车间式生产、移动式组装的技术，大大减少了生猪的疫病发生率。另外，渝东黑山羊和增福土鸡的培育也在不断加快，2015 年建成 2 个涪陵黑山羊原种场，1 个增福土鸡原种场及 4 个扩繁场。③

（四）桑蚕

蚕桑业在涪陵具有 60 年的发展历史，目前蚕桑业被涪陵区政府定位为骨干农业产业。近几年，涪陵区政府申请到"东桑西移"基地、蚕桑优质基地建设项目，同时开展蚕桑扶贫化项目、蚕桑种苗培育项目等，已经形成了以沿江重点生产区、以后山坪上茧基地为主的优质区、以技术推广为重点的中部改良区为主的三大蚕区，这些蚕区正在逐渐向专业化、规模化方向发展。同时，涪陵区总结出了具有涪陵特色的"桑榨间做"种植技术，该技术不仅能提高土地复种指数，减少水土流失，而且促进了蚕农经济效益的提高。2015 年，全区有桑树约 5400 万株，桑树面积 4400 多公顷，主要桑树品种有中桑 5801、6071 等。全区养蚕农户遍布 21 个乡镇街道，其中养蚕农业社有 549 个，蚕农有 20 187 户，有小蚕共育室 180 个、专用简易蚕房 17 108 间、固定和活动蚕台 19 633 套、蚕沙池约 11 600 个。有蚕茧收购加

---

① 数据来源于 2015 年涪陵统计年鉴。
② 袁颖. 将柑橘打造成特色优势农业产业 [EB/OL]. (2015-09-16) [2018-01-30]. http://www.fl.gov.cn/Cn/.
③ 数据来源于 2014 年涪陵统计年鉴。

工龙头企业 1 个，该企业下属有 9 个蚕叶站、24 个蚕茧站、13 个蚕茧收购点，缫丝企业 1 家，年产丝 140 吨。①

此外，涪陵区在积极培育涪陵白茶、涪陵竹笋、涪陵油茶、龙眼等特色农产业。

二、特色农业培育路径

（一）基地化种养模式

第二次世界大战以后，西方发达国家的农业规模化发展势头明显。② 规模化发展确实能产生规模效益。而基地化种植模式是农业发展实现规模化与标准化的基础。尤其对特色农产品来说，与一般农产品相比，特色农产品较高的市场需求弹性决定了基地化发展的必要性。为此，涪陵区政府已经着力建设 75 万亩榨菜产业基地、20 万亩柑橘产业基地、400 万只增福土鸡基地、10 万头涪陵黑猪基地、5 万只渝东黑山羊基地、7 万亩桑蚕园基地、5 万亩水产养殖基地、3 万亩茶园基地、10 万亩竹笋基地、10 万亩木本油料基地③十大特色农业产业基地，为向中高端特色农产品市场进军打下基础。同时，加快重点农业基地园区基础设施的完善与管理制度的升级，以便为全区农业基地的高层次发展提供示范与样板。以柑橘为例，由于气候原因，晚熟柑橘成为涪陵的一大特色优势农业，近几年，涪陵区政府将建立新基地、果园高换改造、管理提档三大措施定为柑橘基地的发展途径，以引领全区特色农业基地的现代化发展。2017 年新建柑橘果园 8000 亩，高换改造 3000 亩，管护提升 6 万亩。④

（二）推广新型组织经营模式

特色农产品自身具有的产品差异性从侧面反映了其生产条件的特殊性与苛刻性，所以也就决定了其发展初期的脆弱性。在市场竞争中，仅靠单个零散的农户是不能将这种异质性充分转化为经济优势的，而农户追求家庭收入

---

① 数据来源于 2015 年涪陵统计年鉴。
② 刘传江. 世界农业经营规模：变迁、现实、政策与启示 [J]. 经济评论，1997（5）：42－49.
③ 张龙云，石伟. 涪陵：依拓农业主导产业发展乡村旅游 [EB/OL].（2017－11－21）[2018－01－30]. http：//www.cqagri.gov.cn.
④ 张龙云. 涪陵特色效益农业提质增效柑橘唱大戏 [EB/OL].（2017－12－29）[2018－01－30]. http：//www.cqagri.gov.cn.

最大化的理性期望也决定了需要改变原有单枪匹马的状况。因而，在农业经营模式的选择上，涪陵农户积极发展新型农业组织模式，即实施"农民合作社+农户""农民合作社+公司+农户""龙头企业+农民合作社+农户"等模式。在这些模式中，借助于集体组织力量，单个农户在增加抗风险能力的同时获得了新的利益分红。这3种模式的主要区别是主导对象不同，前两种是以农民合作社为主导，而后一种是以龙头企业为主导，这是主体实力对抗的结果。无论在哪种主体主导下，都应满足如下两个方面的条件：一方面，应有利于统一化管理与运作。以重庆海林生猪有限公司为主导的经营体系实现了"六统一"，即统一规划设计猪场、统一技术培训、统一饲料生产、统一提供仔猪、统一防疫保健、统一产品回收。另一方面，应有利于特色农产品的价值增值。例如，采用"公司+基地+农户"的产业化经营模式后，涪陵青菜头市场价格不断提升，2017年青菜头收购均价达到历史最高的820元/吨，优质品种最高收购价竟达到1200元/吨，创历史新高。① 在具体实施过程中，涪陵区加大对龙头企业和合作社经营主体的培育。据统计，截至2016年涪陵区共培育区级以上龙头企业59户，市级龙头企业达到34个，国家级龙头企业总数达到5个；累计发展农民专业合作社766个、家庭农场813家。②

（三）采取多渠道融资模式

特色农业发展的生产前端连接着众多经济条件低下的农户，它们在一定程度上决定着农产品的供给水平，而资金问题是大多数农户扩大生产规模、提高生产质量的首要障碍。在解决特色农业发展资金方面，涪陵区除了借助区财政拨款外还积极创新融资方式。首先，由区农委牵头，与银监局、银行合作建立涪陵区扶贫小额信贷机制，以解决农户"贷款难，贷款贵"的难题，仅2017年全区发放扶贫小额信贷达5500万元，这些贷款涉及25个乡镇街道1400户建卡贫困户。③ 其次，积极发展"银会合作"模式，即发展银行向缺乏资金的农户贷款、合作社（企业）为农户进行第三方担保、农

---

① 榨菜产业对涪陵农民贡献率得到提升［EB/OL］.（2017-02-27）［2018-01-30］. http://www.cqagri.gov.cn.
② 农业新型发展主体培育［EB/OL］.（2016-12-30）［2018-01-30］. http://fl.cqny.gov.cn.
③ 涪陵区农业信息中心.涪陵区开展扶贫小额信贷政策送农家行动［EB/OL］.（2018-02-08）［2018-02-20］. http://www.cqagri.gov.cn.

户获得生产资金的三方依赖机制。有了具有实力的合作社或者企业担保,银行解决了资金收不回来的担忧。农户由此获得了发展资本,银行因贷款获得了利润,企业则实现了高水平运营。

(四)品牌化发展模式

目前,农产品市场需求与市场供给严重不对等,低端同质化普遍,高端特色化稀缺,进而出现了特色农产品效益普遍不高的状况。而品牌化发展是促进特色农产品实现价值增值的重要途径。在品牌化发展方面,涪陵区首先积极鼓励特色农产品实施"三品一标"的认证。2016年起对新获得有机食品、绿色食品及无公害农产品称号的单位分别给予10万元、4万元、3万元的奖励资金;2016年全区无公害农产品通过认证91个,绿色食品通过认证41个,有机食品通过认证38个,共170个产品。[①] 其次,在以公司为单位的商标培育中,积极培育以"乌江""辣妹子""餐餐想"为龙头的榨菜驰名品牌,以"太极"为龙头的中药品牌,以"大木山""海聆业""泰盛"为龙头的畜牧业品牌。此外,培育了"涪陵榨菜""涪陵黑猪""珍溪脐橙""涪陵白茶"等地理标志产品。其中,在全国第七轮农产品区域公用品牌价值评估中,"涪陵榨菜"的公共品牌价值已经达到138亿元,"涪陵榨菜"因而连续两年保持中国农产品区域公用品牌价值第一位。"涪陵青菜头"的公共品牌价值达21亿元,并且有不断增值的趋势。截至2016年年底,全区农产品共获得7个中国驰名商标、28个重庆市著名商标、50余个境外注册商标。[②] 目前,涪陵其他农产品产业也在积极推广多层次品牌建设,力争在特色农产品产业中实现精品名牌全覆盖。

(五)借力先进技术

科学技术是提高特色农业发展水平的关键因素。在农业发展方面,技术融入分为两种:一种是机械动力,用以代替劳动,提高农产品生产效率;另一种是生物化学技术,用以改善农作物的品种、生长条件等,提高农作物的品质。[③] 这两种技术共同促进了农产品的价值增值。涪陵近几年在应用农业技术方面具有大的突破。首先,在机械化发展方面,2016年推广农机具415

[①] 郑友,郭建,张龙云. 涪陵狠抓"四化"建设打造农业品牌效应 [EB/OL]. (2017-03-01) [2018-02-20]. http://www.cqagri.gov.cn.

[②] 同①。

[③] 廖西元,申红芳,王志刚. 中国特色农业规模经营"三步走"战略:从"生产环节流转"到"经营权流转"再到"承包权流转" [J]. 农业经济问题, 2011 (12): 15-22.

台，完成机耕作业面积6万亩、机播0.2万亩、机收2.62万亩，综合农业机械化率达54.1%。① 其中，与西南大学等科研机构进行合作，已经在生产中实现移栽机械和田间转运机械，并进一步探索收砍机械，以期实现青菜头的全程机械化。在部分农业项目基地推广高性能的拖拉机、插秧机、无人施药机等，为今后提高全区整体作业水平打下基础。其次，在生物化学技术方面，涪陵已形成下属青菜头、全形榨菜、方便榨菜三大系列的100多个品种，其中包括"永安小叶""涪杂2号"等10个专门用作榨菜生产的优良品种。② 同时，定期邀请专家来农产品基地进行培训指导，推广果树的标准化种植与栽培、病虫害防治及套膜等技术，在柑橘基地引进安装肥水一体化设备、LS地布覆盖保墒等。

第五节 涪陵农业与其他产业融合状况

在经济发展新常态的背景下，涪陵农业不但不再是以往单纯解决温饱问题的小角色，且无形中肩负起了拉动就业、环境保护及增加农业收入的多重责任。多元化诉求助推了产业融合的出现，产业融合最初源于产业间的技术关联，随后逐渐发展到产业间的要素、产品及市场关联等多个方面。③ 在经济利益的驱动下，产业融合的辐射力彰显出了无限的潜力。长期以来，由于政策原因，涪陵农业发展长期受到束缚，但是也从侧面说明，农业发展还留有巨大空间。随着科技水平的改善及管理水平的升级，在产业融合中挖掘农业巨大潜力的条件逐渐成熟，于是出现了以农业为基点的产业融合发展态势，根据融合的特点差异具体分为农业内部的整合性融合、农业产业链延伸性融合、农业功能拓展性融合、技术渗透性融合发展模式。④ 如果一个企业同时生产两种以上产品的成本小于多个企业分别进行不同产品生产的成本，这就说明存在范围经济。从供求方看，固定的投资如果被多个产品生产使用，就会降低成本，减少风险，即范围经济的产生依靠功能投入的扩大。⑤

---

① 资料来源于2017年涪陵统计年鉴。
② 李晓敏. 涪陵榨菜助力农户脱贫致富 [N]. 北京日报，2017 - 12 - 23 （03）.
③ SAHAL D. Technological guideposts and innovation avenues [J]. Research Policy, 1985, 14 (2): 61 - 82.
④ 梁伟军. 产业融合视角下的中国农业与相关产业融合发展研究 [J]. 科学经济社会，2011, 29 (4): 12 - 17, 24.
⑤ 冯丽，李海舰. 从竞争范式到垄断范式 [J]. 中国工业经济，2003 (9): 14 - 22.

一、整合性融合

农业整合性融合是指发生在农业内部的产业间重组模式,具体指种植业、林业、畜牧业、渔业等产业之间依据特定的技术建立起的上下游联动关系[①]。通过农业整合性融合,农业内部的子系统可以获得 1+1>2 的高效益运作效果。目前受到推崇的是立体种养、有机农业等高效生态农业模式。

在整合性融合模式下,农业生产路径由原有的投入—生产—废弃物转化为具有循环特性的投入—生产—废弃物—再投入体系,新体系能够提高区域农业生产的整体福利。农业废弃物的产生是涪陵农业发展过程中的一大障碍,为此,涪陵区积极探索新型解决方式。在处理家禽牲畜粪便上采用了"种养还原"的沙床种养殖模式,用河沙当养猪的垫料,猪的排泄物能被河沙降解,在生猪出栏后,把河沙消毒发酵后种上蔬菜,收获蔬菜后又可以轮换养猪。另外,涪陵区在积极探索有机肥生产技术的基础之上将家禽养殖与蔬菜种植有机结合,把家禽牲畜的粪便经过技术处理转化为青菜头等蔬菜的生长肥料。这些措施不仅帮助解决了涪陵区畜牧业粪便的处置难题,还提高了蔬菜的产量和附加值。

二、产业链延伸性融合

对于农业来说,产业链延伸性融合主要指农业产业链向加工、物流、销售、服务的纵向延伸,不断完善供应链中形成全产业链的生产体系,主要突出的是与第二产业的融合。

特色农产品实现价值增值的主要手段之一是被加工。涪陵特色农产品龙头企业在产业链延伸性融合方面积极探索。以重庆海林生猪发展有限公司为例,其自身已经形成集优质种猪繁育、养殖、加工、销售及养猪技术指导和服务于一体的产业链条,目前拥有 1 个机械化屠宰场、1 座年产 2000 吨的肉食品生产厂、1 个具备 2 万吨产品保鲜能力的冷鲜冻库[②],加工的肉类产品有涪陵黑猪香肠、涪陵黑猪腊肉等,在产业融合发展方面取得了显著成效。此外,涪陵在榨菜生产上已经形成了坛装、软袋小包装、盒装三大包装

---

① 厉无畏. 产业融合与产业创新 [J]. 上海管理科学, 2002 (4): 4-6.
② 金碧,潘钰琳. 农行重庆分行力助打造"互联网+涪陵黑猪产业链" [EB/OL]. (2015-06-17) [2018-01-30]. http://cq.people.com.cn/GB/365644/367006/? Num=7587462.

系列，其中包括多种形状及多种风味的上百个品种。目前产业链条不断延长，产业产值不断增加。

三、功能拓展性融合

功能拓展性融合指农村景观、文化资源与农产品、农业经营活动相互借力，催生出满足市场需求的乡村旅游产品，突出与第三产业的融合。涪陵拥有旅游资源与农业资源双重优势，近几年在拓展休闲度假、娱乐观光、采摘体验、餐饮美食、科普教育等功能上加大了力度。截至 2015 年 7 月，已建成休闲农业观光示范村 10 个、农业观光采摘园 5 个、乡村旅游示范带 1 个，共培育休闲农业及乡村旅游示范户 547 户，建成和基本建成的农家乐和乡村宾馆达 350 余家，年接待游客能力达 300 万人，通过休闲农业与旅游农业获得收入 6 亿元。① 依据旅游资源的种类差别，进一步将立足农业的功能拓展性融合模式划分为"农景"融合性旅游与"农文"融合性旅游两种。

在农景旅游方面，涪陵区已建立了大木林下花园、大木花溪、龙潭现代农业园、清溪山谷、李渡杨梅农业休闲园、万松里民宿村、睦和生态农业旅游区、南沱乡村旅游示范园、义和乡村旅游示范园、大顺乡村旅游示范园十大精品生态园，同时积极引进适合园区休闲观光农业发展的特色蔬菜、水果、水产、花卉苗木及其他观赏性动植物，以借助休闲旅游业市场宣传特色农产品，实现农产品的价值增值。此外，积极开展农产品节庆主题节，在涪陵区推出的"巴渝原乡"乡村旅游项目中，2017 年共举办包括"马武采梨节""南沱龙眼节""李渡杨梅节""珍溪采橘节"等在内特色农业节庆活动 20 余个，以扩大农产品的受众群体，从而拓宽销售渠道。马武镇 2017 年依托文化品牌、节会活动等载体，全年共吸引市、区游客超过 20 万人，过夜游客超过 4000 人。通过开展"龙眼文化节""柑橘采摘活动""品尝涪陵黑猪宴""三峡竹海采笋节"等节庆活动，南沱镇在打响特色农产品品牌方面取得显著效果。②

在农文融合模式下，比较突出的是涪陵区政府正在着手建设的"涪陵 1898 榨菜文化小镇"，它是集榨菜文化保护、传承、体验、观光、休闲于一

---

① 涪陵区特色效益农业多元化发展格局初步形成 [EB/OL]. (2015 – 07 – 17) [2018 – 01 – 30]. http：//jiuban. moa. gov. cn/fwllm/qgxxlb/qg/201507/t20150717_4750982. htm.
② 资料来源于 2013 年涪陵统计年鉴。

体的综合性项目。建设内容主要包括榨菜博物馆、榨菜文化广场、榨菜非遗传承保护中心、非遗街区、美食街区、文化旅游休闲观光区、文化旅游服务综合区及相关配套基础设施，游客可以近距离了解榨菜文化，从而培育其对榨菜产品的忠诚度。

四、技术渗透性融合

技术渗透性融合指通过在农业培育方式与经营方式等方面运用高新技术而逐渐发展出新兴农业，如精准农业、电子商务+农业等。长期以来，由于受气候灾害影响，农产品产量得不到保证；在生长过程中，农产品的生长周期、生长条件、病虫情况等不能被及时准确地获取，因而农产品质量得不到保证；产销市场信息严重不对等导致了农产品滞销，农户受损。而技术渗透性融合模式可以有效帮助农产品由低端同质化向高端特色化方向发展。

涪陵区在探索精准农业模式方面有一些创新性做法。在榨菜育苗基地充分利用物联网与互联网技术，建设无线网络通信系统、园区视频监控系统和农业气象物联网管理平台。农户可以借助农业气象精细化智能掌上APP平台时时关注榨菜生长过程中的农业气象指标。入驻平台的农户可以随时打开手机APP，通过互联网看到自家田块的卫星影像、气象信息、土壤情况和专家建议等。为了满足不同农户在生产过程中对气象服务的个性化需求，平台还将服务具体到田块，对不同地理位置的田块、青菜头的不同发育期、生长状况等进行点对点精细化服务，这项信息技术的融入不仅减少了人力，还提高了生产效率与产品的质量，为涪陵今后农作物的精准化发展提供了先行试验。在涪陵黑猪的养殖过程中，海林生猪发展有限公司积极打造"互联网+涪陵黑猪"产业链，对涪陵黑猪种猪选育和生猪饲养等培育过程采用互联网全程监控系统，对生猪质检、屠宰与加工实施互联网精准把关，利用互联网完善了商品猪从饲养到餐桌的全程可追溯体系的建设。

在发展电子商务+工业方面，涪陵积极迎合新兴市场消费方式，目前利用"互联网+"、云计算及大数据等先进技术建设具有集线上线下、生产销售、农村城镇于一体的"涪陵e生活"电商服务站，以畅通"农产品上行"和"工业品下行"的交易渠道。此外，在以公司或合作社为单位的经营模式下积极打造自身电子商务销售平台，重庆海林生猪发展有限公司只是一个缩影，公司通过统一的大宗采购平台推动订单生产及线上销售，并借助多种B2C平台实行分销，进而实现消费者群体的极大化。据统计，2016年全区

第七章 涪陵农业优化分析

发展电商服务站 306 个，注册电商平台网店 9 个、交易型网站 11 个，注册从事电子商务的企业 62 个、个体户 7 户，共实现网上交易 6.8 亿元。①

第六节 涪陵农业优化措施

整体来看，涪陵农业发展具有不断上升的趋势，发展势头强劲，但是农业发展中还存在农业结构不合理、农产品优势发挥不充分、农产品质量不高、农业效益不高等众多问题。因此，为推动涪陵向农业强区迈进，及时促进涪陵农业优化具有重要的意义。涪陵应从加强质量建设、提升农业效益、坚持绿色导向、加快农业创新 4 个方面实施农业的产业优化。

一、加强质量建设

2018 年农业部在《关于大力实施乡村振兴战略加快推进农业产业转型升级的意见中》指出坚持抓产业必须抓质量，要坚定不移推进质量兴农、品牌兴农，提高农业绿色化、优质化、品牌化水平。近几年，农产品提质成为农业优化发展的主流，涪陵要积极应对市场变化，从实施农业标准化生产、进一步加快品牌建设、推广设施农业方面入手加快农产品质量建设。

（一）实施农业标准化生产

在农产品提质方面，实施标准化生产是首要措施。在推动自身农产品标准化建设方面，涪陵首先要加大标准化相关内容的宣传。农户是落实标准化生产的主体，乡镇政府应该定期对农户进行相关农产品的质量标准与标准化生产技术的培训，使每个农户熟悉与自身农产品相关的标准化内容。其次，应建设各类标准化生产示范基地，农户可以通过标准化生产基地了解在标准化的实际落实中具体是怎么样的，同时让农户直接观察到通过标准化种植所获得的附加值，从而推动标准化的普及。再次，应建立农产品质量检测机构，对农产品质量及其农药残留状况进行检测，对农业技术的规范实施进行监督，以便对所发现的不合格农产品及时进行补救。最后，应加快农业标准化人才的培养，建设一支既有标准化专业知识，又懂农业生产技术的自有人才队伍。

---

① 涪陵区统计局. 涪陵区 2017 年国民经济和社会发展统计公报 [EB/OL]. (2018 - 05 - 23) [2018 - 05 - 30]. http://www.fl.gov.cn/Cn/Common/news_view.asp? lmdm = 012001&id = 6137904.

（二）进一步加快品牌农业建设

品牌农业的建设有助于农业发展质量与经济效益的整体提升，同时有利于农业的现代化转型。涪陵农业要实现向中高端形态的发展，品牌建设必不可缺。涪陵品牌建设取得了一定的成果，但是整体来看，品牌数量较少，而且已有品牌建设还大多存在于实力较强的龙头企业中，品牌化水平不高。为此，涪陵首先应该大力宣传品牌建设的优点，以增强各类农产品经营主体的品牌意识，鼓励农产品生产经营主体加大品牌投入力度。其次，对于获得"三品一标"和各种称号的知名农产品品牌在工商、税收及质检等方面给予优惠政策，并给予必要的奖励。再次，应充分发挥企业在品牌建设中的作用，鼓励企业将发展品牌作为自身发展战略的一部分，鼓励企业进一步强化品牌化建设。最后，应对获得"三品一标"、知名品牌的农产品进行定期的监督检查，对不合格的及时进行清除，净化农产品品牌。

（三）推广设施农业建设

设施农业是指人为采用特定的农业生产设施、生产技术、管理技术，重造适宜农业生长的局部环境，以摆脱农作物对自然环境的依赖而进行的高质量农业生产活动。① 随着现代科技的进步，设施农业成为速生、优质、高效的农业生产方式。涪陵区政府应积极推进设施农业的建设，以提高农产品生产效率。首先，应实施优惠的金融政策，吸引社会资本进入设施农业领域，以解决设施农业资金瓶颈问题。其次，建立农业产学研机制，加深与高等院校的合作，研发适合自身区域特点的农业设施、农业技术。再次，以项目为载体建设设施农业示范基地，以引导区域农业生产主体进行设施农业的建设。

二、提升农业效益

农业整体效益水平的提高可以增加农民收入，拉动地区经济增长。随着农产品质量的不断提升，涪陵在经营发展中也应该积极探索推进农业效益提升的路径，将质量优势与特色优势最大限度转化为经济优势。为此，涪陵应从提升农产品加工业、实施产业融合、适度规模经营3个方面入手。

---

① 高峰，俞立，卢尚琼，等. 国外设施农业的现状及发展趋势 [J]. 浙江林学院学报，2009，26（2）：279-285.

第七章 涪陵农业优化分析

(一) 提升农产品加工比例

农产品加工可以延长农业产业链条，提高农产品的附加值，是减少农业产后损失的重要途径。在提升农产品加工方面，涪陵首先应通过财政补贴优惠政策鼓励农业经营主体购置农产品保鲜、储藏、包装等初加工设备。其次，政府应与银行合作，让金融机构根据涪陵农业农产品加工的淡旺季开展贷款周期灵活、信用额度灵活的贷款种类，以解决农产品加工的资金问题。再次，建立典型的农产品精深加工示范基地、产业园，以有利于其他经营主体参观学习。最后，在加工布局上涪陵应积极推动农产品初加工、精深加工及综合利用加工技术的使用，以实现技术协调发展。

(二) 实施产业融合发展

从交易成本理论来看，产业融合将使外部交易活动内部化，从而可以节约交易成本，实现产业效益提升。此外，农业与其他产业融合可以改变农业结构单一、农业发展空间狭小的局面，催生出信息农业、旅游农业等新兴业态，促进农业产业结构的优化。目前，涪陵出现了农业与其他产业的融合发展趋势，但是融合发展程度很低，发展模式单一，多见于农产品与旅游业的简单加总，没有形成一定的融合体系。为此，涪陵应大力整合已有的农业、加工业、旅游资源，向产业融合的高级化迈进。涪陵应从发展自有新兴农业经营主体与引进有实力的工商企业两方面入手，大力发展产业融合的经营主体，并使其起到示范带动作用；不断做大做强农业基础产业，以基础性产业带动加工业与服务业的良性循环发展。各个乡镇政府要加大基础设施建设，为产业融合发展提供便利。

(三) 推进农业适度规模化发展

微观经济学认为，在科技水平不变的情况下，随着生产规模的不断扩大，企业长期的平均成本出现不断下降的趋势，即产生规模经济。推进农业适度规模化经营有利于地区农业效益的提升。2016 年，涪陵区农业流转耕地 58.14 万亩，规模化经营集中度达到 38.52%[①]，整体发展程度并不太高，所以应继续利用多种方式推动农业规模化经营。应鼓励各类新型经营主体通过土地经营权入股、土地互换等方式扩大经营规模；支持各类社会组织面向农户开展土地托管、联耕联种、代耕代种等方式的生产托管服务，以便于实施土地连片的高效管理。

---

① 根据涪陵统计年鉴整理计算。

三、坚持市场为导向

以市场为导向是农业产业优化的重点，有助于农产品最大限度地转化为经济效益，带动农户增收。为此，涪陵应在做精优势农产品、构建特色农产品市场流通体系、加强农产品信息化建设方面发力。

（一）做精优势农产品

随着消费者对绿色、生态、高品质农产品需求的逐渐增多，低品质农产品逐渐失去市场，为此，涪陵应积极优化农产品品质，实施特色农产品精细化管理。首先，应积极与农产品研发机构联合，对蔬菜、水果、生猪类的品种不断改进，研发出适合涪陵自然条件的优质品种，以增强市场竞争力。其次，涪陵应该大力宣传优质农产品培育标准，逐渐减少农药化肥的使用。最后，推进农产品种植精细化技术的实地应用，以提高农产品高品质比率。

（二）完善农产品市场流通体系

目前，涪陵农产品流向市场的途径多依赖于农产品中间商，通过这种方式农户获得的利润极其微薄。所以，涪陵区政府首先应鼓励农业经营主体主动进入农产品流通领域，开设直营店、连锁店等，形成一套完整的生产、运输、销售体系。其次，积极培育农民经纪人队伍与专业营销队伍，定时为农户提供农产品市场信息、冷藏、销售指导，让更多的农户也能主动走向市场流通领域，直接面向消费者。最后，要积极构建以新型经营主体为主力的农产品网络销售平台，积极迎合市场需求，加快电子结算等新型交易方式的推广与应用。

（三）农业信息化建设

农业信息化是现代农业的主要标志，它是农业生产提高效率的有效路径，所以在农业优化过程中，农业信息化建设必不可少。在农业信息化建设过程中，涪陵首先要建立一个官方的综合性的高级农业信息平台，以方便农户及时、准确、快捷地了解市场信息。目前，虽然已经有农业信息化网站，但是信息量少、信息滞后，网站技术水平低，并不能充分发挥其作用。其次，逐渐增加智慧农业工程示范区，推动物联网与遥感技术在农业中的应用。最后，要与技术公司联合，开发涪陵农业信息 APP，并在农户中推广。在进入手机 APP 客户端后，农户可以时时观测到自家农作物的生长情况，并据此及时调整管理方式与方法。

第七章　涪陵农业优化分析

第七节　小　结

本章对涪陵农业优化问题进行了研究。内容包括涪陵农业结构分析、涪陵农业生产者行为分析、涪陵农业绩效分析、涪陵特色农业培育状况、涪陵农业与其他产业融合状况及涪陵农业优化措施6个方面。

第一节从涪陵农业生产条件、农业生产规模、区域集中化程度及涪陵农产品的差异化状况4个方面对涪陵农业结构进行了深入分析。从涪陵农业生产条件来看，涪陵区拥有优越的自然条件和社会条件；从农业生产规模来看，涪陵农业的产业地位在不断提升，农业整体产值高，农业子系统发展势头较好；从区域集中化程度来看，涪陵区农业发展区域集中化程度高；从农产品差异化状况来看，具有差异化特点的农产品较多，但是差异性优势转化为经济优势的状况不太乐观。

第二节从协调发展行为、广告宣传行为、品牌化行为及农社与农超对接行为4个方面对涪陵农业生产者行为进行了深入分析。协调行为主要表现为龙头企业、农民合作社、农场、专业大户等在内的新型农业经营主体之间的联合；广告宣传行为主要表现为举办的各种以农产品为主角的节庆活动，举办的涪陵农产品推介会，以及龙头企业为产品营销所进行的广告宣传活动；品牌化行为主要表现为申请"三品一标"、龙头企业的产品品牌打造及农产品生产者参与各类评选活动；农社与农超对接行为主要表现为各类农业合作社在城镇社区建立直销门店、与超市建立产销合作关系等。

第三节从农业要素生产效率、农业生产能力、农民收入及农业科技应用情况4个方面讨论了涪陵农业的绩效。从涪陵农业要素生产效率方面看，水果的单位劳动生产率较高，蔬菜的单位土地生产率较高；从农业生产能力方面看，涪陵农业对经济的贡献率低于重庆市水平、而对经济拉动力与重庆市差距不大；从农民收入方面看，农民增收速度很快，有超过全国农民人均收入水平的潜力；从农业科技应用情况看，机械化程度较高，利用技术探索出了多种生态农业发展模式。

第四节分析了涪陵特色农业培育状况。涪陵已经形成了以榨菜、柑橘、蚕桑及畜牧为支柱的特色农产品产业，这些特色农产品产业主要通过基地化种养、推广新型组织经营模式、采取多渠道融资模式、品牌化发展模式及借助先进技术5种路径进行培育。

第五节分析了涪陵农业与其他产业融合的状况。主要从整合性融合、产业链延伸性融合、功能拓展性融合及技术渗透性融合 4 个方面进行了分析。

第六节从加强质量建设、提升农业效益、加强市场导向 3 个方面分析了涪陵农业产业优化的措施。其中，在加强质量建设方面主要通过实施农业标准化生产、加快品牌农业建设、推广设施农业建设 3 个途径进行优化；在提升农业效益方面，主要从提升农产品加工比例、实施产业融合发展及推进农业适度规模发展 3 个途径进行优化；在加强市场导向方面主要从做精优势农产品、完善农产品市场流通体系及农业信息化建设 3 个途径进行优化。

第八章 涪陵工业优化分析

涪陵是重庆市工业发展重地,对重庆工业发展起着重要的推动作用。本章运用 SCP 模型对涪陵工业结构、工业生产者行为及工业绩效进行分析,并剖析了涪陵主导产业与战略性新兴产业的状况,以此提出工业优化措施。

第一节 涪陵工业结构分析

本节基于 SCP 模型分别从工业市场集中度、工业规模、工业布局和轻重工业产值变化角度对工业结构进行分析。

一、工业市场集中度

行业集中率和赫尔芬达尔 – 赫希曼指数是衡量行业集中度的重要指标,对于涪陵工业市场集中度采用了集中率 CR_n 进行衡量。

$$CR_n = \sum_{i=1}^{n} \frac{X_i}{X}。$$

式中,X_i 表示工业内第 i 类工业的年总产值,n 为所选的工业个数,一般 n 的取值为 4 或者 8,X 为全部工业的年总产值。以 2012 年为例,选取工业中年产值最大的 4 个工业,即医药食品加工业、材料工业、化工化纤工业和装备制造工业进行计算,四大工业的年产值之和为 744.06 亿元,全部工业的年产值为 1013.6 亿元,则 2012 年涪陵工业集中度为 73.41%。

经济学家贝恩根据市场集中度将产业分成了六类,见表 8-1。

表 8-1 贝恩划分的市场结构类型

市场结构	CR_4
极高寡占 I 型	$85\% \leqslant CR_4$
高集中寡占 II 型	$75\% \leqslant CR_4 < 85\%$
中上集中寡占 III 型	$50\% \leqslant CR_4 < 75\%$

涪陵产业结构优化研究

续表

市场结构	CR_4
中下集中寡占Ⅳ型	$35\% \leqslant CR_4 < 50\%$
低集中寡占Ⅴ型	$30\% \leqslant CR_4 < 35\%$
竞争型	$CR_4 < 30\%$

资料来源：苏东水. 产业经济学 [M]. 北京：高等教育出版社，2015.

由表 8-1 可知，2012 年涪陵工业处于中上集中寡占Ⅲ型，这表明涪陵工业集中度较高，各产业之间竞争不激烈。

二、工业规模

依据涪陵 2009—2015 年统计年鉴公开数据，涪陵重工业生产总值占全部工业生产总值的比重由 2009 年的 50% 增长至 2015 年的 66%，远高于全国的平均水平，可见涪陵持续重工业化。2009—2015 年轻重工业产值的比值分别为 59∶96、35∶78、40∶93、27∶76、35∶89、35∶87、36∶77，重工业产值上升了七个百分点。涪陵区持续的重工业化，提高了资本的有机构成，也在一定程度上加重了环境的污染程度。在六大支柱产业中，重要材料和食品医药业的产值较大，其次为装备制造、清洁能源、化工化纤，最后为电子信息业。由此可以看出，涪陵区传统工业比重过大，新兴产业占工业产值比重较小。① 在某种程度上，涪陵产业很难受到重庆主城区主导产业的辐射。

根据涪陵统计年鉴的相关数据计算得出轻重工业产值数据。如图 8-1 所示，自 2009 年起，重工业产值一直呈快速增长的趋势，这说明涪陵区重工业程度一直在增加。虽然近年来涪陵区政府一直在控制重工业的发展，但控制效果并不明显。轻工业产值也在不断增长，但与重工业产值之差越来越大，这说明轻工业的发展速度赶不上重工业的发展速度。

三、工业结构

通过切实可行的量化方法及指标对工业结构进行分析。表 8-2 是对涪

---

① 陈景信. 推进"四化"同步发展的关键环节及路径研究：以重庆市涪陵区为例 [J]. 湖南农业科学，2013（19）：117-121.

第八章 涪陵工业优化分析

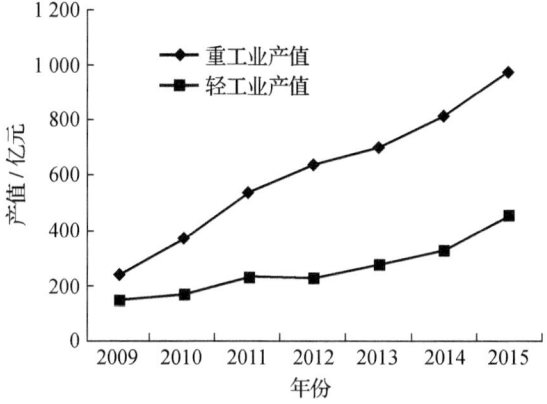

图 8-1　2009—2015 年轻重工业产值随时间变化趋势

资料来源：根据 2010—2016 年涪陵统计年鉴计算。

陵工业状况的统计状况，依此计算和分析涪陵的工业结构。

表 8-2　1998—2015 年工业结构状况

年份	全部工业生产总值/亿元	规模以上工业企业产值/亿元	规模以上工业企业个数/个	大型企业/个	中型企业/个	小型企业/个
1998	52.66	47.01	77	5	7	65
1999	61.78	52.93	87	7	13	67
2000	68.99	58.28	87	7	13	67
2001	74.76	62.19	64	6	16	72
2002	80.79	69.51	88	6	16	66
2003	93.65	81.51	83	3	14	66
2004	116.57	105.92	95	4	14	77
2005	145.12	126.45	101	4	12	85
2006	177.49	151.22	127	5	13	109
2007	275	204.69	155	5	16	134
2008	378.72	301.65	217	5	20	192
2009	478.56	386.56	29	4	24	191

续表

年份	全部工业生产总值/亿元	规模以上工业企业产值/亿元	规模以上工业企业个数/个	大型企业/个	中型企业/个	小型企业/个
2010	650.0	537.22	210	4	23	183
2011	901.6	772.34	140	4	32	104
2012	1013.6	865.17	148	12	30	106
2013	1080.08	978.76	160	17	33	110
2014	1287.28	1168.96	161	13	39	160
2015	1480.49	1432.24	268	17	38	213

资料来源：1998—2015年涪陵区国民经济和社会发展主要统计指标数据。

从表8-2可以看出，全部工业产值在逐年增加，规模以上企业产值和个数也在增加，这说明工业发展在加快，企业规模在扩大；中型企业个数增长比较稳定，这说明在工业发展中工业企业的发展规模在逐渐调整，由原来的以大型企业发展为主，在逐步向中型和小型规模企业发展调整，所以工业结构的状况可以反映出近年来的工业发展方向。

采用工业占GDP的比重、工业规模集中度、工业集中度3个指标分析工业结构。其中，工业占GDP的比重=工业总产值/GDP，工业规模集中度=规模以上工业企业产值/全部工业生产总值，工业集中度=大中型企业个数之和/规模以上企业总个数。计算结果见表8-3。

表8-3　1998—2015年工业结构衡量指标　　　　单位：%

年份	工业占GDP的比重	工业规模集中度	工业集中度
1998	40.01	89.27	15.58
1999	41.25	85.67	22.99
2000	41.62	84.48	22.99
2001	41.17	83.19	34.38
2002	41.00	86.04	25.00
2003	41.10	87.04	20.48
2004	42.83	90.86	18.95

续表

年份	工业占 GDP 的比重	工业规模集中度	工业集中度
2005	43.43	87.13	15.84
2006	43.71	85.20	14.17
2007	46.68	74.43	13.55
2008	50.61	79.65	11.52
2009	50.79	80.78	12.79
2010	52.97	82.65	12.86
2011	55.75	85.66	25.71
2012	54.47	85.36	28.38
2013	55.10	90.62	31.25
2014	53.52	90.81	32.30
2015	52.11	96.74	20.52

由表8-3可知，1998—2015年，工业占GDP的比值呈稳定增加的状态，在2011年达到峰值，之后呈缓慢下降态势。工业规模集中度值大于50%，这说明全部工业总产值中规模以上企业占据绝大多数。工业集中度的值均小于40%，这说明涪陵区大中型工业偏少，但工业集中度的值从1998—2015年呈先增加后减少再增加的趋势，这表明涪陵区工业规模具有时间波动性。

由图8-2可以看出，工业占GDP的比重在逐年增加，这说明工业对涪陵经济的发展起着一定的促进作用，工业占GDP的比重为40%~60%，即涪陵经济发展一半是由工业带动的；工业规模集中度大致分布为75%~100%，这说明规模工业产值占全部工业产值的大部分；工业集中度为15%~40%，这说明工业中大型企业数量较少，中小型企业具有一定的发展空间。

四、轻重工业产值变化分析

轻重工业发展情况能够很好地衡量出工业的发展结构，涪陵轻重工业近年来占全部工业生产总值的比重见表8-4。从表8-4可以看出，涪陵重工业产值占全部工业产值的比重越来越大，由2009年的50.03%上升到2015

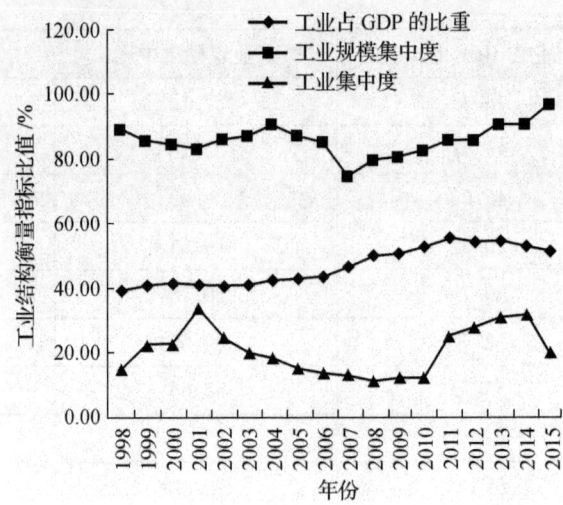

图 8-2　工业结构衡量指标随时间变化趋势

年的65.92%，增加了15.89%；轻工业产值占全部工业产值的比重是先减少再增加，2015年相比2009年比重反而增加了0.1%，但轻重工业总产值占全部工业产值的比重在增加，由2009年的80.78%增加至2015年的96.74%。

表 8-4　2009—2015 年轻重工业产值占全工业产值比重　　单位：%

年份	重工业产值占比	轻工业产值占比
2009	50.03	30.75
2010	57.05	25.60
2011	59.90	25.46
2012	62.98	22.37
2013	65.05	25.57
2014	63.30	25.46
2015	65.92	30.82

资料来源：根据2010—2016年涪陵统计年鉴计算。

从图8-3中可以直观地看出，轻重工业占全部工业的比重随时间的变化趋势。重工业产值占比处于一直增加中，轻工业的产值占比是先下降后增加的变化趋势，但轻工业的产值占比一直小于重工业产值占比，这说明涪陵工业结构总体上是以重工业为导向的，轻工业没有太大的发展。

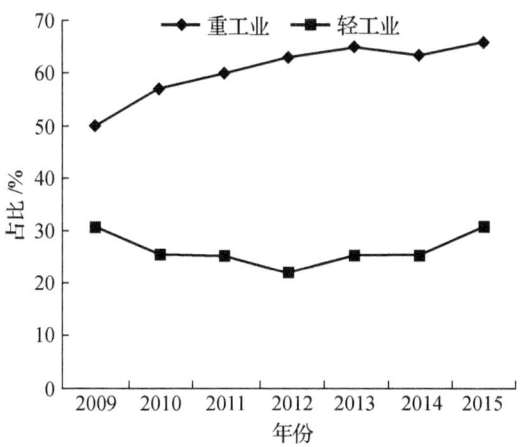

图8-3 轻重工业占全部工业产值比值随时间变化趋势

第二节 涪陵工业生产者行为分析

通过对涪陵工业结构的分析可以发现，涪陵规模以上工业占绝大多数，计算出的工业集中度高，属于贝恩市场结构的中上集中寡占Ⅲ型，各工业之间竞争不激烈；依据轻重工业的划分对工业结构进行分析发现，重工业所占比重明显高于轻工业所占比重，这说明涪陵工业发展偏向于重工业，并且重工业里传统工业居多。本节进一步分析工业生产者行为。

一、工业企业研发新产品的行为

研发新产品是工业企业发展的关键。涪陵工业企业根据市场发展的整体战略选择研究开发产品的多样性，根据企业的内外部环境和条件调配企业的资源，依据产品的特性对产品品种与质量进行了开发研究。

首先，增加了产品多样性，以满足市场多样化需求。依据波士顿矩阵，从新产品研发角度看，工业企业应对产品市场进行必要的划分。对于明星类产品应加大投资，扩大市场规模；对于积压类产品，企业应进行营销方式上的改进；对衰退类产品，企业应在生产上压缩规模，并研制新产品。例如，涪陵榨菜集团对传统榨菜进行了改进升级，将研制的榨菜分为方便食品、调味品等,其中乌江涪陵榨菜清爽套餐含有15袋5种口味,乌江涪陵榨菜泡菜中有4种口味8袋装,这种新产品研发有利于扩大产品市场,增加新的消费者。

其次,对产品质量进行了改进。质量是消费者最关心的问题,也是产品在市场竞争中立于不败之地的根本。涪陵食品加工业以市场为导向,加快了产业结构调整,主要的生产工艺和设备达到了国内先进水平,其中方便榨菜企业加大了技改力度,将过去人工脱盐工艺改为机械化科学脱盐工艺,全面地提高了涪陵榨菜质量。

最后,对产品功能进行了开发。产品功能是产品的核心,是客户首先要考虑的关键因素,满足消费需求则是企业开发的方向。例如,涪陵葵花药业对小儿百部止咳糖浆、婴儿健脾散、小儿氨酚那敏颗粒等的研制解决了以往药物所不具有的功能。

二、支柱工业企业应对结构调整的行为

涪陵加大支柱产业发展力度,充分发挥涪陵工业门类多的优势,建设现代工业高地。通过建设特色工业园区,培育新能源、新材料等特色主导产业,促进产业升级,建设技术创新平台,涪陵增强了工业产业的区域竞争力和发展后劲。

支柱产业的企业通过加强高新技术投入力度带动了涪陵工业发展。工业企业不断加大科技投入,提升自身的核心竞争力和自主创新能力,积极引进其他地区先进的技术和设备,为自身发展提供良好的基础。例如,生物制药、新能源开发、环保产业等依靠科技支撑实现跨越式发展,材料工业通过科技创新研制汽车板、彩涂卷板、包装材料等,这些新产品、新技术、新工艺成为材料工业产值增加的关键。

各企业积极签订"退城进园"协议,以满足加快涪陵产业结构调整的发展要求。例如,2013年涪陵卷烟厂在工业园区建设技术改造项目,亚东亚集团变压器公司特变分公司签订了搬迁协议,这些企业对工业结构的调整做出了巨大的贡献。在工业结构调整中,涪陵关注工业园区的建设和主导工业的发展,逐渐实现了由粗放型工业向集约型工业的发展转变。

三、工业生产者的产品营销行为

(一)渠道营销行为

产品传统的销售方式是通过超市、专卖店等实体店销售,通过以上渠道

可以直接接触大量消费者，有利于培养消费者对产品的忠诚度[1]，能第一时间得到市场的反馈，便于企业适时做出调整。但是随着超市租金、店铺租金等的增加，经营成本攀升，传统销售渠道面临着众多考验。因此，相当一部分中小企业转而利用互联网这个平台进行产品的推广。它们建立专门的企业网站，在网站上公布产品信息和企业电话，以方便销售商获取产品源；并对网站信息进行及时更新，以方便消费者及时了解产品。或者，在淘宝、天猫超市等网络销售平台开设网上店铺，在网络平台中对产品进行详细的介绍，明确标明产品价格，以减少商品交易的时间成本。例如，涪陵特产店铺等网上店铺都对食品类型、味道、重量等进行了详细的介绍。涪陵区通过招商引资建设涪陵五金、建材等批发市场，减少了企业与其他地区企业之间的交易成本，加快了商品在市场上的流通速度。

（二）广告营销行为

广告营销通过锁定产品的客户群减少产品之间的价格竞争，将广告投放到特定的消费群身上可以实现产品的精准销售。通过提炼产品广告营销的经验，工业企业以产品质量打造核心竞争力，优化产品品牌的植入形式，充分利用电视、网络、手机等打造全媒体联动的销售渠道，充分利用各种广告宣传、营销活动展示本企业产品[2]。例如，涪陵双面胶带企业通过图片、网站等途径对工业胶带进行宣传和推广，有的工业企业通过机械展销会、企业微信公众号等对工业产品进行宣传，还有的工业企业将电视媒体与互联网环境结合起来进行营销，利用互联网思维和大数据技术开展电视媒体广告营销的创新，吸引了众多客户眼球。

四、工业企业的技术改造行为

涪陵工业以传统工业、重工业居多，因此，企业进行技术改造、调整不合理生产结构的任务较重。大多数工业企业已采用先进的机械化生产技术，或进行了技术改造，以减少劳动成本，提高生产效率。例如，在涪陵电子信息产业中，华通电脑公司采用了全自动电镀线、DES 显影蚀刻去膜连线和 LDI 自动布光机等系统设备，实现了封闭式无人化流水线生产；涪陵卷烟厂

---

[1] 李瑞珍，刘朋飞，李海燕. 中国蜂产品市场 SCP 分析与预警 [J]. 中国农学通报，2015，31 (5)：36-44.

[2] 张洁. 电视媒体广告营销的互联网化策略及其创新研究 [D]. 长春：吉林大学，2016.

使用制造机器人完成原料的拆包和配料。这些机械化的流水线生产不仅降低了工作误差，而且给企业产生了一定的营利空间。还有些企业打破传统行业的局限性，通过技术改造走出了行业"新路"。榨菜是涪陵当地的特色产业，但是仅仅将榨菜作为餐桌的配菜不能充分发挥榨菜的其他作用，因此，涪陵榨菜企业通过对传统榨菜的技术改进生产开胃的小菜和水果味、番茄味的榨菜零食，从而进入了更大的休闲食品市场，为传统产业探出了新路。涪陵重工业大力引进人才，通过技术改造将原来的燃煤装置改造成电力或天然气装置，大大降低了生产过程对环境的污染水平。

第三节 涪陵工业绩效分析

工业结构和工业生产者行为共同决定工业绩效。工业绩效是在一定的工业结构和生产者行为互动中形成的工业增加值、利润等外在表现。

一、工业增加值表现

工业增加值是衡量工业发展的常用指标，可通过将第二产业增加值与工业增加值进行比较分析涪陵工业的发展状况。表8-5列举了涪陵区1998—2015年第二产业和工业增加值随时间的变化情况。由表8-5可以看出，自1998年以来，涪陵工业增加值一直处于增长之中，这说明涪陵工业经济在持续发展。

表8-5 1998—2015年工业增加值和第二产业增加值

单位：亿元

年份	地区生产总值	第二产业增加值	工业增加值
1998	57.03	27.84	22.82
1999	63.85	32.02	26.34
2000	69.32	35.23	28.85
2001	76.59	39.01	31.53
2002	85.26	43.64	34.96
2003	99.47	51.02	40.88
2004	114.73	58.93	49.14

第八章 涪陵工业优化分析

续表

年份	地区生产总值	第二产业增加值	工业增加值
2005	135.08	69.16	58.67
2006	182.28	92.75	79.68
2007	234.23	119.93	109.35
2008	312.39	172.43	158.11
2009	355.04	197.29	180.31
2010	434.49	256.20	230.15
2011	557.34	346.09	310.72
2012	630.53	386.83	343.46
2013	690.04	431.42	380.22
2014	757.48	466.10	405.44
2015	813.19	493.29	423.74

资料来源：1999—2016 年涪陵统计年鉴。

图 8-4 是第二产业和工业增加值随时间的变化趋势。从图 8-4 可以看出，工业增加值随第二产业增加值的变化而变化，自 2008 年之后，第二产业增加值和工业增加值之间的垂直差距逐渐增大，第二产业增加值是工业增加值和建筑业增加值之和，这说明建筑业增加值的增长速度快于工业增加值速度。1998—2015 年，工业一直对涪陵经济的发展起着巨大的促进作用，工业增加值占地区生产总值的比重自 2008 年以后一直在 50% 以上。

二、利润表现

利润是衡量企业盈利水平的一个指标。表 8-6 反映了 1998—2015 年的涪陵工业利润和销售额状况。根据表 8-6 可以看出，产品销售额在逐年上涨，上涨的速度快于利润上涨的速度；利润增加并不平稳，在个别年份存在着较大幅度的波动性，这是由工业结构和生产者行为的影响所致。产品销售额总体上呈递增趋势，2006 年之前产品销售额缓慢递增，2006 年之后产品销售额快速递增，在 2010 年之后产品销售额几乎呈直线型增加。这说明 1998—2015 年，工业企业的技术改造、产品营销策略等对工业绩效具有显著的促进作用。2009 年之前，利润额缓慢增加，从 2009 年到 2011 年快速

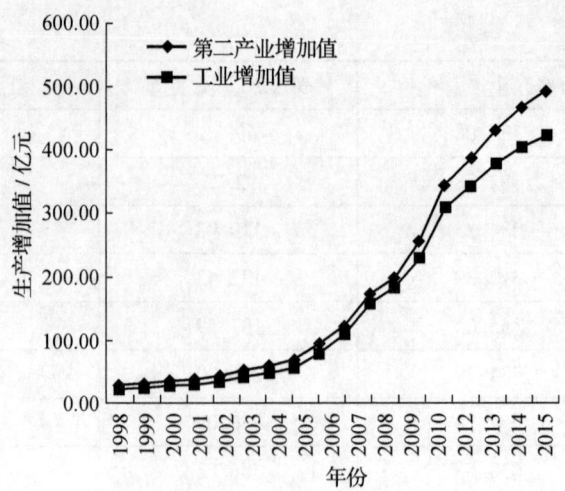

图8-4 工业增加值和第二产业增加值随时间变化的趋势

增加，2011年达到一个极大值，之后一直下降至2013年，在2013年达到一个极小值，2013年之后又呈增加趋势。2009—2015年，利润额呈先增后减再增的变化趋势。利润数据的变化趋势说明了工业利润额是工业企业经济绩效的反映，工业企业的变化对整个工业的变化是有影响的。

表8-6 1998—2015年工业产品销售收入和利润总额

单位：亿元

年份	产品销售额	利润总额
1998	5.39	3.49
1999	54.64	4.56
2000	59.16	5.37
2001	61.77	4.79
2002	67.98	4.47
2003	72.14	4.28
2004	95.64	4.90
2005	116.30	5.90
2006	142.85	6.88
2007	193.59	11.67
2008	285.01	12.18

续表

年份	产品销售额	利润总额
2009	353.46	14.03
2010	502.69	32.68
2011	699.28	75.57
2012	839.78	50.65
2013	946.47	49.78
2014	1067.37	66.08
2015	1306.00	83.28

资料来源：1999—2016年涪陵统计年鉴。

三、工业经济效益综合指数

本小节选取工业经济综合指数对涪陵工业企业的经济效益水平进行衡量。工业经济效益指数是一个特殊的相对数，能够反映工业经济的综合效益，并且从中可以看出涪陵整个工业的经济运行效果。1998—2015年工业经济效益综合指数见表8-7。

表8-7 1998—2015年工业经济效益综合指数 单位：%

年份	工业经济效益综合指数	年份	工业经济效益综合指数
1998	126.8	2007	208.3
1999	133.9	2008	234.4
2000	143.8	2009	262.5
2001	141.4	2010	317.9
2002	137.2	2011	375.2
2003	139.4	2012	357.2
2004	152.0	2013	313.8
2005	165.8	2014	413.3
2006	176.6	2015	420.6

资料来源：1999—2016年涪陵统计年鉴。

由表8-7可以看出，工业经济效益综合指数整体呈增长趋势，这说明涪陵工业结构处于不断调整改善的过程中，具体来看，2011年之前处于上升阶段，这与工业结构状况的变化有关；2011—2013年工业经济效益综合指数下降，但高于2009年及之前的工业经济效益综合指数，2013之后呈上升趋势，这说明工业结构在向合理化的方向发展，并且对经济发展有很大的促进作用。

四、亏损企业率

亏损企业率是企业亏损个数与企业总个数的比值。亏损企业率从侧面反映出企业改革对企业整体绩效的影响，从该值的变化可以看出工业经济绩效的变化，以及工业结构、生产者行为变化对工业绩效的影响。经统计工业企业个数及工业企业亏损个数计算出亏损企业率，见表8-8。

表8-8 1999—2015年涪陵工业企业亏损企业率　　　　单位:%

年份	亏损企业率	年份	亏损企业率
1999	34.5	2008	11.9
2000	37.9	2009	21.0
2001	30.9	2010	17.6
2002	25.0	2011	9.3
2003	14.5	2012	13.5
2004	28.4	2013	12.5
2005	24.8	2014	14.2
2006	22.8	2015	12.7
2007	17.4		

资料来源：2000—2016年涪陵统计年鉴。

表8-8反映的是涪陵工业企业亏损企业率随时间的变化状况。由表8-8可知，1999—2011年亏损企业率不太稳定，自2012年以来呈基本稳定状态。在2000年亏损企业率达到最大，2000年之后亏损企业率整体上是在逐渐下降的；2010年之后亏损企业率基本维持在15%以下，这可能得益于对工业结构的调整和工业生产者行为的改善。

第四节 涪陵主导工业状况

涪陵区有六大主导产业，分别是化工化纤产业、装备制造业、食品医药产业、重要材料产业、电子信息产业、清洁能源产业。根据涪陵区2010—2015年统计年鉴，截至2015年年底全部工业产值达到1480.49亿元，其中食品医药产业产值427.22亿元，占全部工业产值的28.86%；化工化纤产业产值134.01亿元，占全部工业产值的9.05%；装备制造业产值197.75亿元，占全部工业产值的13.36%；清洁能源产业产值217.23亿元，占全部工业产值的14.67%；重要材料产业产值337.5亿元，占全部工业产值的22.80%；电子信息产业产值85.25亿元，占全部工业产值的5.76%。2010—2015年六大产业总产值占全部工业产值的比重从74.58%增加到94.49%，呈上升趋势。本节基于对六大行业的相关统计数据分别对主导工业产值变化趋势和对涪陵主导工业发展状况进行分析。

一、主导工业产值变化趋势分析

（一）涪陵主导工业生产总值分析

工业生产总值是衡量工业发展程度的一个常用指标，可通过主导工业生产总值变化趋势分析主导工业的发展现状。表8-9显示了涪陵2010—2015年六大主导工业的生产总值。从表8-9可以看出，化工化纤产业、装备制造产业、食品医药产业、重要材料产业、电子信息产业和清洁能源产业生产总值都是增加趋势，这说明自2010年以来，主导工业发展对涪陵工业经济发展起到了一定的推动作用；尤其是清洁能源工业的增长速度快于其他工业产业的增长速度，从2010年占全部工业产值的4.10%增加到2015年占全部工业产值的14.67%，增加了10.57%，这说明清洁能源在工业发展中越来越重要。

表8-9 2010—2015年主导工业产业生产总值　　单位：亿元

年份	化工化纤	装备制造	食品医药	重要材料	电子信息	清洁能源
2010	116.48	73.87	136.99	112.69	18.07	26.67
2011	180.36	103.46	165.68	196.80	26.98	36.23
2012	159.43	113.48	186.97	254.75	32.05	48.63

续表

年份	化工化纤	装备制造	食品医药	重要材料	电子信息	清洁能源
2013	144.39	128.86	224.97	316.78	34.70	65.12
2014	121.91	147.38	312.36	343.08	38.01	126.94
2015	134.01	197.75	427.22	337.50	85.25	217.23

资料来源：http://www.fl.gov.cn。

图8-5是主导工业生产总值随时间的变化趋势，从图中可以看出主导工业的发展情况。2010—2014年重要材料工业的生产总值高于其他工业产业，但在2014年后低于食品医药工业；食品医药工业生产总值一直处于增长中，并且快于其他工业产业的发展速度；化工化纤产业生产总值自2012年之后呈递减趋势发展，这可能和环境治理政策相关；装备制造工业生产总值一直处于平稳的增长状态，但电子信息工业生产总值增加速度却比较缓慢，这可能和电子信息业创新发展力度不够及人才缺乏有关；清洁能源产业从2010年生产总值一直处于增加中，在2014年生产总值大于化工化纤产业，在2015年生产总值超过装备制造业，清洁能源产业发展速度迅速与中国日益趋紧的环境保护政策有直接的关系。

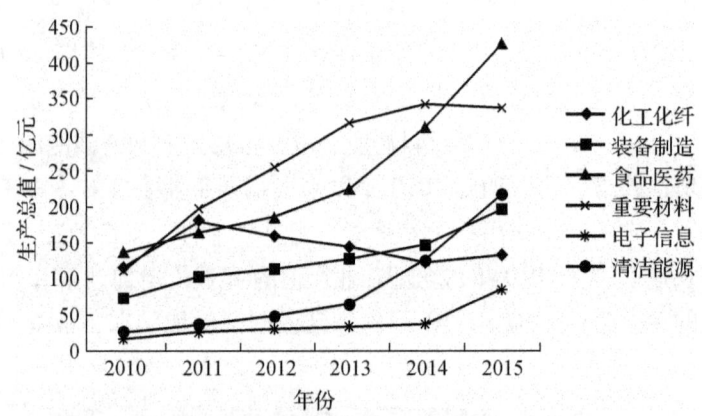

图8-5 主导工业产业生产总值随时间变化的趋势

（二）涪陵主导工业生产总值占地区工业生产总值比重分析

通过计算涪陵主导工业生产总值占地区全工业产值的比重得到表8-10。从表中可以看出，2011—2015年涪陵化工化纤产业生产总值占全部工业生产总值的比重一直在减少,2015年相比2010年减少了8.87%;重要材料产业生产总值占全部工业生产总值的比重呈先增加后减少的趋势;其他工业产业生产总值占比基本上呈上升趋势,装备制造产业、食品医药产业、重要材料产业、电子信息产业、清洁能源产业生产总值占全部工业产值的比重在2015年相比2010年分别增加了2.00%、7.78%、5.46%、2.98%、10.57%,其中清洁能源产业比重增加最多,其次是食品医药产业,再次是重要材料产业、电子信息产业和装备制造产业。由于受环境保护的影响,清洁能源产业是涪陵主导工业中发展最快的。

表8-10 2010—2015年主导工业生产总值占全部工业生产总值的比重

单位:%

年份	化工化纤工业占比	装备制造占比	食品医药占比	重要材料占比	电子信息占比	清洁能源占比
2010	17.92	11.36	21.08	17.34	2.78	4.10
2011	20.00	11.48	18.38	21.83	2.99	4.02
2012	15.73	11.20	18.45	25.13	3.16	4.80
2013	13.37	11.93	20.83	29.33	3.21	6.03
2014	9.47	11.45	24.27	26.65	2.95	9.86
2015	9.05	13.36	28.86	22.80	5.76	14.67

资料来源:根据涪陵统计年鉴中主导工业生产总值计算得到,最终数据保留小数点后两位。

从表8-10可以看出,涪陵对主导工业做出了相应的调整,化工化纤产业的比重自2011年在不断减少,清洁能源产业、电子信息产业、食品医药产业等的比重在不断增加,清洁能源产业、食品医药产业和重要材料产业对当地经济发展发挥着不可替代的作用。

从图8-6可以看出主导工业占比随时间变化的趋势。从中可以看出,涪陵化工化纤产业生产总值占比呈下降趋势;装备制造业生产总值占比基本呈平稳趋势;食品医药产业生产总值占比呈"√"形,在不断增加;重要材料产业生产总值呈倒"V"形;电子信息产业生产总值占比处于缓慢增加中,但2015年相比之前有明显增加;清洁能源产业占比一直在增加。

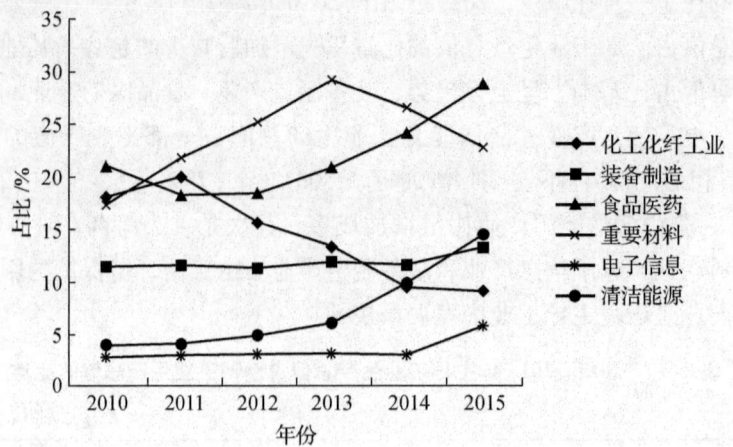

图 8-6 主导工业占全部工业生产总值的比重随时间变化的趋势

二、涪陵主导工业发展状况分析

（一）化工化纤产业的发展

以化工化纤产业四大公司为例对化工化纤产业发展情况进行分析，其中建峰工业集团是 2015 年涪陵工业综合 10 强企业。根据涪陵统计年鉴中蓬威石化公司、建峰工业集团、中化涪陵化工公司和重庆天原化工公司的产值和销售额得到表 8-11。

表 8-11　化工化纤产业四大公司产值和销售额　　单位：亿元

年份	蓬威石化公司		建峰工业集团		中化涪陵化工公司		重庆天原化工公司	
	产值	销售额	产值	销售额	产值	销售额	产值	销售额
2010	51.27	38.46	23.59	22.49	30.01	28.18	4.25	4.09
2011	102.96	96.92	28.86	31.96	37.28	36.34	5.17	7.21
2012	68.69	68.76	37.63	51.15	36.63	32.84	5.12	4.54
2013	30.50	36.45	44.91	46.09	30.77	28.43	5.77	10.67
2014	3.52	2.60	51.06	38.89	28.89	24.50	6.19	11.58

资料来源：2011—2015 涪陵统计年鉴。

从表 8-11 可以看出，蓬威石化公司产值自 2011 年一直在减少，销售额也在一直减少；中化涪陵化工公司与蓬威石化公司情况相同。因此，这两大公司的发展情况并不乐观，尤其蓬威石化公司更是每况愈下。建峰工业集团和重庆天原化工公司的产值和销售额处于增长之中，反映出这两个公司的生产状况良好，产品能适应市场需求。由于化工化纤产业生产总值占全部工业生产总值的比重在逐渐减少，因此可以发现，化工化纤产业所有公司产值的减少速度快于产值的增加速度，从而导致了化工化纤产业发展状况不佳的结果。

（二）重要材料产业的发展

2014年涪陵基本上形成了以汽车板、彩涂卷板、包装材料和铝锭及深加工为主的材料产业，材料产业产值达到347.08亿元，比上年增加了6.9%，其产值在涪陵全部工业产值中的占比逐渐增加，这说明重要材料产业对涪陵工业经济发展的作用在逐渐上升。

重要材料企业有宏声实业有限公司、东发碳素公司和东升铝业公司，它们的产值和销售额见表8-12。由表8-12可以看出，三大公司的销售额和产值呈增加趋势。

表8-12 重要材料产业三大公司产值和销售额　　单位：亿元

年份	宏声实业有限公司		东发碳素公司		东升铝业公司	
	产值	销售额	产值	销售额	产值	销售额
2010	10.18	10.88	4.82	4.69	10.76	12.17
2011	12.73	10.83	8.09	6.83	14.70	14.38
2012	14.15	13.73	10.43	10.41	15.32	15.44
2013	15.00	12.27	10.86	10.67	16.37	15.90
2014	16.45	14.05	11.83	10.52	14.31	14.31

资料来源：2011—2015年涪陵统计年鉴。

（三）食品医药产业的发展

2014年涪陵食品医药产业产值达到312.36亿元，同比增长19.15%，占全部工业产值的24.27%。具有代表性的食品医药企业有涪陵榨菜集团、三海兰陵公司和太极集团，其中太极集团2015年进入全国医药企业前10强。三大公司产值和销售额见表8-13。

表 8-13　食品医药产业三大公司产值和销售额　　单位：亿元

年份	涪陵榨菜集团		三海兰陵公司		太极集团（涪陵区）	
	产值	销售额	产值	销售额	产值	销售额
2010	10.01	9.31	6.93	2.96	28.13	27.55
2011	17.56	17.04	19.00	10.90	34.98	27.54
2012	23.58	23.22	27.65	25.18	35.48	35.83
2013	27.64	26.37	36.88	34.20	36.90	36.51
2014	37.82	37.39	53.46	51.49	39.56	39.01

资料来源：2011—2015 年涪陵统计年鉴。

从表 8-13 可以看出，3 个公司的销售额和产值在逐年增加，其中三海兰陵公司的产值和销售额增长速度最快；3 个公司的产值变化反映了涪陵食品医药产业处于增长之中，销售额的变化侧面反映出 3 个公司发展态势良好。

（四）装备制造产业的发展

泽胜投资集团和川东船舶重工公司是涪陵装备制造产业中以机械制造、输变电设备制造、船舶修造为重点的两大公司，这两大公司近年产值和销售额见表 8-14。表 8-14 表明，2010—2014 年泽胜投资集团的产值和销售额在同比例增长；川东船舶重工公司的产值在增加，而销售额却在减少，说明该公司的销售情况不佳；但总体上这两个公司反映出涪陵装备制造产业在缓慢向前发展。

表 8-14　装备制造产业两大公司产值和销售额　　单位：亿元

年份	泽胜投资集团		川东船舶重工公司	
	产值	销售额	产值	销售额
2010	10.72	10.72	12.24	12.02
2011	15.05	15.04	14.33	14.13
2012	21.92	21.92	14.82	14.51
2013	32.54	32.54	15.10	9.76
2014	35.06	35.06	14.22	9.77

资料来源：2011—2015 年涪陵统计年鉴。

第八章　涪陵工业优化分析

（五）电子信息产业的发展

涪陵是重庆重要的电子信息产业制造基地，电子信息产业是涪陵的支柱产业之一。为推进信息化和工业化深度整合，加快"智慧涪陵"建设，涪陵通过实施转化发展新动能、完善信息基础设施建设和打造大众创业、万众创新的支撑平台等途径培育"互联网+"新型产业，促进电子信息产业和其他产业融合发展。

以科宝电缆公司为例对涪陵电子信息产业的发展进行分析，该公司的产值和销售额见表8-15。表8-15表明，科宝电缆公司的产值和销售额呈增加趋势，产值的变化说明该公司处于发展之中；销售额的增加说明该公司销售能力有一定程度的上升，也从侧面反映出电子信息产业在缓慢发展。

表8-15　2011—2014年科宝电缆公司产值和销售额

单位：亿元

年份	产值	销售额
2011	16.90	14.07
2012	21.61	20.67
2013	24.98	24.33
2014	21.43	21.52

资料来源：2012—2015年涪陵统计年鉴。

（六）清洁能源产业的发展

近年来，清洁能源产业之所以发展迅速，主要是受环境保护和政府政策的影响。在"十三五"期间，经济发展新常态将不断推动能源结构的优化调整[①]，因此，涪陵将以页岩气、涪陵燃气等为代表形成燃气网络，以白涛热电、电力股份等为代表形成发供电网络，优化涪陵清洁能源产业的发展。

表8-16反映了2011—2014年涪陵电力股份有限公司的产值和销售额。从表8-16可以看出，近几年来电力股份公司的产值在逐年增加，销售额也在同比例增长，但2014年电力股份有限公司的销售额大于产值，这可能和当年的电价相关。涪陵电力有限公司整体上呈上升趋势，这在一定程度上说明涪陵清洁能源产业正处于发展之中。

---

① 国内外简讯[J].氯碱工业，2016，52（10）：46-48.

表8-16 2011—2014年涪陵电力股份公司产值和销售额

单位：亿元

年份	产值	销售额
2011	9.99	9.99
2012	10.76	10.76
2013	12.44	12.44
2014	12.56	12.69

资料来源：2012—2015年涪陵统计年鉴。

第五节 涪陵战略性新兴产业发展状况

近年来，涪陵加大了对战略性新兴产业的培育和发展，现有页岩气、新一代信息技术、新能源汽车及智能汽车、生物医药及生命健康、MDI下游及化工新材料、节能环保六大战略性新兴产业。涪陵加快对战略性新兴产业招商引资，截至2016年年底，已经拥有战略性新兴产业企业23家，其中生物医药3家、电子核心部件16家、页岩气1家和新能源汽车及智能汽车3家，投入生产的有19家，以新能源汽车、新型电子元件、页岩气等为主要产品。本节对涪陵战略性新兴产业的发展逐一分析，以剖析涪陵战略性新兴产业的发展现状。[①]

一、页岩气产业的发展状况

重庆市涪陵页岩气田是中国第一个大型的页岩气田，也是国家级的页岩气示范区。涪陵页岩气的发现促使中国页岩气进入规模商业化的发展时期。涪陵通过建立页岩气综合产业园区，大力引进与该产业相关联的项目，打造页岩气装备制造基地[②]，取得了一系列的成果，推动了战略性新兴产业的发展。

一是涪陵页岩气在开采技术上取得了新的进展。专业技术人员经过对试

[①] 陈海平. 战略性新兴产业发展与创新型人才培养研究 [J]. 经济研究导刊, 2012 (15): 113-114.

[②] 赖朝树, 王翔. 涪陵唱响"转升"歌 [N]. 重庆日报, 2015-08-02 (001).

采规律的研究发现了页岩气的开发规律，形成了一套页岩藏气的工程管理体系。通过严格的试采测试出单井试采的产量较高，并且单井的可采储备能够满足商业开发的需求①；对于焦页1HF按计划持续稳产超过1300多天。

二是形成了一套具有自主知识产权、符合当地页岩气开发条件的技术体系。② 针对涪陵的地层结构等问题，充分发挥了产业链长的优势，形成了水平井优快钻井技术、页岩气藏综合评价技术③等技术体系，并建立了100多项技术标准，申报了国家专利成果，获得了专家的一致好评，建立了国内首个页岩气专家工作站，并与4名院士签约。

三是针对平桥区岩层特点，形成了专项解决的压裂技术，焦页184-2HF井现场进行了应用，获得了45.8万立方米/天的高产工业气流，创造了二期投产启动以来单井测试产量的最高纪录。④

四是近两年涪陵页岩气产能取得了很大的进步。2016年，页岩气形成了从开发到装备的一体化发展，年产能达到了70亿立方米，并且通汇和龙冉加快推进了LNG项目的进展。2017年，页岩气产气突破100亿立方米，平均日销售量可满足3000多万居民的日用燃气需求。

五是涪陵—王场输气管道与川气东送管道实现了互通。通过川气东送管道，页岩气将为长江经济带提供清洁的能源，并且能够惠及沿线的6个省份和70多个大中型城市。

二、新一代信息技术产业的发展状况

新一代信息技术是涪陵战略性新兴产业发展的重点产业之一。此产业包括物联网、新型平板显示等六大方面；涪陵是重庆重要的电子信息产业制造基地，新一代信息技术的发展促进了涪陵网络信息业的发展。目前涪陵新一代信息技术的发展状况如下。

首先，引入云计算技术，提升信息化水平与覆盖率。涪陵与华为签约了云计算项目，涪陵计算数据中心成为华为公司在重庆市云计算网络的唯一节点，由此促进了涪陵电子产业的发展。涪陵以华为云计算数据中心和中级互联网数据中心为平台，通过建设政务云、教育云、医疗云等推动了政务资讯

---

① 徐秋玲. 页岩气产业急需政策激励创新示范［N］.中国电力报，2017-03-08.
② 同①。
③ 同①。
④ 戴莹，胡永杰. 涪陵页岩气田二期产建获得新进展［N］.中国石化报，2016-11-02.

向社会的开放，以及电子信息技术行业数据的创新应用；同时加快了网络信息的建设，通过建设移动通信基站和农村光纤网络使行政村网络覆盖率达到90%，光纤用户率达到80%，充分发挥了新一代信息技术的强大延展性。

其次，发展产业智能化，推动"互联网+产业"融合。涪陵区政府出台了相关扶持政策，制定了涪陵区智能产业规划。通过互爱科技孵化园平台推动了"互联网+"的发展和企业的集聚创新发展。互爱科技产业园成立之初就成功地引进了重庆链资、明济、车斯坦、万读4家"互联网+"科技有限公司入驻，推动了涪陵"互联网+产业"的发展。涪陵互爱科技园与长江师范学院联手，推进人才培养、资金支持和创新创业技术上的深度合作，在满足企业人才需求的同时，创新发展了高校人才培养模式，促进了校企联合培养人才计划的落地。

最后，引入LED与3D打印技术。华通电脑通过扩建涪陵项目实现了一定的生产规模，促进了涪陵电子产业的发展；万润科技筹建了LED产业园，旨在打造大型的LED生产基地；卡维迪夫实现了3D打印，在打印技术上突破了立体模式的障碍。

三、新能源汽车及智能汽车产业的发展状况

新能源汽车及智能汽车的发展整体带动了涪陵装备制造业水平。2016年，涪陵汽车产业完成规模以上工业产值120.33亿元，占全区规模以上工业产值的8.2%。该产业的发展促进了涪陵装备制业升级，打破了传统制造业生产的障碍，使装备制造业布局更加合理。

第一，涪陵创新驱动战略促进了汽车企业质量的提升。盛世达专用汽车项目的投入生产和神州巨电新能源动力锂电池项目的建成都加速了涪陵新能源汽车的发展进程。2016年，重庆三爱海陵实业有限责任公司生产的3种产品被认定为重庆的名牌产品；气门产量达到14多万只，产量、产值和利润都大幅增加；这些都是涪陵创新战略的实施结果。

第二，技术改造和产业集聚提高了汽车产能水平。以华晨鑫源、三爱海陵等为首的汽车企业进行了先进的技术改造和产业集聚。其中，华晨鑫源一期项目在2016年共生产销售汽车8万台、发动机13万台，实现产值51亿元；华晨鑫源汽车二期项目在2017年进行开工建设，该期项目主要是对金杯品牌和斯威品牌后续车型进行生产；华晨鑫源纯电动汽车"好运1号"

已成功上市。①

第三，涪陵搭建了新能源汽车及智能汽车的研发平台。一方面，华晨鑫源依托在意大利米兰的设计和研发中心使七座轿车级的4个车型号先后上市；另一方面，涪陵积极推进了企业和高校、科研院所的合作，建立了校企研发中心，极大地促进了汽车产业的创新发展。

四、生物医药及生命健康产业的发展状况

生物医药产业由生物技术和医药产业共同组成，是战略性新兴产业发展的重点之一。近年来，涪陵通过政策扶持和资金支持，使生物医药产业获得了飞速的发展，有效地促进了该产业技术转换、人才培养和产品更新。

涪陵太极集团是太极集团旗下的企业之一，也是国家创新型试点企业。太极集团在涪陵已经拥有"太极"中国驰名商标和"山水"牌重庆著名商标，已经建立两大企业区。其中，李渡工业园区建设了企业A区，旨在生产太极藿香正气液，打开东盟与中东等市场，已成为中国最大的委托生产西药的基地。而龙桥工业园区是企业B区，主要包括药品的工业加工园、包装园和健康食品生产园。② 目前，涪陵太极集团加大了对大健康产业的投入力度，将大力发展生物制药和健康食品的生产。

华兰生物工程重庆有限公司现在已经是重庆市仅有的一家血液制品生产企业，名列涪陵十大创新型企业之一。华兰生物单采血浆分站得到了增扩，综合性生物制品项目有了重大突破；2016年，华兰生物通过科技创新项目使该公司的吨血浆产值提升了10%，有效促进了血浆的产值，同时对产品结构进行了丰富，新增加了人血蛋白和破伤风人免疫球蛋白两种产品③，从而获得了可观的收入，大大增加了企业利润。

2017年，涪陵首键医药包装股份有限公司与中科院重庆绿色智能技术研究中心建立了合作关系，该合作旨在提升企业创新能力和核心竞争力，有利于市场、技术和资金的有效融合，推进涪陵医药食品产业的"三化"发

---

① 冉富月. 华晨鑫源二期项目正式开工建设预计年底完工 [EB/OL]. (2017-02-21) [2018-01-30]. http：//www.fulingwx.com/show-73-37858.html.
② 魏东. 太极集团多元发力冲击"千亿" [EB/OL]. (2016-08-30) [2018-01-30]. http：//fl.gov.cn.
③ 涪陵提速发展六大战略性新兴产业 [EB/OL]. (2017-04-05) [2018-01-30]. http：//www.fl.gov.cn/Cn/Common/news_view.asp? lmdm=002001&id=6122233.

展。双方的合作是对涪陵医药行业的有效助推器,通过技术引进、学术交流和人才培养大大加速了涪陵生物医药的发展。同时,该公司引进了重庆普耀和国内外医药行业的高端人才创建了技术研究院,打造了集研究发展、技术转换和销售于一体的产业链,聘请了专家作为技术研发顾问,定位于建立面向全国甚至对全球有影响力的研发中心。①

五、MDI下游及化工新材料产业的发展状况

涪陵坚持工业绿色发展、低碳发展和循环发展的理念,以产业生态化发展为突破口,加快产业的转型升级,大力研发新型工业材料,促进化工新材料的发展,减少污染物的排放量。

涪陵华峰化工是华峰集团2010年在涪陵白涛化工投资建设的,现在该化工公司已经拥有华峰化工、氨纶和铝业3家公司,具备了己二酸、差别化氨纶和聚氨酯树脂的生产能力,其中差别氨纶是全球第一大单体工厂②,己二酸的产能占全国前列,聚氨酯树脂的产能居全国第一。涪陵华峰化工基于良好的投资环境和政府优质的服务,在"十三五"期间将涪陵化工打造成了一个重要产业基地,加快了三期己二酸项目的建设,建成为世界最大的己二酸生产基地;同时,该企业加快聚氨酯树脂的产能转移,启动了三、四期氨纶项目的建设,使涪陵成为最大的氨纶生产基地。③ 对涪陵已经建设项目的优化,为白涛园区的建设注入了新活力,为建立重庆MDI聚氨酯产业链发挥了作用。

2016年,涪陵天原化工充分利用企业在氯碱生产方面的优势,通过一系列的工艺流程和主要材料检测方法的创新成功地解决了巯基丙酸工业化生产的瓶颈问题,打破了生产中的生产率低、质量不稳定的难题,实现了巯基丙酸的清洁生产,延伸了产业链,为氯碱的结构优化提供了新的途径。

---

① 涪陵新区首键医药包装与中科院重庆绿色智能技术研究院联合研发创新中心暨重庆首瀚智能技术研究院正式揭牌成立[EB/OL].(2017-04-21)[2018-01-30]. http://www.fulingwx.com/show-77-39442.html.
② 魏东,潘茵.涪陵:重庆华峰打造世界最大的氨纶生产基地[EB/OL].(2016-09-17)[2018-01-30]. http://cq.qq.com/a/20160907/039983.htm.
③ 张燕.重庆华峰打造世界最大的氨纶生产基地[EB/OL].(2016-09-09)[2018-01-30]. http://www.chinairn.com/news/.

六、节能环保产业的发展状况

节能环保产业的发展,为涪陵改善环境和优化经济发展做出了很大贡献。2015年,在国家产业政策和市场需求的影响下,涪陵节能服务业总产值超过3000亿元,增长率达25%以上。针对涪陵环保业的发展,政府专门根据涪陵的实际情况制定了节能环保法律法规,对节能环保业进行扶持,促进该产业的发展。

2014年,涪陵引进了国家节能环保装备制造园,该项目依靠先进的技术,提升了涪陵环境保护力度和装备水平,大大促进了涪陵节能环保产业的进一步发展。

2016年,涪陵电力收购了国家电网旗下的国网节能服务公司的配电网节能业务,通过此次收购拓展了业务范围,形成了售电和电网节能服务的双主业务,实现了涪陵电力发展的战略调整,在电力经营上创造了新的拐点。

通过产品研发和技术创新,重庆南瑞博瑞变压器有限公司的3个电力变压器产品被认定为2016年重庆名牌产品,并成为目前全国最具竞争力的变压器制造厂家之一。

第六节 涪陵工业优化措施

一、优化涪陵工业结构

根据以上对涪陵工业结构的分析可以发现,涪陵工业结构偏重工业,传统工业占大部分,这些就是涪陵工业无法快速发展的关键问题,因此,涪陵工业结构调整应由粗放型向集约型转变,优化工业结构次序,支持工业产业升级,优化工业发展路径。

(一)优化工业结构的发展顺序

因"高耗能、高污染、低产出"的产业增长模式已经不能适应涪陵的工业发展要求,所以进行工业结构调整是涪陵工业发展的必经途径。

首先,工业应由劳动密集型向资本密集型、技术密集型方向发展。通过对技术和资本的投资实现企业规模经济,加大对技术型人才的培养和引进,采取多种方式筹措发展资金。例如,食品加工业可通过机械作业代替人工作业,以减少污染,降低生产成本,提高产品质量,更可减少员工在工作中出现的误差,增加产品的良品率。

其次,产业结构应由低附加值生产向高附加值生产演进。加强培育新型产业和高新技术产业,加大对精细化工、新能源、新材料等产业的投入,发挥涪陵的区位优势和资源优势,发展具有高附加值的特色产业。

最后,产业应向高加工度方向发展。通过深化加工度,涪陵工业就可从以原材料为重心向以加工、重组为重心的方向发展,实现工业经济增长方式的转变。

(二) 支持工业产业升级

应依据涪陵地理位置和产业基础对产业进行科学的规划,推动传统产业、战略性新兴产业和支柱产业的发展,支持工业转型升级。

一是实现传统产业转型升级。通过引进资金和技术改造等加快食品医药产业、机械制造产业、化工化纤产业等传统产业的转型升级速度。

二是大力发展战略性新兴产业。通过政策扶持和科技创新等加快培育和发展新兴产业,着力打造新能源特色产业园区,促进产业集聚发展。战略性新兴产业是支撑涪陵未来发展的主导产业,对涪陵工业发展具有带动作用,因此,应着力发展战略性新兴产业。[①]

三是加强培育支柱产业。应结合涪陵区域优势培育和发展支柱产业。通过加大投入和提升自身的创新能力,企业可以有目的地引进发达地区的先进技术和设备;政府要扩宽企业的融资渠道,为企业解决资金短缺问题。

(三) 优化工业发展路径

涪陵现存工业结构因环境保护和产业衰退等主客观因素存在一定的不合理性,因此,需要从工业产业集群化、技术创新和装备升级、新兴产业合理布局等方面优化涪陵工业结构。

首先,实现工业产业集群化。发展涪陵区政府主导型产业集群,做好产业集群带头作用;做强龙头企业,增强龙头企业核心竞争力,以此吸引配套企业,促进产业集群生长。

其次,加快技术创新和装备的升级。企业要以高端产品为切入点,积极推进自主研发和创新,不断提高产品的科学技术含量,提升企业竞争力。[②]

[①] 邱晓莉,胡民,刘祎盼,等. 四川支柱产业培育与发展研究 [J]. 商场现代化,2016 (3):132 - 133.

[②] 曾昭宁,徐英英. 陕西省工业结构优化研究 [J]. 西安石油大学学报 (社会科学版),2013,22 (1):16 - 21.

政府在强化企业主体自我升级意识的同时要支持产学研一体化，为企业实现升级充当"润滑剂"。

最后，促进新兴产业合理化布局。为避免区域间利益的驱动，要保证产业布局规划的合理制定和实施，成立具有权威性的机构对新兴产业进行布局，对于大型项目的落户权，政府要坚持公平裁决。

二、推动涪陵由工业制造向工业创造转变

工业企业完善创新机制，由工业制造向工业创造转变，全方位地推进产品创新、科技创新等，是解决企业发展转向的关键。通过政府引导、企业产品品牌建设、企业信息化建设、创新示范效应等推进涪陵工业向工业创造转变。

（一）重点引导企业进行技术创新

政府可通过配套奖励措施鼓励企业加大技术创新的投入比例，保障企业有足够的创新资金。可以搭建创新服务平台，对企业提供关于创新的信息服务，有效推动企业与科技"联姻"，使企业能够实现在关键技术方面的突破。[1] 鼓励企业与银行等金融机构建立合作关系，以拓宽企业融资通道。通过技术创新企业可以改进传统生产工艺，有效降低环境污染水平，发展环境友好型生产活动。

（二）支持企业加大对产品品牌的建设

工业企业应根据涪陵产品现状加大对产品品牌的建设。一方面，企业要有保护产品商标的意识，做好商标注册工作，培育产品品牌。另一方面，企业要通过技术创新、内容创新、形式创新等不断提升产品质量，形成消费者对产品品牌的忠诚度，扩大产品品牌美誉度。

（三）加强企业信息化建设

企业要立足长远进行发展，在经济全球化背景下做好企业规划和系统安排，大力引入和实施企业信息化系统，提高企业日常运营效率；企业信息化的建设、运转和维护要靠人才来保障，对互联网和软件等技术人才队伍要通过"外引""内培"来构建，以便为企业信息化建设做好基础。

---

[1] 朱晓霞，郝佳佳. 中国制造业产业升级路径选择研究：以长江经济带为例 [J]. 科技进步与对策，2015（7）：69-73.

（四）发挥企业创新的示范效应

应发挥涪陵龙头企业的示范带动效应，加快对工业转型升级的步伐，淘汰落后产能，不断提高工业企业的创新力和发展力，切实提升产品附加值和核心竞争力。对龙头企业生产的创新产品进行展示，为企业搭建创新产品展示平台。同时，政府应以政策引导企业发展，为龙头企业提供进行技术创新的扶持与奖励资金，加快培育更多的龙头企业和创新型企业，以点及面实现涪陵企业的规模创新。

三、延伸工业产业链

各产业之间往往存在技术或经济方面的联系，从而产生了对中间产品或投入品的需求，由此形成了产业链。产业链是实现企业价值延伸的重要发展方式。因此，工业应不断拓展产业链，提高产业关联程度，促进产业结构优化。

（一）借助区位特色优势延伸产业链

页岩气是涪陵的特色工业，为涪陵工业发展带来了一定的经济利益。因此，应借助页岩气优势发展页岩气产业链。一方面，发展页岩气产业链可以为工业发展提供原材料和燃料，降低工业企业发展成本，提升企业竞争力，减少对环境的污染。另一方面，可以延伸出以页岩气为原料的化工产业，优化化工产业布局，带动当地化工产业发展。

（二）通过优化产业布局延伸产业链

在不同的工业发展阶段应制定不同的优化方案，进行全面的谋划和考虑，以提高工业资源配置效率。推动工业产业空间布局优化是实现涪陵工业全面升级的重要策略之一。

首先，优化工业企业的空间集聚。依据涪陵工业产业链的基本情况，从工业资源优势和区位优势优化涪陵工业生产力的分布，进行工业空间结构的调整，形成工业集聚和工业园区的空间架构。通过工业集聚发展加强工业产业分工协作，提高资源利用效率。

其次，优化工业布局的基础支撑。通过完善涪陵基础设施建设实现工业的有序发展，引导目标工业共享共用基础设施。由基础设施经济利用倒逼工业内部优化，推进工业产业链扩大，提升工业经济综合力。

最后，完善交通网络，降低工业要素流动成本。完善综合交通走廊建设，推进工业交通一体化，实现涪陵区技术、人才等要素的自由流动，降低

第八章　涪陵工业优化分析

产业链延伸的承接成本，实现要素的有效配置。

（三）借力区域发展延伸产业链

区域是产业链赖以存在的基础，不同的区域适合于不同的产业链发展。基于涪陵的区域状况，可以考虑从如下途径延伸产业链。

一是建设共同的工业市场，加快区域经济一体化。通过利益引导和政策倾向促进商品与资源的流动，为经济一体化的实现奠定流动性基础，充分发挥各地上下游之间的合作关系[①]，促进上、中、下游企业间的供需一体化与市场共同体发展。

二是成立区域间的协同机构，完善区域协同体制。涪陵工业与其他地区的工业因要素、技术和市场存在着千丝万缕的联系。通过构建协同机制有利于实现信息沟通的无障碍、有效性和完整性，促进区域间工业协同。

三是实现纵横双向产业对接，促进产能有效转化。在打破地域限制的情况下，加强产业纵横双向的产业链延伸，促进产业的战略性与梯度性发展，实现产能消耗和转化利用。充分发挥涪陵产业基础优势，利用涪陵工业园区的辐射带动作用形成产业链上下联动、共同发展的格局，促进涪陵工业经济发展。

四、构建生态工业体系

实现生态工业是工业发展目标。应通过资源节约、资源循环利用和清洁生产逐步实现工业生态化。构建生态工业体系，要从推进工业生态建设、建设生态工业园区和加强生态技术保障等方面来实现。

（一）推进工业生态建设

由于涪陵工业结构中轻重工业比例不协调，工业清洁生产问题突出，这不利于工业的健康可持续发展。因此，需要进行工业生态建设，以使工业形成健康可持续发展。

一是对涪陵重点工业行业进行试点。从涪陵化工化纤产业、重要材料产业、清洁能源产业等行业进行清洁生产的生态循环试点，然后由重点行业向其他工业产业推进。

二是引进循环经济项目。涪陵工业企业应引进循环经济项目，通过项目的引进实现生产过程生态化，最终推进循环经济的发展。

---

① 潘琦.广西柳州工业结构优化升级调整研究［J］.广西教育，2012（23）：166-167.

三是以清洁能源替代高污染能源。实施清洁能源的替代工程，淘汰以污染严重的煤炭等作为原料或燃料的生产设备，并对能源替代和资源再利用展开进一步的探索，如可以使用页岩气作为替代能源。页岩气是一种清洁、高效的能源和化工原料，页岩气的使用可大幅降低对环境的污染程度。

（二）建设生态工业园区

生态工业园区为发展循环经济创造了空间和条件；通过建设生态工业园区可以解决发展工业所面临的资源浪费与环境污染等问题，以降低成本、减少能源消耗和提升产品质量。

首先，政府要推动生态工业园区建设。由于受经济利益的诱导，生态建设和保护都不在市场的调节范围之内，市场不具有推进工业生态建设的功能，因此，只有政府出面调节才能推动工业生态进程。[1] 应要求企业重视工业生态，疏导工业生态建设进程，激励工业企业积极参与工业生态建设，以推进工业生态园区建设。

其次，建立效益驱动机制。企业加强工业生态建设的根本原因是受利益的驱动。要保证企业间的生态型关系，单纯靠政策的约束是远远无法实现的，因此，应建立一套良性的生态建设驱动机制，以促进生态园区建设。[2] 在跨领域实现产业合作时，会产生新的工业合作关系，应按照工业生态系统的元素对产品及生产过程进行重组和构建，促进生态工业成长。

最后，加强企业生态整合。涪陵工业园区已经入驻了医药食品产业、化工化纤产业、装备制造产业、重要材料产业、电子信息产业、清洁能源产业六大主导产业。应以主导产业为核心进行生态建设，引入以物质或能量交换为节点的上下游企业及相关的配套设施，实现企业在空间上的生态分布，促进生态园区建设。

（三）加强生态技术保障

完整的生态体系建设离不开技术支持，技术支持是发展循环经济的根本途径，也是构建生态体系的关键。

首先，建设完善的工业生态经济信息网。构建涪陵工业园区的生态信息系统，如物流数据库、信息管理系统等，建立与外界的网络交流平台，为园

---

[1] 张治学. 循环经济与生态工业园区建设 [J]. 中国科技论坛, 2005 (5): 21-25.
[2] 杨洁, 陈小敏. 基于循环经济的生态工业园区建设模式及机制 [J]. 河北联合大学学报（社会科学版）, 2009, 9 (4): 51-53.

区的管理提供一定的技术支撑,推动整个园区的生态发展。

其次,创建产业生态化研发基地。通过引入科研机构的成果,结合涪陵工业的发展特点,建设循环型的经济生态基地,促进工业区的发展。[①]

最后,开展与发达地区工业生态的合作。通过鼓励工业企业与发达地区生态工业企业开展合作,积极引进其他地区的先进技术,并鼓励企业进行创新和产学研结合。

第七节 小 结

本章对涪陵工业结构进行了优化分析,研究内容主要包括涪陵工业结构分析、工业生产者行为分析、工业绩效分析、涪陵主导工业状况、战略性新兴产业发展状况、涪陵工业优化措施6个方面。

基于SCP框架,对涪陵工业结构、工业生产者行为和工业绩效进行了分析。从分析中发现涪陵工业集中度较高,各产业之间的竞争不激烈,重工业产值远大于轻工业产值,工业规模集中度高。针对工业的结构现状,工业生产者行为包括研发新产品、调整生产结构、进行产品营销等4个方面。涪陵工业生产值、利润和工业经济效益综合指数在逐渐提高,但是不同行业有所差别。通过对化工化纤产业、装备制造产业、食品医药产业、重要材料产业、电子信息产业、清洁能源产业六大主导产业产值变化的分析发现,涪陵主导产业的产值是逐年递增的且发展状况良好。涪陵的战略性新兴产业包括页岩气产业、新一代信息技术产业、新能源汽车及智能汽车产业、生物医药及生命健康产业、MDI下游及化工新材料产业、节能环保产业六大产业,战略性新兴产业企业的数量在逐年增加。进而从优化涪陵工业结构、推动涪陵由工业制造向工业创造转变、衍生工业产业链、构建生态工业体系4个方面提出了涪陵工业优化的措施。

从对涪陵工业结构的分析中可以发现,涪陵的工业结构不协调,主导工业大多是传统工业,战略性新兴产业发育不足,这些是目前涪陵工业发展存在的障碍。因此,要大力发展新兴工业,淘汰落后产能,引导企业创新,以优化涪陵工业结构。

---

① 郭敏娜.循环经济下技术创新项目的实施策略研究[D].昆明:云南大学,2010.

第九章 涪陵物流业优化分析

第一节 涪陵物流业结构分析

一、涪陵物流业结构分析

物流业是因通过公路、水路、铁路、民航等基础设施将物流产品从生产者手中转移到消费者手中而形成的产业。物流业结构包括物流企业的生产、批发、第三方物流之间的比例关系和物流业的配送、仓储、运输之间的比例关系。[①]

（一）权属结构

涪陵区的权属结构有三大显著特征：第一，涪陵物流专业化程度较低，物流信息化建设也处在初级阶段。涪陵很多物流企业仍然采用原始的物流方式、传统的物流步骤形式，物流的运行效率很低。第二，涪陵有名的运输企业有几百家，但是在全国百强物流企业中，涪陵榜上无名，并且这些物流企业的服务能力尚不能满足现代物流业发展的需要，缺少真正意义上的第三方物流企业。第三，涪陵新型物流体系尚在起步阶段，多种运输方式之间、物流园区之间、工厂与港口码头之间及各类交通运输设施之间等"最后一公里"没有得到很好的衔接，物流还不顺畅。

（二）功能结构

仓储企业：近年来，涪陵区一些传统仓库已开始转向多元化发展，但是比较欠缺区域性的公用型配送中心。

运输企业：涪陵区的运输以水路、公路、铁路为主，但是物流企业整体运输效率低下，全区营运货车总数中，集装箱、大件、冷藏等专业化车辆仅

[①] 沈绍基. 中国物流产业结构分析 [C] //2000北京国际物流研讨会论文集. 北京：北京国际物流研讨会，2000：54-56.

占 4.5%。

从功能结构方面来说，涪陵物流业仍然处于起步阶段，仓储企业的结构、运输企业的技术设备不完善，从而阻碍了涪陵物流企业的发展。

二、涪陵物流市场结构分析

物流市场是指为物流产品从生产到消费进行位置移动所需要的服务市场及包装、装卸、搬运等辅助性市场。物流业是一种新兴起的服务产业，需要积极发挥物流资源优势，从而促进经济发展，降低物流成本。涪陵物流业发展比较缓慢，仍然处于萌芽时期，并且其物流企业规模较小，比较分散，没有形成系统化、集中化的物流结构，所以从集中度、差异化、进入退出壁垒3个方面来分析涪陵物流市场结构。

（一）涪陵物流业集中度分析

涪陵物流企业排名靠前的有重庆市泽胜船务（集团）有限公司、重庆市百胜汽车运输（集团）有限公司、重庆三益物流（集团）有限公司、重庆涪陵港江水运有限公司、重庆市涪陵区宏洲汽车运输有限公司、重庆盈坤物流有限公司、重庆文锦物流有限公司、重庆市涪陵区涪洪船务有限公司、重庆云隆物流（集团）有限公司。这些物流企业大都属于微利企业，规模较小，因而涪陵物流业集中度较低。原因可能在于，涪陵的物流企业没有能够充分利用物流资源，物流经营呈粗放式格局，从而提高了物流成本。而且，涪陵没有大型物流企业，整个物流市场处于完全竞争阶段。所以，若要增加涪陵物流业的集中度，就要从扩大物流企业的规模入手。

（二）涪陵物流市场产品差异化分析

物流产品的差异化即因服务方式的不同产生的不同效用。差异化的程度主要取决于专业化水平、服务水平、采用的信息技术的先进程度、物流标准化水平等方面。

近几年来，涪陵物流企业的服务因部分企业引进行业先进技术而呈现出差异化。随着物流业竞争的不断加剧，为扩大市场份额，提高经营效率，涪陵的一些大型物流企业不断引进先进的技术，注重客户关系管理，提供优质高效的服务。这些大型企业因所提供的优质服务拉开了与中小企业的差距，导致整个物流服务的差异化程度日益显现。[1] 从顾客主观角度来看，涪陵物

---

[1] 邓小琴. 基于产业组织理论的我国物流业分析 [J]. 现代商贸工业，2012，24（1）：24-25.

流市场的产品具有一定的差异性,从而可以满足消费者不同的偏好。

(三)涪陵物流市场的壁垒分析

1. 涪陵物流市场进入壁垒分析

进入物流业的壁垒是影响物流业结构的重要因素,它不仅保护了物流业内已经存在的企业利益,还决定了潜在进入者能否进入物流业。涪陵物流业的进入壁垒主要体现在以下几方面。

(1)物流服务壁垒

涪陵的物流业已逐渐转变为现代物流业,但是尚欠缺同时注重建立信誉较高的品牌、构建复杂且方便的物流网络系统、引进先进技术、培养高素质人才、具有丰富管理经验的物流企业。涪陵物流市场物流效率低、物流成本高、服务质量差、物流服务具有同质性,所以可以推断出涪陵物流市场是完全竞争市场,物流服务基本没有差异。也可以在某种意义上说,涪陵物流服务壁垒较低,这是由物流业粗放式和低端化的经营模式造成的。

(2)成本优势壁垒

在物流作业中,无论采用先进的技术手段及信息系统,还是使用大量的交通工具、大规模的仓库都需较大的资本投入,这会增加物流企业的经营成本,从而形成成本优势壁垒。但是,涪陵物流企业的规模都较小,没有先进的物流技术设备,也没有大规模的物流基础设施,所以相对来说涪陵成本优势壁垒还不是很高。

(3)政策法规壁垒

政策法规进入壁垒是指因物流市场采用政策法规和政府指导意见而产生的壁垒,这会限制那些未能达到政策规定的企业进入物流业。中国物流业整体上起步较晚,物流业正在改革与完善当中,还没有出台相对成熟稳定的物流法律法规,如物流标准化法[1]等,所以在政策法规领域的壁垒还比较低。但是,随着居民和企业对于物流要求的逐渐提高,物流法规的日趋严格和不断增加是不可避免的。

2. 涪陵物流市场退出壁垒分析

一些物流企业因为前景不好、经营不善而业绩不佳[2],想要退出物流市场,但是其物流资源在短期内难以转让出去,制约物流企业退出物流市场的

---

[1] 秦金中. 我国物流产业市场结构现状分析 [J]. 物流科技, 2010, 33 (12): 5-7.
[2] 武存磊. 基于 SCP 框架下中国第四方物流产业研究 [D]. 沈阳:沈阳大学, 2008.

障碍即物流业退出壁垒。涪陵区物流业退出壁垒主要体现在以下两方面。

(1) 沉没成本壁垒

当物流企业因经营效果不佳等原因选择退出物流市场时，企业在初期建立的仓库、购买的物流技术设备在短时间内难以转让或销售出去，大多数物流企业为了财产清算会将这些固定资产折价销售，这会增加物流企业退出该行业的成本，形成沉没成本壁垒。对于物流企业而言，沉没成本壁垒主要是物流仓库及运输设备的折旧损耗。

(2) 雇佣费用壁垒

涪陵物流业属于劳动密集型产业，如果物流企业退出市场会导致很多工人失业，物流企业也将因为法律与政策的规定而支付较高的补偿费用。补偿费用构成了物流企业的雇佣费用壁垒。与沉没成本相对应，雇佣费用属于流动性壁垒。

(四) 物流市场结构的变化

涪陵物流业的产值不断增加，物流企业的规模不断扩大；物流发展水平不断提高；公路、水路、铁路、航空等基础设施不断完善。涪陵物流市场的这些结构变化会进一步推动涪陵物流业的发展。

根据中国产业分类情况将运输与仓储业的增加值作为物流产值，运输与仓储活动是涪陵的主要物流业活动。涪陵物流业增加值见表9-1。

表9-1 涪陵物流业增加值及占GDP的比重

年份	涪陵GDP/亿元	交通运输、仓储和邮政业		
		增加值/亿元	增加值占GDP的比重/%	增加值增长率/%
2010	434.49	34.24	7.9	17.5
2011	557.34	40.98	7.4	22.9
2012	630.53	46.92	7.4	14.5
2013	690.04	50.06	7.3	10.9
2014	757.48	54.12	7.1	8.5
2015	813.19	60.23	7.4	12.2
2016	896.22	68.60	7.7	8.2

资料来源：2010—2016年涪陵区国民经济和社会发展统计公报。

由表9-1可以看出，涪陵物流业规模快速增长。2016年，交通运输、仓储和邮政业实现增加值68.60亿元，比上年增长8.2%，占全区GDP总量的7.7%，对GDP增长的贡献率为5.8%，拉动GDP增长0.6个百分点。但是，从动态来看，交通运输、仓储和邮政业产值占GDP的比重先下降后上升，从2010年的7.9%下降到2014年的7.1%，2014年以后又缓慢上升，总体有下降的趋势。2010—2014年交通运输、仓储和邮政业产值占GDP的比重下降的原因可能有：第一，涪陵物流业化程度较低，物流活动处于发展阶段；第二，2010—2014年涪陵的交通运输、仓储和邮政业相对于第三产业中的其他产业发展速度较慢；第三，由于物流业刚刚起步，一些属于现代物流的运输仓储业的增加值没有被纳入其中，但是，从2014—2016年可以看出，涪陵的物流业已经开始步入正轨。

涪陵物流业发展水平逐渐提高。随着电商及物流的不断发展，"互联网+物流"等新型物流模式推进了涪陵物流的发展，同时掀起了涪陵物流企业创新发展的热潮，物流企业如雨后春笋般涌现。

发展物流业的关键在于交通运输条件，涪陵物流业的发展得益于其独特的交通优势。涪陵拥有乌江和长江两条水道，享有长江中下游最大物流中转基地的美誉。除了水路四通八达以外，涪陵高速公路、铁路网逐渐建成，为涪陵区的物流业创造了良好的地理交通优势。2016年，涪陵全社会固定资产投资789.21亿元，比上年增长17.7%，其中基础设施投资275.01亿元，同比增长53.9%，占投资总额的比重为34.8%。2016年，涪陵公路、水上运输实现货运量0.67亿吨，比上年增长8.5%，实现货运周转量531.97亿吨公里，同比增长17.2%（表9-2）；完成客运量0.26亿人次，同比下降13.3%，客运周转量12.13亿人公里，同比下降19.1%。

近年来，涪陵物流业务量不断增长。物流业务量是指由物流企业完成的物流运输量，物流业务量理论上有很多指标，但通常采用货运量和货物周转量来表示物流业务量。[①]

表9-2 涪陵物流业规模

年份	货运量		货物周转量	
	绝对量/万吨	增长率/%	绝对量/亿吨公里	增长率/%
2010	3122	25.9	235.17	30.1

---

① 戴魏魏. 重庆物流业对经济增长作用的实证研究［D］. 重庆：重庆大学，2005.

续表

年份	货运量		货物周转量	
	绝对量/万吨	增长率/%	绝对量/亿吨公里	增长率/%
2011	4427	41.8	342.20	45.5
2012	5406	22.1	417.14	21.9
2013	5494	17.5	494.53	20.1
2014	5800	8.0	379.26	15.7
2015	6200	6.9	453.93	19.7
2016	6700	8.5	531.97	17.2

资料来源：2010—2016年涪陵区国民经济和社会发展统计公报。

由表9-2可以看出，涪陵货运量与货物周转量在整体上都呈现增长趋势，这说明了涪陵人民群众对于物流业的需求量正在扩大，城市物流网络趋于完备，从而为物流业发展提供了基础。2011—2015年，货物周转量与货运量的增长率呈逐渐下降趋势。其原因可能在于：第一，其他交通网络的快速发展分流了公路与水路的货运量；第二，公路与水路运输本身存在短板，如水路会受线路和地理条件的制约。

涪陵目前的交通运输主要通过水路和铁路来实现。水路和铁路是一般物流的主要承担者，它们的运输成本相对低廉。远距离、大体积、重量物流通常由水路或铁路物流负责，港口吞吐量的多少反映了水路发展状况。①

涪陵港口吞吐量见表9-3。由表9-3可以看出，涪陵作为长江上游货运的主要港口在水路上具有很大的优势，但是从目前来看，涪陵在水路运输上的优势并没有充分发挥出来，涪陵在水路运输上还有很大的发展空间和开发前景。②

表9-3 涪陵港口吞吐量

年份	港口货物吞吐量/万吨	增长率/%
2010	1237.0	69.9
2011	1643.0	12.5

---

① 戴魏魏. 重庆物流业对经济增长作用的实证研究 [D]. 重庆：重庆大学，2005.
② 同①。

续表

年份	港口货物吞吐量/万吨	增长率/%
2012	2016.0	25.0
2013	2016.0	9.1
2014	2273.3	0.7
2015	2507.0	10.3
2016	2766.0	10.3

资料来源：2010—2016 年涪陵区国民经济和社会发展统计公报。

由表9-4可以看出，高速公路与铁路的里程基本上没有变，对公路与铁路的投资较少。营运车辆数量的总体趋势是不断增加的，但是增加速度比较缓慢；而营运船舶的数量在不断下降，这可能与水路运输速度较慢因而无法满足快捷运输的需要有关。

表9-4 涪陵物流基础设施

年份	公路里程/千米	高速公路里程/千米	铁路里程/千米	营运车辆/量	营运船舶/艘
2013	4714	130	168	140 723	386
2014	4923	130	170	161 634	391
2015	5711	130	170	180 864	344
2016	5728	130	170	189 865	341

资料来源：2013—2016 年涪陵区国民经济和社会发展统计公报。

三、涪陵物流业就业结构分析

物流专业人才缺口很大，尤其是高级物流人才极其短缺。根据中国劳动统计年鉴统计，2015 年从事交通运输、仓储与邮政工作的从业人员中具有大学以下学历的高达85.9%，受过物流专业教育的人更是寥寥无几。涪陵区的物流业中也存在上述问题，涪陵物流专业短缺人才，尤其高学历、高技能人才，在所有行业的从业人员中，交通运输、仓储与邮政业的从业人数是比较少的。虽然物流业在不断发展，但涪陵从事物流业的人员增长仍比较缓慢，这也导致涪陵不少物流企业的物流速度一直难以提升。

第九章 涪陵物流业优化分析

工资水平是衡量一个行业吸引力的重要因素。涪陵物流业的工资在同类型劳动力的行业中处于较低水平。2015年，中国城镇单位交通运输、仓储与邮政业就业人数为854.39万人，人员平均工资为68 822元；重庆市该行业平均工资为60 296元，没有达到中国的平均水平；[①] 涪陵从事物流业人员的平均工资也没达到全国的平均水平，甚至与全国的差距很大。

综上所述，涪陵物流业因工资水平问题吸纳从业人数有限，这在一定程度上制约着涪陵物流业的发展，间接地影响了涪陵的经济发展。

第二节 涪陵物流企业行为分析

物流企业是承担了物流商品运输或仓储的责任，将运输、储存、装卸、包装、流通加工、配送[②]等基本功能与信息管理有效整合，从而满足客户对物流服务的要求，具有独立的信息管理系统和核算系统，并且能够承担民事责任的经济组织。[③] 根据服务类型的不同，物流企业可以分为运输型物流企业、仓储型物流企业和综合服务型物流企业。[④]

一、涪陵物流企业存在的问题

涪陵物流企业的规模普遍都比较小，系统化和规模化的物流企业比较少，存在管理体制落后、专业物流人才匮乏、物流服务方式单一等缺点。从发展状况来看，涪陵物流企业正在快速兴起的过程中，在这个过程中存在以下问题。

首先，从服务和组织层面看，涪陵物流企业相对弱小。涪陵的物流企业很少尝试与国际物流企业接轨，承担的服务类型过于单一，不能提供整套的成体系的物流服务，物流企业组织规模较小，整个物流业缺乏竞争力。

其次，涪陵物流企业缺乏先进技术和管理水平。大多数物流企业缺乏相关的规范条例，管理方式粗放，这导致企业内部管理混乱，直接影响了物流服务质量。

最后，涪陵区物流业没有与信息和资本实现有效结合。大多数物流企业

---

① 中国劳动统计年鉴［M］.北京：中国统计出版社，2017.
② 戴魏魏.重庆物流业对经济增长作用的实证研究［D］.重庆：重庆大学，2005.
③ 董佳.关于降低物流企业物流成本的思考［J］.经济师，2015（7）：244-245.
④ 吴彦泽.河北省物流企业竞争力研究［D］.石家庄：石家庄经济学院，2011.

信息技术水平较低,缺少电子商务网;即使拥有商务网,它们与大型物流中转基地和资本结合的能力也较差。

涪陵物流企业是涪陵经济体的重要组成部分,通过影响社会资源的配置连带影响涪陵宏观经济发展。因此,物流业与经济之间具有紧密的关系,两者相互适应、相互促进。

由表9-5可以看出,涪陵交通运输企业数量近两年略有下降,营业收入略有增加,但是营业收入的增长率下降,这是由涪陵物流企业货物量和货物周转量较低造成的。交通运输企业经营形势不容乐观,运输企业数量下降反映出整个物流业竞争加剧,因此出现了行业整合。

表9-5 涪陵规模以上交通运输企业的规模

年份	交通运输企业/户	营业收入/亿元	增长率/%
2015	120	46.67	30.4
2016	109	58.82	25.5

资料来源:2015—2016年涪陵区国民经济和社会发展统计公报。

二、涪陵物流企业发展趋势

随着技术和政策的不断发展,涪陵物流企业发展趋势如下。

第一,随着电子信息技术的不断更新,资本与物流的有效整合已经成为物流企业的发展趋势,这一整合将促进网络规划与网络优化理论发展,刺激新型包装材料和智能自动化技术的引进,规范物流企业的规章制度,从而实现科技推动物流企业发展。

第二,随着物流业货运种类的增多,物流企业的物流服务方式将呈现多元化。国家政策将倾向于扶持具有活力的大型民营物流企业,小型的物流企业将退出物流行业,大规模的物流企业将会在物流业中占据主导地位。

第三,随着保护环境和节约资源等相关政策的出台,物流企业逐渐开始关注油耗、环保、资源等问题,所以物流企业走绿色发展道路已经成为一种趋势。

三、涪陵物流企业市场行为

物流企业市场行为分析是指物流企业需要从行业的发展角度考虑如何结合自身的优势做出合理的市场决策行为,主要包括价格行为、竞争行为、创新行为、并购行为等方面。

（一）价格行为

价格竞争是企业之间普遍的竞争方式，随着物流货物的多样化，物流服务的价格也在多样化，所以不同类型的物流服务存在市场价格差异。

由于物流市场的进入壁垒较低，所以涪陵物流企业的同质化竞争比较激烈。涪陵劳动力市场价格则不断提高，从而推动了交通运输成本的攀升。伴随着物流市场服务标准的逐渐提升和客户多样化需求的不断发展，物流成本不断增加，在激烈的市场竞争中涪陵物流企业将面对更大的挑战。国际物流业务逐渐成为各大物流企业争夺的一项业务，其定价策略因之发生变化，主要采用基础服务价格加成的定价模式。国际物流市场属于技术性较高、进入壁垒也较高的市场，规模较大的物流企业基本上处于垄断地位，因此，从事国际物流服务的企业会将价格定到较高的水平，以获得较大的利润。但是随着进入国际物流市场的物流企业增加，国际物流的垄断利润将趋于下降。

由于涪陵物流企业的服务价格不断上升，物流成本也随之增加，价格战降低了物流企业的竞争力，因此，物流企业需要寻找其他策略，以摆脱价格竞争的困境。

（二）竞争行为

物流业发展过程中出现的问题逐渐增多，物流企业的同质化竞争越来越激烈，导致很多中小型物流企业的利润不断降低甚至亏损，因此，物流企业不得不加快与电子商务的合作，由此会促使物流企业在服务质量和业务范围方面更加专业化。

1. 涪陵物流市场竞争的扩大与改变

（1）竞争地域国际化

随着物流市场的不断扩大，国际物流企业的不断成长，跨国物流企业对物流服务的全球化配置推动了涪陵物流企业全球化进程。经济全球化和贸易自由化降低了物流活动进出壁垒，加快了物流行业竞争朝全球化方向迈进。

（2）竞争内容多样化

物流企业之间的竞争不仅仅指在包装、搬运、配送、仓储等环节的竞争，还体现为这4个环节的综合竞争；指的是这4个环节中物流企业所提供的物流服务质量、物流专业水平、物流技术手段等的立体竞争；不单单停留在对市场和顾客的争夺方面，还进一步扩展到对技术、信息、人才乃至于战略伙伴等方面的竞争。① 同时，物流企业会根据客户的不同需求制定不同的物流服务策略，如推出次日送达国内限时服务。由于自己的资源优势，大型物流企业可以准确掌握消费者需求和价值观念的变化情况，从而为客户提供灵活多样的增值服务。但是，大多数中小型物流企业却由于资金和技术等方面的不足出现了产品同质化趋势，提供的物流服务也差强人意。

（3）竞争方式改变

物流企业竞争的目的由原来争夺物流市场份额变为争夺顾客的忠诚度，所以物流企业的服务质量、服务效率和服务创新等非价格竞争成为主要竞争方式。② 竞争关系从原来你死我活发展到亦敌亦友的竞合格局。在竞争主体多样化的大背景下与竞争对手建立联盟关系，与其形成既竞争又合作的双赢关系，已经成为众多物流企业的必然选择。

2. 涪陵物流企业竞争手段不断创新

根据涪陵物流企业的发展历程可以看出，单一的竞争手段已经不能满足客户不断增长的多样化需求，从而出现了多种促销方式并用，服务、价格和促销多种竞争手段组合的复合竞争态势。③ 随着物流技术、市场与政策的不断发展，物流企业不仅仅会利用自身的优势进行竞争，还会综合利用涪陵经济发展情况、政府相关政策、竞争物流企业的心理等因素，利用物流企业内部因素和外部环境，在激烈的物流竞争中进行不断创新。

（三）创新行为

随着物流与电商的发展，物流企业之间的竞争演变为技术手段与信息更新速度的竞争。物流企业的竞争以创新为手段，以信息技术为竞争手段，将物流运作效率作为最终目标。为了满足客户的不同需求，涪陵物流企业的创新行为逐渐增加。涪陵物流服务逐渐多样化、专业化，物流企业逐渐突破自我，开始不断引进先进技术和设备，以满足消费者越来越多样化的需求。物流企业服务覆盖面日益广泛，依赖于信息管理系统为客户及时提供详细的物流信息。这些都促使涪陵一些大型物流企业逐渐认识到创新的重要性，致力于使用科技手段推动自身发展，由此表现出的创新是一种接入式创新。但是，仍然有不少中小民营物流企业的专业技术设备与信息系统建设的效果不

---

① 燕来荣. 住房建设迎来商机塑料建材独领风骚 [J]. 门窗, 2012 (6): 26-29.
② 同①.
③ 同①.

第九章 涪陵物流业优化分析

显著,因而导致其经营效益不佳。

(四)并购行为

近年来,随着政府对物流业准入限制的放开,外资不断涌入处于发展期的物流业。物流企业的大规模扩张和发展受到了资金与技术的双重限制,物流企业在激烈的市场竞争中承受的压力越来越大,而物流企业退出壁垒较低。这些因素推动了物流业的并购活动。但是并购带来的影响非常有限,大部分中小型民营物流企业的物流业务收入仍处于较低水平,并购没有能够改变物流资源分布和物流管理水平,也没有大幅提升物流企业的竞争力。

第三节 涪陵物流业绩效分析

根据《2016年涪陵区国民经济和社会发展统计公报》可以看出,涪陵物流业的产值为68.60亿元,占GDP的7.7%,涪陵单位物流产出低于全国的平均水平。涪陵物流业人均工资低于全国的平均水平;物流企业的平均市场规模、经营规模、资本实力和人才储备都非常小,与国内发达城市的物流企业相比有很大的差距。

物流业绩效可以通过两个指标衡量:一是交通运输、邮政与仓储所的成本与GDP之比,这个指标能够揭示物流业的经营状况、现在的发展状况和后续的发展趋势[1];二是物流业资源配置效率。

一、物流成本占GDP的比重

关于涪陵区的统计数据缺乏官方渠道,可以通过重庆市的数据类比。根据《重庆市现代物流业发展"十三五"规划》,重庆市社会物流总费用占GDP比重在"十二五"时期下降了2.4%,达到了16.5%[2];根据国家发展改革委公布数据,2015年中国物流费用占GDP的16%[3];因此,重庆市物流成本略高于中国的物流成本。涪陵情况与重庆市大致类似,其物流属于高

---

[1] 麻晓刚.长沙市物流业发展的策略研究[D].长沙:中南大学,2006.
[2] 重庆市人民政府关于印发重庆市现代物流业发展"十三五"规划的通知[EB/OL].(2016-12-26)[2018-01-30]. http://www.cq.gov.cn/publicinfo/web/views/Show!detail.action?sid=4315090.
[3] 魏美茹.2015年中国物流费用占GDP 16%,高了还是低了[EB/OL].(2016-06-07)[2018-01-30]. http://www.chinatruck.org/news/201606/33_62386.html.

投入低收入的类型，物流成本较高。但是，涪陵现代物流业已逐渐由粗放式向集约式过渡，从包装、搬运、配送、保管4个方面入手降低物流成本。

1. 包装

包装是物流企业接受运输任务后的第一道工序。在现代化物流企业里，已经实现了包装模块化。包装模块化是根据模块化理论发展起来的现代物流管理方式，通过建立包装流水线实现合理装卸、搬运、运输和仓储的任务，进而提高整个物流系统的运行效率。涪陵包装模块化程度较低，阻碍了涪陵物流业包装生产的发展，降低了整个物流业运行效率。从全国层面看，物流包装成本总体上呈现下降趋势。涪陵物流企业应加强包装循环利用，引入现代包装技术和工具，提升包装效率。

2. 搬运

搬运是物流企业运输任务不可避免的一个程序，有效进行搬运能够提高整个物流系统的效率。但是涪陵物流业的搬运机械化程度较低，从而影响了整个物流进程，延长了物流周期，导致运输时间成本增加。为了降低搬运成本，涪陵物流企业需要提升搬运机械化水平。

3. 配送

在发送的货物抵达目的地仓库后，就需要根据货物地址进行及时配送。配送需要根据收货人地址合理规划路线，与收货人联络确认能够送到收货人手中，对不同货物要采取不同的配送技术。衡量配送绩效，一看是否能够准确无误地送达收货人手中；二看能否在限定时间内尽快送达收货人手中。涪陵物流企业应引入先进分拣技术，快速对货物进行分类和分流，提前联系收货人，确保配送的准确性和及时性。

4. 保管

涪陵大多数物流企业仓库与市场之间空间跨度较大，增加了运输距离，导致运输成本上升。仓库作业方法和设施落后，经济效益不高，存在资源和人力的浪费，影响了物流效率。根据美国物流业的发展经验，降低物流仓储成本是发展物流业的关键，所以涪陵应当合理规划仓库的空间和位置，降低物流仓储成本，进而推动物流业的发展。

总体来说，涪陵物流产业在包装、搬运、配送、保管方面对物流资源利用不够合理，所造成的物流成本较高，进而使物流总成本逐渐增加，虽然增加的速度有减慢的趋势，但是与发达城市和发达国家相比仍然有较大的差距。

二、资源配置效率

物流业的资源配置效率一般由车辆利用率与仓库利用率来衡量。根据之前有关调查发现,涪陵物流的车辆利用率很高,仓库利用率总体偏低,造成物流企业仓库存在闲置现象。但是随着物流企业规模的不断扩大及车辆的普及,涪陵物流仓库容积不断扩大,仓库的利用率也逐渐提高,涪陵物流企业的资源配置效率也因此在不断提高。

三、提升涪陵物流业绩效的政策建议

根据对涪陵物流业的绩效水平的分析提出以下几点建议。

第一,由于涪陵物流企业技术水平和管理水平偏低,专业物流人才较少,整个物流业的物流成本较高,所以应该加强物流的专业化管理,加快物流企业技术创新,合理引进物流技术与设备,提高物流业技术含量,分别从包装、搬运、配送、保管4个方面降低物流成本。

第二,物流资源合理利用是提高物流绩效的关键,因此,涪陵应当加强物流基础设施建设,合理布局物流资源,提高车辆和仓库的有效利用率,以降低物流成本。

第三,大力发展第三方物流,提高涪陵物流业的运作效率。通过第三方物流企业为物流行业提供的最优物流提供商组合物流核心企业,可以节省物流仓储成本,提高资源利用效率,进而降低物流成本,加快发展步伐。

第四,优化升级涪陵产业结构,结合地理优势提高物流绩效。物流业属于第三产业,第三产业与第一、第二产业之间的结构关系与物流绩效水平密切相关。因此,涪陵发展物流业既要考虑政府政策、市场规模等宏观因素的影响,也要重视经营管理和技术设备引进等微观因素的影响;既要从物流业内部因素着手,也要考虑产业结构特点和地理区位优势等外部因素,使物流业发展能够与经济发展的要求相适应。

第四节 涪陵敏捷物流发展状况

一、敏捷物流的概述

（一）敏捷物流的概念及原则

敏捷物流即利用信息技术手段，运用资金、物流、信息3项技能，形成一个供应商－制造商－分销商－零销商－用户统一的管理系统，这些主体形成了一个具有强大威力的物流联盟。敏捷物流是在这个联盟的基础上，运用先进技术和敏捷化管理满足消费者对快捷便利性的要求，将物流产品快速、高效、安全地从起点运输到终点的物流活动。

敏捷物流以反应速度和运作过程敏捷而得名，要求整个物流过程是高效敏捷的。因此，敏捷物流要实现的目标是速度快、满足顾客要求与合作双赢。资金、物流、信息技术等因素共同作用能够保证敏捷物流的最终实现。由此可见，敏捷物流的应用空间十分广泛，是消费者日益增长的物流要求与现代物流发展的产物，也充分展示了敏捷物流的巨大优越性。同时，它会对物流管理和物流技术提出更高的要求，进而为未来物流发展指明方向。[①]

敏捷物流的基本原则：第一，以顾客需求为基本原则；第二，根据客户的要求快速高效地做出反应；第三，降低物流成本。

（二）物流的敏捷化发展趋势

为了满足客户的小批量与及时性的要求，物流企业利用信息技术手段减少库存量，从而降低物流仓储成本，缩短物流运输时间，满足客户对敏捷物流的需求，进而最大限度地加快由物流产品到消费者的物流速度，加快物流包装、搬运、配送、仓储的进程，从而提高对顾客的服务水平。敏捷物流的发展促进了社会经济发展速度，是由现代物流市场和顾客的需求两者共同作用形成的，是物流业分工精细化的必然结果。

二、涪陵敏捷物流的发展状况

目前，涪陵敏捷物流仍然处于起步阶段，并且其以高投入低产出的模式在运作。

---

① 张席洲，魏文术. 传统物流的敏捷化改造［J］.商场现代化，2006（26）：142－143.

涪陵物流企业高层对供应链物流管理思想和重视度不够。涪陵的大多数物流企业采取的仍然是传统的推式供应链管理，而不是现代的拉式的供应链管理，大多数物流企业关注的主要内容仅仅是单个供应商的选择和定位、如何降低成本和控制质量等，而没有考虑整个供应商、分销商、制造商、零售商到最终用户的完整供应链。[①] 同时大多数物流企业不会设置专业的部门来负责供应链管理，并且对供应商、分销商、制造商、零售商、最终用户仍然延续职能制的各自为政的管理模式，没有站在整个物流企业系统的高度上思考如何为供应链的集成提供组织保障。除此之外，物流企业的各个环节与部门都只关注本部门、本环节的利益，没有人去关注整个供应链的利益，没有形成整个物流企业一体化的思想。

现在，涪陵区一些物流企业（如建峰化工、攀华集团等）还没有实现物流外包，多数靠自己成立运输公司或自建码头解决物流问题，一定程度上影响到需要专业化和社会化分工的新兴物流服务的快速发展，同时降低了对外来物流企业的吸引力。

涪陵整个物流企业专业的供应链管理人才匮乏。供应链物流管理是一个跨组织、跨行业的管理理念。因此，涪陵掌握敏捷物流技能方面的人才相应也很少，而且缺少必要的理论、方法、手段的指引。其中，既通理论知识又有技能的人更是寥寥无几。专业物流管理人才的短缺导致涪陵敏捷物流发展缓慢。

综上所述，涪陵的敏捷物流处于萌芽时期，发展相对缓慢，敏捷物流发展的准备工作尚未完成，敏捷物流意识淡薄、人才缺乏等问题比较突出，从而使得整个物流企业运输效率比较低，亟待在下一步的物流规划中加以改进。

三、涪陵敏捷物流的供应链优化

（一）供应链结构重构

涪陵物流企业刚刚起步，在敏捷化物流发展的大环境下，其物流资源相对不足，所以涪陵物流企业之间应通过形成供应链联盟实现相互配合和共享物流资源，以便能够在有限物流资源情况下充分提高整个物流行业的运行效率。在物流业中，只有对供应链上的每个企业加以管理，实现它们之间的相

---

① 张丽丽. 供应链合作伙伴关系及供应链契约的研究［D］. 杭州：浙江工业大学，2003.

互合作，并且以核心企业的核心竞争力为供应链的核心和方向，才能确保整个物流行业的整体合一，优化敏捷物流的供应链。

具体而言，可以从以下几个方面入手对敏捷物流的供应链结构进行重构；第一，合理安排供应链上供应厂商的位置，降低物流的总成本；第二，根据客户多样化的需求，快速做出反应，尽快完成制造、搬运、订货采购工作，从而减少仓储等供应链成本；第三，在生产系统方面，核心物流企业应对物流供应厂商的物流资源进行优化，如对零部件模块化和外包等；第四，核心企业应注重自我改造，以专注于核心业务，把非核心业务进行剥离和外包，从而使自身组织结构柔性化和业务流程规范化。[1]

（二）供应链的关系管理

供应链的关系管理即核心企业管理客户与供应商之间的关系。顾客关系管理即根据数据端得到的顾客信息数据库对顾客进行差别管理，充分利用其数据资源和网络资源创造多种服务项目[2]，从而满足顾客对物流多样化的需求，得到顾客的青睐，进而提高物流企业的核心竞争力。供应链关系管理的目标是实现敏捷供应链的整体目标，即准时、效率、效益。准时目标就是要确保配送的物品能够在规定的时间内到达顾客手中；效率目标与准时目标有关，指在一定的时间内配送完成的任务数量，该数量越多说明物流效率越高，反之越低；效益目标则指在一定的时间内因物流任务所取得的收益，收益越大则效益越好。

（三）供应链的运作管理

供应链运作管理即核心企业对供应链中物流运作进行管理，从而加强供应链上物流企业之间的协作，进而加快物流企业整体的速度。由于敏捷物流能及时响应客户的需求，所以敏捷供应链由生产者到消费者的过程中减少了对物流的漫长等待时间，同时降低了由不确定因素带来的风险。涪陵物流企业按照敏捷供应链组织生产，可以尽快响应顾客需求，加快企业的物流速度，降低物流费用，进而扩大企业的规模效益。根据以客户需要为第一准则的要求，在敏捷供应链中物流企业的所有活动都应围绕客户的活动展开，物流企业应根据顾客的多样化需求制定不同的服务方案。顾客对物流服务的偏好是物流企业最有价值的资源。

---

[1] 张席洲，魏文术. 传统物流的敏捷化改造 [J]. 商场现代化，2006 (26)：142-143.
[2] 同[1]。

第五节 涪陵绿色物流发展状况

绿色物流体现的是一种可持续发展的理念，要求物流企业在注重效益的同时注重人类的环境与健康安全，注意与生态环境协调发展。绿色物流能够适应社会的发展趋势，是未来物流发展的一种趋势。发展绿色物流不仅能够使物流企业更加充分有效地利用物流资源，还可以使运输物品在自交货到抵达目标顾客手中的过程中始终保持低碳、健康与安全，因而适应了新时代人民群众对于美好生活的向往与追求。绿色物流是一种资源节约型、环境友好型的生产方式，将保护环境的思想加入物流企业的运营发展中，不仅涉及物流服务过程中的绿色环保，还包括对物流废物资源的回收利用。

一、涪陵发展绿色物流的背景及意义

（一）涪陵发展绿色物流的背景分析

随着环境资源进一步恶化，人们对保护环境和合理利用资源的意识进一步加强，因此，要站在合理利用资源的角度上发展现代物流，根据环境友好型的生产方式对物流体系进行改进，即形成一个环境共生型的物流管理系统。[1] 环境共生型的物流管理系统是在可持续发展的前提下改变原来生活消费与物流的单向作用关系[2]，从而形成一种能促进经济与消费共同健康发展的物流系统，即向绿色物流转变。[3] 因此，绿色物流所强调的物流健康发展是在保护环境的大背景下实现的，保证的是物流全方位和多层次的发展，体现的是一种可持续发展战略，反映的是未来物流发展的趋势，将会掀起物流发展的新一轮浪潮。

（二）涪陵发展绿色物流的重要意义

涪陵每年会因为物流的运输、仓储、流通、包装造成环境污染和资源浪费，导致物流成本增加，也加剧了涪陵区的环境污染，所以发展绿色物流应是涪陵物流业发展的大势所趋。

第一，绿色物流能够适应涪陵区的社会发展潮流。在涪陵经济发展的过

---

[1] 陈远新. 梅州市绿色物流产业发展中的政府作用研究 [D]. 广州：华南理工大学，2010.
[2] 钟利军. 物流业可持续发展研究 [D]. 南昌：江西财经大学，2009.
[3] 沈燚. 中小型第三方物流企业发展模式研究 [D]. 天津：天津大学，2006.

程中，物流活动对生态环境的破坏越来越严重。① 涪陵公路、铁路、水运、邮政等行业各成体系，没有形成社会化的供应链条②，在多种运输方式之间、物流园区之间、工厂与港口和码头之间及各类交通运输设施之间等"最后一公里"问题没有得到很好衔接，物流还不顺畅，这造成了物流的重复建设，增加了物流成本，加剧了环境污染。根据涪陵地理环境优势，应以城市交通网络、物流网络、生态网络为基础，以物流绿色化为准则，构建涪陵绿色交通物流体系。

第二，绿色物流有利于资源的有效利用。根据《2016 年涪陵区国民经济和社会发展统计公报》整理，2016 年涪陵的货运周转量为 531.97 亿吨万里，货运量为 0.67 亿吨。③ 相比之下，渝北区货运量是 0.35 亿吨④，万州区为 0.51 万吨⑤。江北机场、重庆自贸区和火车北站都位于渝北区，这就决定了渝北区拥有物流的绝对优势；万州区是一个在体量规模上与涪陵差不多的区。从数据结果看，涪陵物流业已经达到了一定的规模。在此情况下，实现物流绿色化对于环境改善和资源回收利用都有着重要意义。

第三，绿色物流是涪陵物流企业降低成本的必然选择。目前，涪陵大多数物流企业仍然采用小物流模式，这种物流模式会造成物流资源的大量浪费⑥和物流成本的不断增加。而绿色物流是典型的低投入大物流模式，能够促进物流资源的合理利用。绿色物流包括绿色运输、绿色仓储、绿色包装等内容。⑦ 绿色运输效用体现在节能减排和促进产业优化调整等方面。绿色运输能提高能源的利用效率，减少燃料消耗，大大减少废气和有害物质的排放。为了实现绿色运输，物流企业应使用适当的运输工具，根据就近原则选择合适的路线，从而减少无效运输和重复运输；以降低污染和节约资源为原则开发新能源，研发和使用新型环保车，如太阳能汽车，进而提高燃料的利

---

① 丁东升. 中国绿色物流发展现状与前景分析 [J]. 商场现代化，2009 (11)：143.
② 何旭. 贵阳发展现代物流业的现状、问题与对策 [J]. 江苏商论，2011 (1)：59-61.
③ 涪陵区统计局. 2016 年涪陵区国民经济和社会发展统计公报 [EB/OL]. (2017-04-16) [2018-01-30]. http://www.fl.gov.cn/Cn/Common/news_view.asp?lmdm=012001&id=6124921.
④ 渝北区统计局. 2016 年渝北区国民经济和社会发展统计公报 [EB/OL]. (2017-03-06) [2008-01-30]. www.cqyb.cn.
⑤ 万州区为 2014 年数据，数据来源于豆丁网。
⑥ 丁东升. 中国绿色物流发展现状与前景分析 [J]. 商场现代化，2009 (11)：143.
⑦ 陈方健. 从十九大报告看我国物流业未来发展 [J]. 物流技术，2018，37 (6)：26-29, 59.

用率，减少废弃物的排放。绿色仓储要求在成本约束下尽可能降低环境污染水平，因此，物流仓储需要考虑在仓储成本与仓储环境之间加以平衡。绿色包装以可持续发展思路选择环保的材料，使用洁净的工具进行包装，以达到环境保护的最终目的。因此，通过节能、循环利用、降低仓储成本等措施，绿色物流可以实现降低成本。

第四，绿色物流有利于涪陵物流企业增加核心竞争力。涪陵物流企业由于规模小，所以竞争力不强，发展绿色物流有助于涪陵物流企业建立起在物流绿色化发展领域的先动优势，提升其核心竞争力。绿色物流通过改变物流企业生产方式的发展方向，使企业的服务和操作能够顺应国家日趋严峻的环保形势，进而使物流企业取得未来持续竞争的优势。

二、涪陵绿色物流的发展进程及现状

(一) 涪陵绿色物流的发展进程

总体来说，涪陵在发展绿色物流方面还处于起步阶段，与国内其他拥有先进技术的物流企业在观念、政策及技术上均存在较大的差距。就观念而言，绿色物流是一个新概念，企业和政府对这个概念比较陌生，对其了解不多，没有看到其未来的发展趋势。总之，绿色物流还没有得到政府和企业足够的重视。就政策而言，要发展绿色物流，就需要政府的引导，需要政府对物流企业的交通运输设备、仓储设备等进行监督管理，并且根据涪陵物流企业现有发展状况建立绿色物流发展规划，拟定发展绿色物流的相关政策。就技术而言，信息技术是发展绿色物流的关键，只有通过信息技术才能保障环保的交通运输环境、清洁的仓储环境、资源节约型的运输设备。所以政府和企业都需要不断强化绿色物流意识，建立并且完善绿色物流体系，引进先进技术设备，制定绿色物流的政策法规，从而最大限度地发挥绿色物流的优势，进而加快涪陵的绿色物流发展进程。

(二) 涪陵绿色物流的发展现状

考察绿色物流发展的指标有很多，本小节选取物流能耗与环境污染情况、绿色物流认知度、企业绿色物流实施情况这3个指标进行分析，以此考察涪陵绿色物流的发展现状。

1. 物流能耗与环境污染

能源消耗是由于产生的动力所带来的损耗，而交通运输所带来的能源消耗可以从一个侧面反映出绿色物流的发展状况。随着涪陵物流业的不断发展,物流消耗的能量不断增加,其中交通运输所带来的综合能源消耗也在不断提高。

由表9-6可以看出,涪陵2013—2016年的能源消耗不断增加,但是单位能耗在波动中略有下降,这表明涪陵绿色发展取得了一定的成效。

表9-6 2013—2016年涪陵能源综合消耗

年份	规模以上工业企业能源消耗总量/万吨标准煤	规模以上工业企业单位能耗/(吨标准煤/万元)
2013	281.12	0.30
2014	323.20	0.28
2015	387.91	0.29
2016	390.89	0.25

资料来源:2013—2016年涪陵区国民经济和社会发展统计公报。

2016年,涪陵大规模的交通运输企业主营业务收入达到58.82亿元,比上年增长25.5%[1],这个数据表明涪陵交通运输企业的规模逐渐扩大。相应地,由交通运输所造成的空气污染也会随之增加,尾气排放已经成为涪陵空气污染主要来源之一。机动车不仅排放CO_2,也直接排放$PM_{2.5}$、碳氢化合物等污染物。

2. 绿色物流的认知度

涪陵大多数物流企业已经发现,绿色壁垒能够刺激企业的发展,但是绿色物流观念没有深入人心,政府和企业没有对绿色物流给予足够的重视,而大多数物流企业仅仅把绿色物流看成理想状况,只看到发展绿色物流会增加物流成本,因而没有制定绿色化的发展计划。

3. 绿色物流实际实施情况

涪陵物流市场分散,大多数物流企业规模较小,以简单模式的业务为主,技术含量较低,多数没有设立专门的绿色物流发展部,基本上没有专业的绿色物流技术和器具设备。清洁能源的物流运输工具尚未得到广泛应用。同时,涪陵绿色物流观念并没有得到很好的推广,导致绿色物流的专用设备、物流包装和装卸、运输设备标准等不配套,影响了整个绿色物流系统运

---

[1] 根据2015—2016年涪陵区国民经济和社会发展统计公报计算。

第九章 涪陵物流业优化分析

行的效率。涪陵大多数物流企业对绿色物流及现代信息技术没有足够的信心，从而导致其物流信息管理水平比较低，限制了企业物流的运行效率。此外，涪陵从事回收物流废弃物的企业数量较少，对于绿色包装和绿色流通的研究和发展十分缓慢。

综上所述，绿色物流在涪陵的发展虽然引起了较广泛的关注，但是其技术及实践均尚未成熟，仍然处于萌芽阶段。同时，涪陵在发展绿色物流过程中因技术、手段、方法、政策方面的不足仍面临不少挑战。

三、涪陵绿色物流发展中存在的问题

在涪陵发展绿色物流过程中，主要存在如下问题。

第一，缺乏政策上的引导。绿色物流是一个新提出的概念，因此，涪陵区政府相关部门还没有构建促进绿色物流发展的政策方针，在未来政策设计方面有较大空间。企业绿色化转型政策的缺少导致物流企业转型较慢。此外，物流政策缺乏系统性、完整性和针对性，不能给物流企业创造一个公平的市场环境，这严重阻碍了涪陵发展绿色物流。

第二，缺乏完善的物流技术装备。在绿色物流技术方面，涪陵区与国内其他地区还有一定的差距，缺少先进的清洁物流技术，配套装置设备的匮乏导致物流自动化和机械化程度水平不高，也在一定程度上影响了绿色物流的发展。

第三，缺乏专业的物流人才。由于物流发展起步较晚，涪陵培养的物流专业人才较少，这就加剧了物流人才市场的供需矛盾。由于缺乏规范的职业教育和完整的物流培养体系，众多物流人才的知识结构较为单一、素质不高、专业技术不高、理论功底不扎实、能力不强。绿色物流的研究才刚刚起步，各大物流企业对于绿色物流理论和实践经验的了解较少，从而使重庆市绿色物流专业人才严重供不应求，阻碍了涪陵绿色物流的发展。

总体来说，涪陵绿色物流发展处于刚起步阶段，需要注意的问题比较多，需要健全物流政策法规，强化专业物流人才供给，引入先进物流技术与设备。

第六节 涪陵物流业优化措施

随着涪陵物流业不断发展，国内外一些优秀的物流企业纷纷落户涪陵。

但是，鉴于涪陵物流业发展状况、发展趋势及存在的问题，应从如下方面优化发展涪陵物流业。

一、拟定物流发展规划与促进政策

涪陵区政府应当有针对性地制定相关法律法规，为涪陵物流业创造一个较为公平的市场环境，激发物流企业活力，促进涪陵物流业大发展。

（一）加强政府对物流业的宏观调控和规划

涪陵物流业对于推动涪陵经济是一个重要助力器。涪陵区政府应统揽物流业发展趋势，在法律、市场监管、吸收外资方面分别制定相关政策，积极为物流企业营造适宜的宏观环境，引导企业走上良性发展道路。为避免横向分散、纵向集中、条块分割、互为壁垒、重复建设、内耗加剧对物流业的不良影响，涪陵区政府应对资源进行合理配置、优化重组，加强对物流业的宏观调控，使涪陵物流业能够沿着可持续的轨迹前进。考虑到物流业的发展可能会对环境带来一定的影响，应在制定物流发展规划时统筹环境、资源等约束要素，从而引导物流业实现绿色发展，增进其环境友好度和生态效率。

（二）制定关于物流业的发展战略

现代物流业要求对从生产到消费的各个环节都进行科学管理，所以涪陵区政府相关部门应根据涪陵的环境条件、地理位置、市场需求、产业分布、商品导向、区域发展规划等实际情况对物流业进行规范管理。要促进电子商务与物流业合作，加快涪陵物流信息化的建设和发展，确保物流过程可管理、可监督、可追溯。以大数据为基础建立物流网络系统，与涪陵物流中心、配送中心及相关物流企业实现资源共享，为发展现代物流提供数字保障。使用统一的信息管理平台，促进物流信息管理的透明化，一旦出现物流问题，及时加以修正。

（三）加强绿色物流新理念的教育和引导

随着环境的日益恶化，环保观念逐渐深入人心，绿色物流概念应运而生，但是在实践中物流企业对此尚不十分重视。政府要倡导绿色物流，加大宣传力度，普及绿色物流相关知识，组织开展绿色物流的活动，帮助民众意识到绿色物流对于自身和社会发展的重要作用，从而引导物流企业增强绿色物流意识，基于绿色环保和可持续发展的理念经营，促使涪陵绿色物流走上健康发展的轨道。

二、加强物流基础设施建设

涪陵拥有乌江和长江两大黄金通道,以及两条岸线上宝贵的资源,这是涪陵发展物流的重要资源,所以相关部门应该根据实际情况对这些资源进行保护性开发。应加强涪陵的铁路建设,增加公路干线及里程数,尽早打造开通东西、贯穿南北并且通江达海的物流交通网络,加快物流园区、物流配送中心等基础设施建设,构建并且优化涪陵的物流基础设施体系。建立合适的交通运输架构,优化物流运输方式,紧密连接物流的各个部门,实现物流无缝连接,并且要尽早解决交通运输"最后一公里"的衔接问题,提升物流的运输效率。建设基础设施最主要的是要做好各种运输方式的衔接,如港口与公路交通干线的衔接、铁路与公路干线的衔接,从而建立高效运输线路,优化交通运输条件,保障涪陵物流发展的基础设施。

三、促进第三方物流的发展

发展现代物流业是涪陵的客观需要,也是提高涪陵竞争力的有力手段,有利于涪陵整体经济的发展。第三方物流是社会分工和现代物流发展的方向,也是物流发展的必然趋势。现在,涪陵部分工业企业已经具备实施物流改造的宏观条件和商业机遇。① 根据涪陵地理位置的特点,可以建立铁路货站和公路运输货站集约在一起的综合物流中心,并兼顾港口码头运输的需要。② 政府应当积极鼓励和引导物流业向社会化物流转变,特别是对于那些具备一定现代物流管理经验、专业信息技术的大规模物流企业,政府相关部门应当通过行政或经济手段推动其兼并收购和强强联合,以实现涪陵物流业快速、稳定、健康地发展。③ 应运用现代物流的信息化手段和管理理念,合理利用物流资源,将物流资源进行整合,发展多式联运,大力培育和吸引第三方物流企业,推进涪陵现代物流体系的建设。④ 通过多式联运减少道路运输环节,降低运输造成的环境污染水平,以推动涪陵物流业的可持续发展。

---

① 戴魏魏. 重庆物流业对经济增长作用的实证研究 [D]. 重庆:重庆大学,2005.
② 李青峻. 基于灰色关联分析的重庆市物流产业影响因素研究 [D]. 重庆:重庆工商大学,2011.
③ 同①。
④ 林传立. 论重庆物流园区建设 [J]. 物流技术,2003 (2):33-34.

四、培养和储备现代物流人才

在物流业发展所面临的问题上,涪陵与沿海发达地区在技术、信息、资金等方面都存在一定的差距,而且物流专业管理人才的缺乏是涪陵物流业发展的一个主要缺憾。涪陵物流业需要大量既熟悉物流运作流程又有创新精神的管理人员和物流技术专业人才。政府、物流企业及相关部门、高等教育院校、科研机构等应相互协作,增设物流管理相关课程,为涪陵物流业培养专业性物流管理人才,为现代物流的发展提供理论支持。物流企业应当积极走出去,引进国内外先进设备、技术和理念,学习其先进的管理方法,不断提升涪陵物流业技术水平。绿色物流也要求从业人员应具备专业的物流知识储备,为此,应加强大中专院校和科研机构对于绿色物流人才的专项训练,力争为涪陵物流企业输送高素质绿色物流人才。应在社会范围内设立专门的物流培训机构,以利于对从事绿色物流的人员进行岗前培训。

五、推动物流园区的建设

应根据交通枢纽的位置合理规划涪陵物流园区的位置,科学规划涪陵物流网络中心,统筹安排港口、仓库、配送中心及各个配送站点的布局①;结合涪陵地理位置特点,在涪陵建立西南地区商流中心、物流配送中心、货物中转中心、物资集散中心②;通过点面结合的综合物流扩大涪陵物流业的规模。应将涪陵物流园区建成集铁路货运和公路运输货站于一体的综合物流园区;大力发展码头仓库和码头堆场等物资仓储、周转中心;衔接好陆路和水路运输环节。③围绕涪陵的交通枢纽、大规模物流企业、车站、制造厂商等加强各种交通运输基础设施的延伸和互联互通,做到无缝衔接、货畅其流,合理安排仓库、配送中心、制造企业之间的距离,形成物流园区－物流中心－配送中心的运输模式④,进而为顾客提供更好的服务。将移动通信技术与物流园区作业相结合,依托 GPRS 车辆定位与配载项目全面提高物流服务质量,加快货物周转速度,降低运输成本。

---

① 戴魏魏. 重庆物流业对经济增长作用的实证研究 [D]. 重庆:重庆大学,2005.
② 刘业全. 区域物流成本降低机理分析 [D]. 长沙:长沙理工大学,2006.
③ 同①.
④ 同①.

第九章 涪陵物流业优化分析

六、发挥企业在促进绿色物流中的积极作用

涪陵物流企业应当积极学习绿色物流的管理方法、技术手段，引进先进技术设备，实现绿色物流发展。企业应当积极为绿色物流制定标准，根据绿色物流的需要在生产、运输、仓储方面，确保采用环保且可循环利用的包装材料，实施合理规划和保持环境清洁整齐的绿色仓储技术，采用清洁能源的交通运输设备。

第七节 小 结

基于对涪陵物流业结构、物流企业行为、物流业绩效、敏捷物流发展状况、绿色物流发展状况的分析，提出了优化涪陵物流业发展的具体措施。分析了涪陵物流业的市场结构、就业结构等，揭示了涪陵物流业的具体发展状况和面临的挑战；通过对涪陵物流企业价格行为、竞争行为、创新行为、并购行为4个方面的分析揭示了涪陵物流企业的市场行为；根据绩效的概念分析了涪陵物流业的经营状况等；概述了敏捷物流、绿色物流在涪陵的发展状况及存在的问题。从多个方面对涪陵物流业的发展状况、发展前景进行了分析，从而为政府和企业发展物流业提供了理论支撑。

整体而言，涪陵物流业起步较晚，处于初期发展阶段。涪陵物流产业的产值不断增加，物流企业的规模不断扩大；公路、水路、铁路、航空等基础设施不断完善，推动了物流业的发展。但是涪陵物流企业的规模较小，物流成本较高，并且系统化、规模化的物流企业比较少。涪陵物流业的绩效水平不高。敏捷物流、绿色物流等新型物流发展较慢。根据涪陵物流业面临的问题提出了优化涪陵物流业发展的措施。

第十章 涪陵流通产业优化分析

第一节 涪陵流通产业结构分析

一、流通产业内涵及其范围

在相当长的一段历史时期，农业在经济结构中一直占据主导地位。随着手工业的发展，工业从农业中分离出来。工业的发展创造了巨大的财富，从而促进了贸易的发展。在现代，随着分工深化，金融、运输、通信、服务等第三产业迅速发展，在产业结构中的地位日益重要。流通产业属于第三产业的第一个层次，主要以商品流通为手段，以流通活动为核心。

流通以货币作为交换媒介交换商品，并使商品从生产者手中传递到消费者手中，它在城市和农村、上游生产者和下游生产者之间起着重要的桥梁作用。流通过程是制造商的产品经过批发商、零售商到达消费者手中的过程。[①] 在流通过程中逐渐形成了各种各样的产业，譬如批发业、零售业等。流通产业的形成有助于国家经济结构的调整，并刺激消费。

由于划分的标准不同，流通产业分类也不相同。按"商流或物流"划分，流通产业分为商流产业和物流业；按商品流通的阶段划分，流通产业分为批发业和零售业；按商品流通的范围分类，流通产业包括国内流通产业和国际流通产业。

对于流通产业的范围，各国有不同的标准和规定。西方国家定义的流通产业范围主要包括分销服务业、物流业和零售业等；国内对流通产业的内涵认识不统一，一般根据从生产到消费的流转过程中所提供的服务范围将流通产业划分为广义流通产业和狭义流通产业，广义的流通产业是指商品所有者

---

① 钱程辉. 扩大内需与流通产业发展的关系研究：基于浙江省统计数据的研究 [J]. 无锡商业职业技术学院学报，2011，11 (4)：15-19.

第十章 涪陵流通产业优化分析

一切贸易关系的总和,是商流、物流、信息流和资金流的集合,包括批发、零售、餐饮、物流、信息和金融等诸多行业,狭义的流通产业仅仅指批发、零售、餐饮和物流4个产业。①

2004年6月,商务部公布的《流通产业发展规划》中明确指出了流通业主要包括餐饮业、批发业、零售业、物流业及居民服务业。② 统计上的流通产业一般包括批发、零售、餐饮3个产业。

二、涪陵流通产业的结构分析

对涪陵流通产业的结构分析主要从市场结构、产业结构和就业结构3个方面展开。

可以从市场集中度、产业规模经济、进入和退出壁垒3个方面来分析流通产业的市场结构。市场集中度是指在某一产业中规模最大的几个企业的产值占该市场的份额,其衡量指标有行业集中度、洛伦兹曲线和基尼系数。2016年,重庆100强企业营业收入达到1.47万亿,13年来100强企业营业收入增长9倍,净增1.32万亿;总资产规模达到了2.85万亿,是13年前的14.1倍③;2016年,重庆100强企业实现净利润671亿,比2015年增长2.9%,是2003年的15.4倍;企业现有从业人员88.8万人,是2003年前从业人员的1.22倍。④ 从重庆的市场集中度分析,重庆的流通产业总体上属于市场领导型,在2016年重庆市百强企业中不乏流通企业,如重庆商社(集团)有限公司、重庆对外经贸(集团)有限公司、华南物资集团有限公司分列第3位、第23位、第28位。涪陵区情况也大致如此,涪陵新大兴(实业)集团有限公司(以下简称"新大兴集团")在2016年和2017年连续获得重庆企业100强称号,分别列第66位、第61位⑤,与此同时,涪陵区存在大量小微流通企业。规模经济是指通过扩大生产规模降低平均生产成

---

① 钱程辉. 扩大内需与流通产业发展的关系研究:基于浙江省统计数据的研究[J]. 无锡商业职业技术学院学报,2011,11(4):15-19.
② 谷艳平. 巴中市商贸流通业发展问题研究[D]. 成都:西南交通大学,2012.
③ 孙琼英. 2016渝企100强出炉增10张新面孔[N]. 重庆商报,2016-10-20.
④ 重庆市企业联合会,重庆市企业家协会,重庆市工业经济联合会. 2016重庆百强企业名单 重庆企业排行榜(完整榜单)[EB/OL]. [2018-01-30]. www. maigoo. com/news/468490. html.
⑤ 魏东. 厉害了!涪陵这个企业连续13年跻身重庆百强[EB/OL]. (2018-02-18)[2018-02-20]. http://www. sohu. com/a/221791871_649788.

本的现象，反映的是生产要素集中程度与经济效益之间的关系。① 在2017年全球零售商百强排行榜中，中国占了六家，包括京东、苏宁、屈臣氏、华润万家、国美、牛奶国际。② 这说明，中国的流通企业可以在更大规模上实现规模经济。新大兴集团的规模发展也印证了规模经济在流通产业中的重要性。进入壁垒指阻碍进入者进入某一产业的因素，而退出壁垒指阻碍该产业的企业从该产业退出的因素。创办流通企业不需要拥有较高的技术水平，只要有门店，就能够进入市场；流通企业的产品差异性很小，新企业进入流通产业的壁垒较低；流通业也是政策性限制较少的领域。由于存在众多小企业，所以流通业在大型企业的价格领导下又存在激烈竞争，进入与退出都较为频繁。

在第三产业内部构成中，交通运输、仓储及邮政业在第三产业产值中的比重达到了22.9%，批发和零售业达到了18.8%，住宿和餐饮业所占比重为8.1%。从三次产业对地区生产总值的贡献率方面分析，2016年，第一产业对地区生产总值的贡献率为2.7%；第二产业对地区生产总值的贡献率为70.3%，其中工业的贡献率达到了55.3%，建筑业的贡献率达到了15%；第三产业对地区生产总值的贡献率是27%，其中，交通运输业对GDP的贡献率是5.8%，批发零售和住宿餐饮业的贡献率达到了6%，其他服务业达到了12.6%。③

从就业结构方面分析，2016年，涪陵区就业人数为76.90万人，比上年增加0.4万人。其中，第一产业、第二产业、第三产业分别为17.68万人、27.40万人、31.82万人。涪陵的全年地区生产总值与全部就业人员的比率为116 543元/人，比上年提高9.5%。④ 从三次产业就业的人数可以看出，第三产业就业人数最多。流通部门属于第三产业，流通产业对劳动力有较强的吸纳作用，有助于解决就业问题。流通企业的经营规模决定了其就业规模，即经营规模越大，吸纳就业人数越多。由于流通产业进入门槛低，退出容易，所以该产业竞争较为激烈。流通产业吸引了较多的经营者，以个体户居多。

---

① 徐丽兰. 福建省现代服务业集聚与区域经济发展差异研究［D］. 厦门：集美大学，2018.
② 2017年度全球十大零售商出炉，中国6家企业跻身百强榜［EB/OL］.（2017 - 03 - 20）［2018 - 01 - 20］. http://www.sohu.com/a/129447380_481787.
③ 数据来源于涪陵区人民政府2017年统计年鉴，其中其他服务业不包括金融保险业和房地产业。
④ 数据来源于2016年涪陵区国民经济和社会发展统计公报。

三、涪陵流通产业发展水平及现状

社会消费品零售总额是反映一定时期内社会购买力实现程度和流通市场规模状况的最直接数据。[①] 通常使用社会消费品零售总额衡量流通产业的发展水平。

经过多年的努力,涪陵已实现了从"一条街"到"一座现代化大城市"的历史跨越。涪陵经济发展迅速,流通产业在经济发展中发挥了重要的作用。

由表10-1可以看出,近六年来,涪陵社会消费品零售总额逐年增加,流通产业快速发展。其中,批发零售贸易业所占比重较高,主要因为批发零售的交易额一般较大,而且批发零售业的商圈比较广。这表明了批发零售贸易业在涪陵流通产业发展中起主要作用,而住宿餐饮业在流通产业结构中起次要作用。2011—2016年,限额以上企业在社会消费品零售总额方面增长较快,逐年拉大了与限额以下企业的差距,目前两者比例已接近2:1。

表10-1 2011—2016年涪陵社会消费品零售总额情况(按限额划分)

单位:亿元

年份	社会消费品零售总额				
	合计	批发零售贸易业	住宿餐饮业	限额以上	限额以下
2011	130.33	111.58	18.74	76.05	54.27
2012	153.88	132.22	21.67	104.60	49.28
2013	174.69	151.68	23.01	123.21	51.47
2014	200.54	175.28	25.26	141.45	59.09
2015	229.69	200.41	29.29	147.33	82.37
2016	260.31	226.86	33.45	171.86	88.44

注:限额以上批发和零售业指年主营业务收入在2000万元以上的批发业、年主营业务收入500万元及以上的零售业法人单位;限额以上住宿和餐饮业指年主营业务收入200万元及以上的住宿和餐饮业法人单位。

资料来源:2012—2017年涪陵统计年鉴。

[①] 杨芳,刘晓荣.西部地区商贸流通业发展特征分析:以甘肃省为例[J].甘肃理论学刊,2013(6):152-156.

2016年，涪陵全年社会消费品零售总额260.31亿元，比上年增长13.31%。年末纳入统计的限额以上批发零售业和住宿餐饮业企业308户。全年批发零售业商品销售总额713.87亿元，比上年增长17.0%；住宿餐饮业营业收入55.41亿元，比上年增长18.6%。① 从社会消费品零售总额来看，涪陵流通产业总体呈上升趋势。

由图10-1可以看出，涪陵批发零售贸易业从2011年的111.58亿元上升到2016年的226.86亿元，在流通产业结构中一直稳居首位。住宿餐饮业从2011年的18.74亿元上升到2016年的33.45亿元，在流通产业中比重较低，发展速度缓慢，在流通产业结构中作用不明显。这是因为批发零售贸易业涵盖行业范围较广，包括批发业和零售业的贸易群体，交易额较大，交易类型多种多样；而住宿餐饮业仅仅包括住宿和餐饮两个行业。

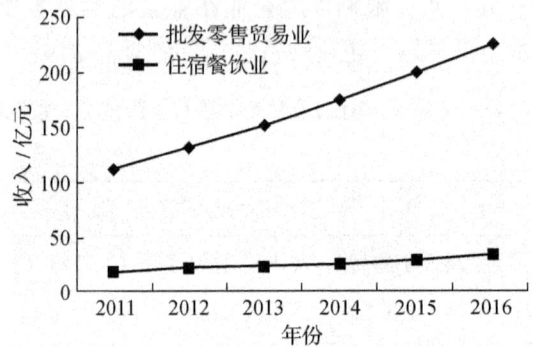

图10-1 2011—2016年涪陵批发贸易业和住宿餐饮业收入趋势

资料来源：2011—2016年涪陵区国民经济和社会发展统计公报。

根据2017年涪陵统计年鉴，2016年批发零售和住宿餐饮业实现增加值80.58亿元，比上年增长8.6%，对GDP增长的贡献率为6.0%，拉动GDP增长0.6个百分点。涪陵旅游业发展较慢，游客主要来自周边城市，且流动人口不多，所以涪陵的餐饮和住宿业发展较慢，与批发零售贸易业发展相去甚远。

---

① 数据来源于2016年涪陵区国民经济和社会发展统计公报。

第十章 涪陵流通产业优化分析

四、涪陵流通产业结构存在的问题

涪陵流通产业结构中存在一些问题，主要表现在如下方面。

第一，涪陵流通产业业态结构不合理。涪陵地形特殊，商业圈集中，南门山商圈、易家坝商圈、高笋塘商圈和李渡商圈4个商业圈形成环状，消费者购物比较便利。涪陵的零售商业业态体系比较完善，主要包括大型购物中心、批发市场、各种零售专卖店、百货商场、大型超市和家居建材店等。[①] 但是，主要以传统的零售业为主，现代零售业占据份额较少。涪陵餐饮业的规模偏小，档次偏低。涪陵的商业业态结构不均衡，低于国内成熟商业街区商业业态的配比比例[②]。

第二，涪陵零售业缺乏品牌优势及特色优势。[③] 涪陵特产有榨菜、黑山羊、黑猪、涪陵脐橙、油醪糟和涪陵青菜头等多种产品。除了榨菜以外，这些特色产品缺乏规模化发展，缺乏系统性培育，因而在全国未形成知名度和影响力，品牌效应得不到充分发挥。

第三，涪陵流通产业竞争力较弱，活力不足。批发零售业是严重同质化的，且缺乏高端产品和特色产品；住宿餐饮业多停留于中低端水平，缺乏知名品牌和特色，因而在一定程度上影响了涪陵的形象。

第二节 涪陵流通企业行为分析

一、流通企业的定义

商品从生产者到达消费者手中的整个过程就是流通过程。生产和消费的中间阶段就是流通。处于流通环节的各种类型的中间商就属于流通企业，流通企业有助于生产商的分销业务。流通环节中的各类批发企业、零售企业，以及专业从事物流配送的物流企业三类企业构成了流通企业。流通企业的交易以集中交易为主，代替了生产企业和消费者之间的分散交易，从而降低了交易风险和交易成本，缩短了交易时间，提高了交易效率。流通企业有较高

---

① 张凤. 哈尔滨市流通产业发展存在的问题及优化措施 [J]. 商业经济，2016 (12)：5-6，9.
② 同①.
③ 同①.

的专业化程度,推动了交易的良性循环。随着网络的发展,大部分商品通过电子商务进行交易,使得流通网络逐步扩大。电子商务进一步提高了流通效率,是中国新崛起的经济增长点。

流通企业发展前景良好,但也存在一些问题。大多数流通企业规模较小,集约化程度低,集中交易困难,同时在与其他企业的竞争中处于弱势状态。中国流通企业主要以中小型企业为主,经营能力较弱,信息化程度较低。与外国的一些流通企业,如美国的沃尔玛、法国的家乐福等相比,中国流通企业的经营模式单一,管理水平较低。

二、流通企业行为分析

市场行为是企业在既定的市场结构中为赢得更高的市场占有率和更大的利润而采取的行为。[①] 在低集中度、低壁垒、企业规模小的流通市场结构中,流通企业的市场行为常常表现为低水平的无序竞争。

(一) 流通企业行为动因分析

中小型流通企业在市场占多数,企业提供的商品差异化很小,具有同质性,容易造成无秩序竞争。由于市场竞争较强,一些流通企业利润较低。为了使产品推销出去,一些流通企业会将商品低价或折价销售;批发业为了尽快出清库存商品,往往采用折价销售的方式。虽然大型流通企业比中小型流通企业提供的产品种类多,差异化明显,但是大型企业往往投资较多,采用连锁化经营模式,若想从流通市场退出,会非常困难。对政府而言,一些政策也会影响流通企业退出市场。

有些地方政府设置的流通企业进入壁垒低,从而造成流通企业大量进入流通市场,引发了激烈的市场竞争,产生了过剩的流通供给能力。当消费需求不足、消费者理性购买和商品销售增长缓慢时,为了扩大市场的占有率,流通企业会采取各种手段吸引顾客,例如,企业通常采取折价销售策略,有的企业甚至打出"跳楼价"等噱头。这就导致了流通企业之间的盲目竞争,阻碍了整个流通产业的发展。

(二) 流通企业行为策略分析

为了应对各方面的市场竞争,获取更多的信息和利润,流通企业会强化自身的地位,采取不同的营销策略,如多角化经营策略、连锁经营策略、扩

---

① 霍一航. 市场经济体制下房地产业市场行为浅析 [J]. 商, 2012 (7): 212.

第十章 涪陵流通产业优化分析

张策略、合作策略等。

第一，采用多角化经营和连锁经营的策略。除了主营业务之外，流通企业还会发展多种其他业务，即采取对角化经营模式。例如，新大兴集团除了主要从事商业零售业务以外还涉足农副产品批发物流、旅游餐饮、高科技电子、房地产开发、金融投资、康复疗养等业务，努力实现多种业务的一体化发展，这种多业态共同发展策略有利于新大兴集团应对市场挑战。在大多数行业中，如果企业有足够大的规模，开设的分店数较多，那么其市场占有率往往较高，即规模、分店个数和市场占有率呈正相关关系。

第二，采取扩张战略，主要包括扩张店铺、引入加盟商店和并购重组等。如果流通企业有一定的经济实力和品牌效力，通常会不断扩大原有店铺的规模，或者开设连锁商店，以达到扩张的目的。通常将连锁商店设在城市人流量多的商业区。如果两个企业主营业务不同，优劣互补，还具有相同或接近的战略目标，那么为了共同利益和规模优势，企业之间势必会实施战略联盟。政府也会对企业提供执行兼并重组的政策，例如，2017年重庆市公布了企业兼并重组的公告，主要围绕钢铁、化工、有色金属、建材等重点行业，允许兼并重组产能过剩企业，以化解过剩产能，促进"僵尸企业"退出市场。

第三，流通企业与供应商之间是上下游关系，彼此既合作又竞争。流通企业通常希望以最低的价格获得质量较高的产品、较长的付款周期和尽量周到的后续服务，而供应商则反其道而行之。因此，两者存在相互冲突的关系。在这样的情况下，提供怎样的产品或服务、收取怎样的价格就成为供应商与流通企业双方博弈的主要内容。虽然双方会博弈，但是最终也必然会达成纳什均衡，也就是建立起长期合作关系。对有发展潜力、营销策略与自己相符的供应商，流通企业可对其进行投资，通过股权关系锁定双方的长远合作利益。

第四，转变思路，保持与竞争者之间的适当合作。竞争者一般与本企业提供的产品或服务相似，并且顾客群体也相似。企业与竞争者之间存在竞争关系，但是也有合作的可能性。流通企业应尽可能避免与竞争企业的恶性竞争，协调双方利益，实现优势互补，以与竞争者共同开发流通市场。流通企业存在多种类型的竞争者，如在位竞争者、潜在竞争者和替代品竞争者，从"囚徒困境"的博弈分析结果可知，如果企业都从自身利益最大化出发，采取最优的战略，那么最终得到的结果并不是双方利益最大化的结果；但是，如果企业之间采取合作战略，则都能获得更大的利益，实现帕累托效率改进。

第五，通常采取价格策略分流消费者。对于中小型流通企业而言，产品差异化程度较低，为了吸引消费者，它们往往采取低价促销的方式。此时，消费者被低价格所吸引，会忽略产品价值。但是，对于高端消费者而言，更多地会在价格与高质量之间谋求平衡，对他们而言价格却成为产品质量的一个信号，因此，流通企业应谨慎运用价格信号分流消费者。

三、涪陵流通行业基本状况分析

由图 10-2 可以看出，限额以上批发零售贸易企业和限额以上住宿餐饮企业的零售总额在 2011 年为 76.05 亿元，2016 年达到 171.86 亿元。2011—2014 年零售总额增长快速，但 2014—2015 年，限额以上企业的零售总额增长缓慢，从 141.45 亿元增长到 147.33 亿元，仅仅增长了 6 亿元左右，而 2015—2016 年又大幅提升，增长了 24 亿元；限额以下批发零售贸易企业和限额以下住宿餐饮企业波动较大，2011—2012 年，零售总额由 54.27 亿元下降到 49.28 亿元，2012—2013 年，限额以下企业的零售总额微增，仅增加了 2 亿元左右，2013—2016 年，零售总额一直增加，先是大幅增加，而后小幅增加，这 3 年里限额以下零售总额已从 59.09 亿元增加到 88.44 亿元，大约增加了 30 亿元。

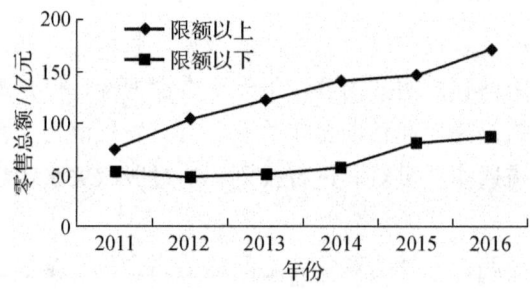

图 10-2　2011—2016 年涪陵区限额以上和限额以下企业零售总额趋势

资料来源：2011—2016 年涪陵区国民经济和社会发展统计公报。

由此可知，涪陵的大型流通企业发展较快，而中小型流通企业虽然发展缓慢，但是发展潜力巨大。作为流通产业的主体，流通企业是流通生产力的重要依托，连锁经营已成为流通企业发展长期竞争优势的有效途径。而连锁经营要求流通企业提升技术与管理水平，实现线上与线下的有效衔接，为消费者提供丰富而有质量的产品。

四、涪陵流通企业案例

2006年涪陵区政府将新大兴实业（集团）有限公司、重庆商社新世纪连锁经营有限公司涪陵商都、重庆市涪陵巴人餐饮有限公司等11家企业认定为区商贸企业，合智商业广场、关庙一期市场等4家市场为商贸流通重点市场。本小节以新大兴集团为例分析流通企业行为。

位于涪陵的重庆市新大兴实业（集团）有限公司是重庆市重点商贸流通龙头企业，以百货、连锁超市经营为主。其集团产业主要有爱家商业有限公司、新大兴金色农业开发有限公司、旅游餐饮、康复疗养中心和依蝶购物广场。涉及领域有食品连锁超市、投资贸易、农产品批发物流、精品百货、高科技电子、房地产开发。爱家商业有限公司已在重庆及周边城市开设连锁门店300多家。

在"十二五"期间，新大兴集团全面实施了"一业为主、多业并举"的发展方针。一是坚持生鲜食品连锁超市规模化发展；二是积极开拓国际贸易市场；三是大力发展农副产品批发物流交易中心；四是进一步加大科技产业和旅游业的投资力度，成为全产业链的商业集团，为公司创造新的活力和增强企业的抗风险能力，努力造就新大兴集团百年伟业。

新大兴集团的连锁经营模式在企业竞争中取得了优势，着力点在于推进商贸主业，新增连锁超市，兴建大型农副产品物流中心，建立专业农产品基地，建立完整的产业物流链。在市场竞争面前，集团内部凝神聚力，使企业在激烈的竞争中得以生存。新大兴集团积极适应市场竞争的要求，逐步扩大集团规模。

第三节　涪陵流通产业绩效分析

一、涪陵流通产业绩效状况

由于资料的限制，本小节主要用社会消费品零售总额作为衡量流通产业发展水平的指标。涪陵的社会消费品零售总额发展趋势如图10-3所示。

从图10-3可以看出，涪陵的社会消费品零售总额呈持续上升趋势。流

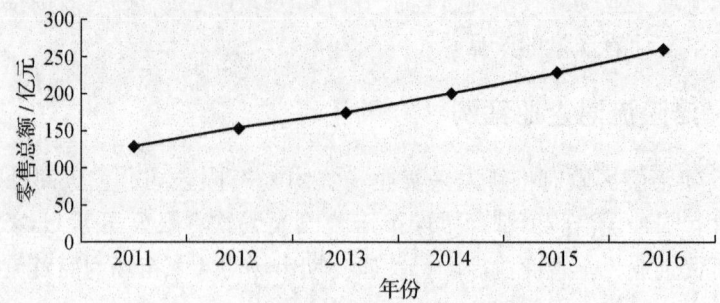

图 10-3　涪陵社会消费品零售总额趋势

资料来源：2011—2017 年涪陵统计年鉴。

通产业产值已从 2011 年的 130.33 亿元增加至 2016 年的 260.31 亿元，增长将近两倍。这表明了，涪陵的流通产业是一个对经济具有重要支撑作用的产业，因此增长速度较快。

根据图 10-4，2011—2016 年重庆市社会消费品零售总额逐年增加，增长速度较快；而涪陵区社会消费品零售总额增长相对缓慢，在重庆市社会消费品零售总额中比重持续下滑。

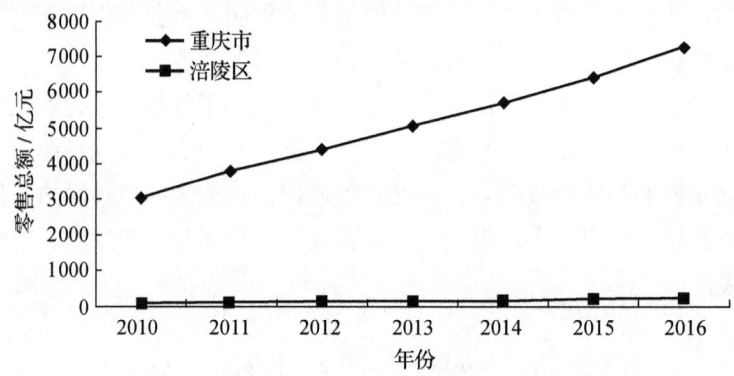

图 10-4　重庆市和涪陵区的社会消费品零售总额趋势

资料来源：2011—2017 年重庆统计年鉴和涪陵统计年鉴。

从涪陵流通产业占 GDP 的比重进行分析。根据 2017 年涪陵统计年鉴可得出第三产业中批发零售和住宿餐饮业的总值及 GDP 数值，如图 10-5 所示。由图 10-5 可以看出，2001 年以来，涪陵的批发零售和住宿餐饮业在

GDP 所占比重波动很大。2001—2006 年一直呈上升趋势，2006 年达到了最高点，批发零售和住宿餐饮业所占 GDP 的比重为 13.18%；2006—2016 年，批发零售和住宿餐饮业产值占 GDP 的比重一直在下降，2016 年跌至最低点，仅占 8.99%。同时可以看到，自 2011 年以来，流通产业占 GDP 的比重下滑速度缓慢，处于较平稳状态，但与前几年相比，比重相对下降了 3% 左右。

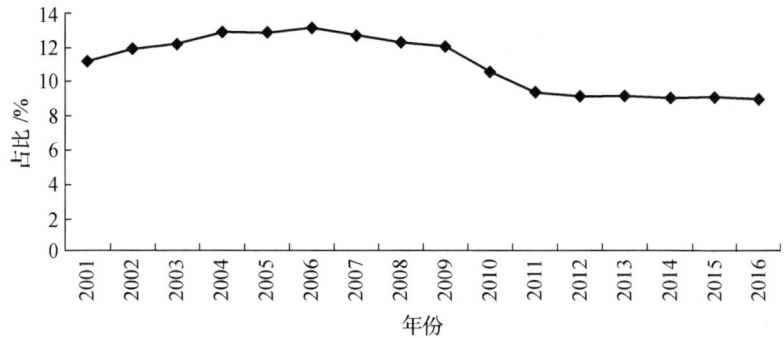

图 10-5 涪陵区批发零售业与住宿餐饮业收入占区域生产总值的比重

资料来源：2002—2017 年涪陵统计年鉴。

接下来分析涪陵流通产业对国民经济增长的贡献。产业贡献率指各产业增加值增量与 GDP 增量之比。利用涪陵统计年鉴可以计算出 GDP 的增量及批发零售和住宿餐饮业增加值增量，从而求出批发零售和住宿餐饮业对 GDP 增长的贡献率。结果见表 10-2。

表 10-2 批发零售业和住宿餐饮业对 GDP 增长的贡献率

年份	GDP 增量/亿元	批发零售和住宿餐饮业增加值增量/亿元	贡献率/%
2001	9.46	1.46	15.50
2002	11.36	2.01	17.70
2003	16.25	2.27	13.90
2004	19.31	3.32	17.20
2005	25.79	3.29	12.80
2006	24.49	3.64	14.90
2007	48.95	5.48	11.20

续表

年份	GDP 增量/亿元	批发零售和住宿餐饮业增加值增量/亿元	贡献率/%
2008	78.16	8.59	11.00
2009	42.65	4.33	10.20
2010	79.49	3.22	4.00
2011	122.85	6.24	5.10
2012	73.19	5.57	7.60
2013	59.51	5.53	9.30
2014	67.44	5.23	7.80
2015	55.72	5.82	10.40
2016	83.02	6.14	7.40

从表 10-2 中可以看出，批发零售和住宿餐饮业对 GDP 的贡献率在 2010 年以前都达到了 10% 以上，可见其对 GDP 增长具有重要影响。但是，在 2010 年其贡献率出现了断崖式下滑，滑落到 4%。2010—2013 年贡献率逐渐增加，最近两年又呈下降趋势。发达国家的批发零售和餐饮业对 GDP 增长的贡献率在 20 世纪 90 年代就已经达到了 15% 以上，涪陵区的比重在近年来都没有超过 11%。

图 10-6 是涪陵流通产业对 GDP 贡献率的折线图，可以直观反映出批发

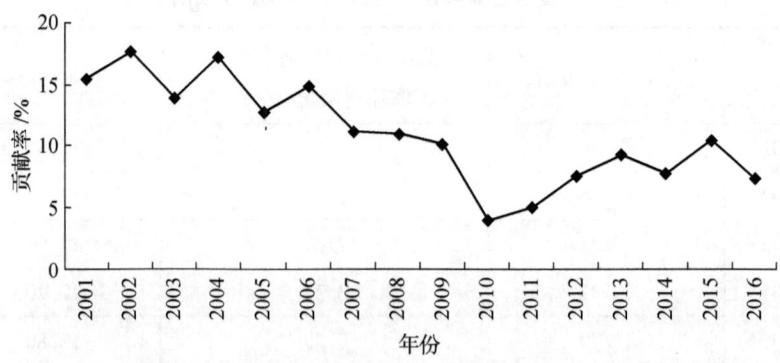

图 10-6　涪陵区批发零售业及住宿餐饮业对区域生产总值增长的贡献率

资料来源：2002—2017 年涪陵统计年鉴。

零售和住宿餐饮业对 GDP 增长的贡献率波动情况及变化趋势。由该图可以看出，16 年来流通行业对 GDP 的贡献率很不稳定，2002 年达到最高贡献率，2005—2013 年波动幅度很大，近两年又呈下降趋势。

二、涪陵流通产业关联性分析

在经济发展导致的产业结构变革中，流通产业的绩效情况对其他产业有重要的参考意义。本小节利用涪陵产业增加值数据对涪陵产业关联性进行分析。

2001—2016 年三大产业与批发零售和住宿餐饮业的产值见表 10-3。

表 10-3　2001—2016 年三大产业与批发零售和住宿餐饮业产值

单位：亿元

年份	第一产业产值	第二产业产值	第三产业产值	批发零售和住宿餐饮业产值
2001	10.02	42.75	35.30	9.88
2002	10.77	48.22	40.44	11.89
2003	12.18	56.85	46.65	14.16
2004	14.21	66.21	54.57	17.49
2005	15.44	78.34	66.99	20.78
2006	14.61	92.74	77.94	24.42
2007	20.89	119.93	93.41	29.90
2008	24.93	172.43	115.02	38.50
2009	26.64	197.29	131.10	42.84
2010	30.25	256.20	148.04	46.05
2011	37.29	346.09	173.96	52.29
2012	42.03	386.83	201.67	57.86
2013	45.53	431.42	213.09	63.39
2014	47.97	466.09	243.41	68.62
2015	51.77	493.29	268.13	74.44
2016	58.29	538.67	299.26	80.58

资料来源：2002—2017 年涪陵统计年鉴。

从表 10-4 可以看出，批发零售和住宿餐饮业与第一、第二、第三产业的相关系数很高,产业之间的关联性很强。批发零售业和住宿餐饮业与第一产业的相关系数为 0.9931,低于第一产业与第二产业、第三产业的相关系数;批发零售和住宿餐饮业与第二产业的相关系数为 0.9874,低于第二产业与第三产业、第一产业的相关系数;与第三产业的相关系数为 0.9948,高于第三产业与第二产业的相关系数,但是低于第三产业与第一产业的相关系数。

表 10-4　第一、第二、第三产业与批发零售住宿餐饮业之间的相关系数

产业	第一产业	第二产业	第三产业	批发零售和住宿餐饮业
第一产业	1	0.9964	0.9967	0.9931
第二产业	0.9964	1	0.9927	0.9874
第三产业	0.9967	0.9927	1	0.9948
批发零售和住宿餐饮业	0.9931	0.9874	0.9948	1

由产业之间的相关系数可知,批发零售和住宿餐饮业对第一、第二、第三产业具有积极的推动作用,对第三产业的推动作用大于第一、第二产业,而对第一产业的推动能力高于第二产业。由于批发零售和住宿餐饮业有高度的产业关联性,批发零售餐饮贸易业的流通方式和绩效高低会直接影响其他产业绩效的高低,对产业结构优化升级有重大的意义。

第四节　涪陵流通产业发展特征

流通产业是推动区域经济增长的重要产业。对于西部地区而言,发展流通产业对增强区域发展能力、转变经济增长方式、优化产业结构有重要的意义。

一、涪陵流通产业基本发展情况

"十二五"期间,重庆市社会消费品零售总额一直呈上升趋势,但最近几年增长的速度缓慢下降,相比较而言,重庆市社会消费品零售总额同比增长速度高于全国平均水平。批发零售业、住宿餐饮业是重庆市市场化程度最高的行业,这些行业的开放性高、壁垒低,可以保证流通产业可持续发展。

根据图 10-7 可以看出，2011—2016 年涪陵区社会消费品零售总额总体上与重庆市保持一样的发展趋势，但是走势更为缓和些。

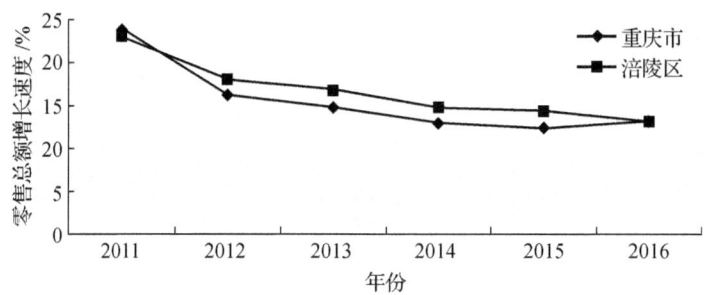

图 10-7　2011—2016 年重庆市和涪陵区的社会消费品零售总额增长速度趋势

资料来源：2012—2017 年涪陵统计年鉴。

随着"互联网＋"时代的到来，流通产业地位逐渐提升，成为不少地区新的经济增长动力源泉。过去流通由生产和消费而引发，渐次成为产业；现在，流通产业则转而引导生产，刺激消费，其地位由被动变为主动。从表 10-5 可以看出，涪陵的流通产业产值逐渐增加，占 GDP 的比重基本稳定在 9% 左右。从图 10-8 可知，2016 年涪陵流通产业占第三产业和 GDP 的比重分别达到了 26.93% 和 8.99%，同期流通产业占第三产业的比重及占 GDP 的比重均位于最低点，而 2014 年流通产业占 GDP 的比重位于次低点，为 9.06%；2008 年涪陵流通产业占第三产业的比重达到峰值，接近于 35%，而 2004—2007 年涪陵流通产业占 GDP 的比重处于峰值，约 13%。自 2001 年以来，涪陵的流通产业产值持续增长，2016 年对 GDP 增长的贡献为 6.0%，拉动 GDP 增长 0.6 个百分点。近几年虽然流通产业产值在第三产业的比重在下降，但其所占比重依然保持在 20% 以上。因此，涪陵流通产业在服务业中已经成为最重要的部门之一，并且在涪陵经济中具有支柱产业的地位。

表 10-5　流通产业发展情况

流通产业发展指标	2011 年	2012 年	2013 年	2014 年	2015 年	2016 年
流通产业产值/亿元	52.29	57.86	63.39	68.62	74.44	80.58
占 GDP 比重/%	9.38	9.18	9.19	9.06	9.15	8.99

资料来源：2012—2017 年涪陵统计年鉴。

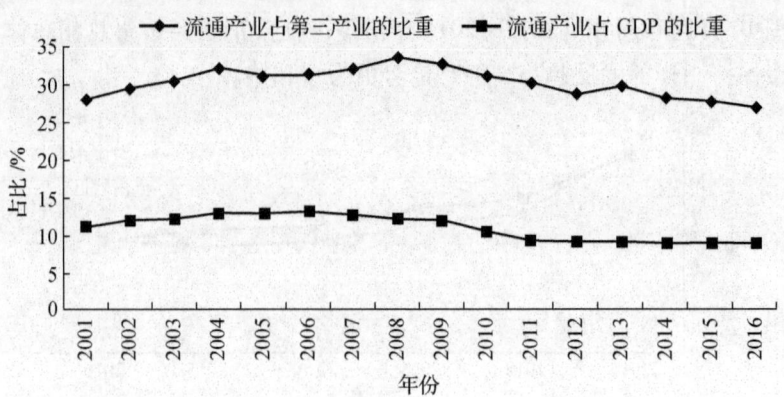

图 10-8 涪陵区流通产业分别占第三产业及区域生产总值的比重
资料来源：2012—2017 年涪陵统计年鉴。

二、涪陵流通产业的消费品变化

2016 年涪陵限额以上批发零售和住宿餐饮业实现销售额 171.86 亿元。其中，石油及制品类销售额所占比重最大，销售额为 82.39 亿元；其次是金银珠宝类，销售额为 66.21 亿元；排名第三位的是粮油、食品、饮料、烟酒类，销售额 63.85 亿元，居第四位的是金属材料类，销售额为 19.58 亿元。从销售速度看，石油及制品类比上年增长 19.3%，金银珠宝类比上年增长 13.8%，粮油、食品、饮料、烟酒类增长 32.2%，日用品类增加 119.2%，汽车类比上年增长 64.4%，化妆品类增长 42.8%，中西药品类增长 32.6%，金融材料类增长 28.9%，化工材料及制品类增长 23.7%，服装、鞋帽、针纺织品类增长 23.3%，通信器材类比上年增长 47.4%，建筑及装潢材料增长 32.6%，文化办公用品类增长 18%，家用电器及音像材料类增长 12.6%，家具类仅比上年增长了 0.5%，而煤炭及制品类相比上年下降了 10.1%，机电产品及设备类增长速度下降了 7%。由此可见，粮油、食品、饮料、烟酒类，日用品类，汽车类，化妆品类，中西药品类及通信器材类的增长速度都超过了 30%，在消费品市场上发展状况良好，其中日用品类发展势头最佳。[①]

2013—2016 年限额以上批发企业的大多数商品销售额都在递增，少数商品，如化工材料及制品类销售额递减，部分商品销售额不稳定。2015—2016 年，化妆品的增长发生逆转，已从 2015 年的负增长上升至 2016 年的

---

① 资料来源于 2013—2016 年涪陵国民经济和社会发展统计公报。

119.2%，化工材料及制品类也从 2015 年的负增长升至 2016 年的 23.7%，而煤炭及制品类和机电产品及设备类到 2016 年转变为负增长。销售额是市场的信号，其变动表明了经济走向。

以商品销售额来看，2013—2016 年，日用品类，金银珠宝类，中西药品类，石油及制品类，煤炭及制品类，服装、鞋帽、针纺织品类，以及汽车类的销售额增加较快；而粮油、食品、饮料、烟酒类，化妆品类，机电产品及设备类的销售额在下降，其中近两年粮油、食品、饮料、烟酒类的销售额下降最多。

三、流通产业发展的区域间差异

本小节以重庆市 7 个区的社会消费品零售总额进行比较分析。就增长速度而言，由表 10-6 可知，2013—2016 年万州区、黔江区、涪陵区的增长速度均在 10% 以上。2013—2015 年，涪陵区的社会消费品零售总额增长速度在这七个区中均最高，这表明了涪陵流通产业发展状况较好，而 2016 年黔江区和万州区的增长速度超越了涪陵区，黔江区居于第一。就增长趋势而言，涪陵区、万州区、黔江区、渝中区在 2013—2016 年处于下降状态，黔江区有反弹趋势；大渡口区、江北区、沙坪坝区则总体呈上升态势，尤以江北区上升态势明显。

表 10-6 2013—2016 年重庆市 7 个区的社会消费品零售总额和增长率

县区	2013 年		2014 年		2015 年		2016 年	
	绝对额/亿元	增长率/%	绝对额/亿元	增长率/%	绝对额/亿元	增长率/%	绝对额/亿元	增长率/%
万州区	219.37	16.00	251.61	14.70	287.98	14.50	327.45	13.70
黔江区	60.19	16.20	71.07	13.00	80.88	13.80	92.44	14.30
涪陵区	179.69	16.80	200.54	14.80	229.70	14.50	260.31	13.30
渝中区	538.95	11.10	578.79	12.10	637.92	10.20	691.68	8.40
大渡口区	40.01	10.80	36.50	9.80	40.33	10.50	44.97	11.50
江北区	369.59	8.50	384.01	11.00	426.49	11.10	479.95	12.50
沙坪坝区	312.38	11.20	289.07	8.50	320.50	10.80	357.37	11.5

资料来源：2014—2017 年涪陵统计年鉴。

从绝对额来看，涪陵区的社会消费品零售总额不是很高，排名稳定，每年排名第五。从图10-9可以看出，在这7个区中，渝中区的社会消费品零售总额最高，流通产业发展速度较快，且绝对额远远高于其他6个区；排名第二的是江北区，然后依次是沙坪坝区、万州区、涪陵区、黔江区、大渡口区。总体来看，涪陵的流通产业发展水平相对落后，这可能与涪陵所处地理位置有关。

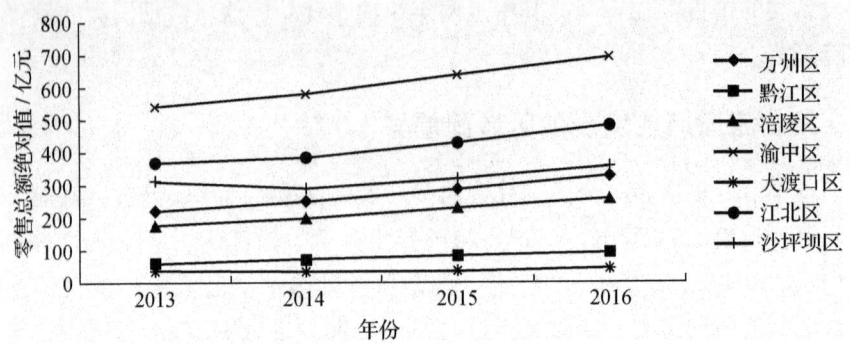

图10-9　2013—2016年重庆市7个区的社会消费品零售总额发展趋势

资料来源：2014—2017年涪陵统计年鉴。

第五节　涪陵流通产业发展趋势

自中国加入世界贸易组织以来，国外成熟的大型流通企业涌入中国，对中国流通产业产生了深刻的影响。近年来，随着中国流通产业持续发展，形成了多种多样的零售行业和经营模式，同时带来了激烈的市场竞争。在此背景下，研究涪陵流通产业发展趋势具有重要意义。

一、影响涪陵流通产业发展的因素分析

快速发展的电子商务对传统流通产业产生了一定的冲击。2009年网络购物已经成为消费者购物的主要方式，网络购物，如在网上购买衣服、化妆品和一些生活用品等，已经成为整个社会的主要消费选择。近几年来，网络市场持续扩张，兴起了很多微商代理，他们成为网上销售的特殊群体，不依赖于正规的品牌店，而是在微信朋友圈广告和出售自己的产品，采用价格与心理策略等引导人们消费。这些网络销售的行为使得传统流通企业流失了不

第十章 涪陵流通产业优化分析

少销售额，从而对传统流通产业造成了一定程度的冲击。

为适应电子商务的发展，中国的国美和苏宁两家大型连锁电器企业都开设了网上商城，网上商城中的商品价格与实体店相同，有的产品价格甚至低于实体店。由于大多数人在网上商城进行购物，实体店的销售额有所下降，其功能逐渐转变为向消费者进行展示的场所。消费者可以在实体店看好商品，然后再在网上的旗舰店购买，通过这种方式可以减少支付的商品价格。随着网上商店的增多，消费者能够在网上比较商品，从中选取性价比高的。网络购物方式因节约时间和成本已成为主流消费模式，从而增强了电子商务的重要性。

从体制与政策来说，中国流通产业的政策体系仍在不断完善之中。随着流通政策趋于完善，中国流通产业在优化产业结构与促进经济增长等方面的贡献将越来越突出。

2005年6月9日，国务院印发了《关于促进流通业发展的若干意见》（以下简称《意见》），该文件旨在提高流通企业竞争能力，《意见》指出，要加快培育大型流通企业集团，进一步放开搞活中小流通企业，鼓励有条件的流通企业到境外开展流通业务，鼓励发展物流配送中心。① 2015年，重庆市在《关于加快推进商贸流通产业发展的意见》中指出，要以改革为统领，以法制为保障，以建设长江上游地区商贸物流中心为总目标，坚持"一保二建三打造"发展思路，大力实施商贸流通产业五大发展战略，促进商贸流通产业持续健康发展。②

经过多年的流通产业体制改革，中国的流通产业已经建立了完善的市场运行机制，市场化的流通体制和政策环境有利于促进流通产业的繁荣发展。当然，体制机制的完善也有利于涪陵流通产业的健康发展。

从市场需求和消费者购买能力来看，城乡居民可支配收入在逐步提高，从而刺激了消费，促进了流通产业的发展。从表10-7可以看出，2006—2015年涪陵城镇和农村的常住居民人均可支配收入逐年增加，但农村人均可支配收入远低于城镇居民，两者收入绝对差距在拓宽，相对差距在缩小。涪陵城乡居民人均可支配收入的增长拉动了涪陵当地的消费水平，促进了商

---

① 国务院关于促进流通业发展的若干意见 [J]. 中国流通经济，2005（9）：12-14.
② 重庆市人民政府关于加快推进商贸流通产业发展的意见 [J]. 重庆市人民政府公报，2015（10）：1-5.

品市场需求，刺激了生产，从而为涪陵经济循环注入了活力。

表 10-7　涪陵区城乡居民收入对比　　　　　　　单位：元

年份	城镇常住居民人均可支配收入	农村常住居民人均可支配收入
2006	10 428	2854
2007	11 902	3499
2008	13 587	4168
2009	15 109	4651
2010	16 185	5437
2011	18 875	6720
2012	21 611	7782
2013	23 686	8817
2014	26 149	9963
2015	28 450	11 069

资料来源：2007—2016 年涪陵统计年鉴。

从流通产业的竞争因素看，涪陵流通产业的竞争表现为内资企业之间的竞争、内资企业与外资企业之间的竞争、同类流通产业之间的竞争、不同行业流通产业之间的竞争。为了适应流通市场的变化，涪陵流通企业大多采用连锁经营的模式，或者发展百货商场、网上购物等。

二、涪陵流通产业的发展趋势研究

本小节主要从连锁经营业态、百货商场业态和新型经营模式 3 种发展趋势进行分析。重庆市连锁经营的发展速度在加快，连锁经营已成为重庆市商贸企业对抗市场竞争的主要手段。表 10-8 展示了新大兴集团和重庆商社（集团）有限公司连锁经营的情况。

表 10-8　2017 年重庆市两大零售企业连锁经营情况

企业名称	业态	大约连锁分店数/个
重庆市新大兴实业（集团）有限公司	超市、购物中心等	400
重庆商社（集团）有限公司	百货、超市、电器	322

2017年,重庆商社(集团)有限公司在中国连锁百强中排名第八,是重庆市重点流通企业,也是中国西部的大型龙头流通企业。公司以批发业、零售业为主要经营业务,同时注重与其他多种业态共同发展,涉足百货商场、大型超市、汽车贸易、房地产行业等。从其销售额来看,该企业连锁经营规模在逐渐扩大。2007—2017年,该企业销售额从221.67亿元增加到582.81亿元,增加了361.14亿元(图10-10)。商社集团的连锁经营反映的是重庆市连锁经营的投影,而涪陵区的零售业也概莫如此。

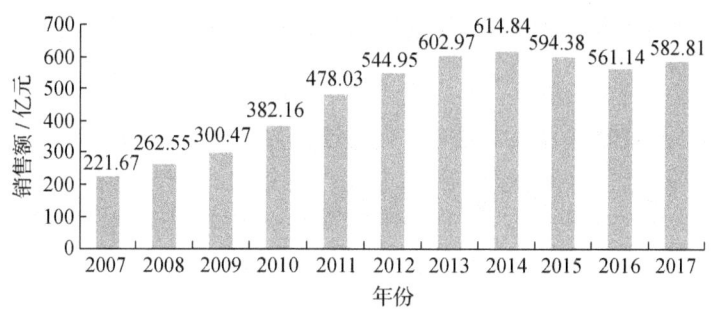

图10-10　2007—2017年重庆商社(集团)有限公司销售额

资料来源:重庆商社(集团)有限公司官网。

流通产业连锁经营商店的分布有向区域化和全国化发展的趋势。例如,重庆商社集团的经营网店主要分布在重庆、贵州、四川和湖北地区,这4个地区地理位置相邻,地理情况相似。在今后的流通企业发展中,连锁商店的分布格局主要以区域化为发展趋势;连锁经营的经营业态呈现多样化趋势,主要以大型超市、百货店和餐饮店为主,多种业态共同发展。

涪陵流通产业主要以批发和零售业为主,批发业往往固定在某一地点,但是随着自身企业的不断发展,批发企业的批发分布地点随之增加。而零售业的发展趋势多样化。其中,百货商场的经营业态具有代表性,因此以百货商场为例加以分析。首先,涪陵流通产业的百货商场呈现出特色型、细分化发展趋势。百货商场经营的产品类型日益多样化,可供选择的品牌和档次较多,且有休闲区域。百货商场主要分布在社区附近和城市中心,根据人流量和交通条件决定商场规模。其次,百货商场经营模式逐渐转变为连锁经营和多元化经营模式。连锁经营就是同家商场在不同区域开设同种类型的商店;多元化经营就是采取集产品、服务和休闲等于一体的经营方式。

科学技术在流通产业中的渗透催生出新型经营模式。由于科学技术的提高，人们对商品的要求越来越高。例如，在食品领域，人们对食品的储存、采购和质量等方面提出了日益严格的要求，以确保食品安全和提升食品质量。随着互联网的普遍使用，网上购物成为流通产业发展的最大趋势和契机。流通企业在网上进行产品销售已经成为大众趋势，由此促进了移动、通信、信息等关联产业的发展。例如，在2016年，涪陵的固定电话用户数比上年增长了2.9%，移动电话用户数比上年增长了10%，国际互联网用户数比上年增长了33.1%。同时，在一些景点、医院和学校附近，越来越多地引入无人自动销售商店，这反映出流通产业在向微型化、社区化和便利化的方向发展。

总之，涪陵的流通产业整体上在向连锁化、多元化和电子化趋势发展。随着流通市场竞争愈演愈烈，流通企业以连锁模式经营已成为主要发展趋势。流通企业在经营效益有保证的情况下会扩张连锁分店，不断占有市场，向区域和全国不断拓展。其次，实体店和连锁商店的商品只有多元化，才能吸引尽可能多的消费者，从而刺激消费，拉动流通产业发展。最后，在互联网的驱使下，网上销售、无人机销售和电话销售已成为普遍的销售方式，销售电子化正在深刻改变和影响着流通产业，使流通企业不得不顺应这一趋势。

第六节　涪陵流通产业优化措施

商品只有经过流通才能转化为货币，整个社会的商品交换成就了流通产业。流通产业的繁荣发展，有利于经济结构的调整，有利于居民福利的提高。涪陵有着多样的特色产品，社会消费品零售总额在逐年增加，流通产业发展水平也在逐年提高。但是，总体而言，涪陵的流通产业无论在总量上还是增长速度上都有较大提升空间。因此，提出如下促进涪陵流通产业发展的对策。

一、政府应制定适度进入壁垒，促进有效竞争

近几年，流通产业市场竞争过度激烈，为了规范市场竞争环境，应该制定提高进入市场门槛的政策。这样一来既可以控制商业规模盲目扩张，又可以提高流通产业质量。通过制定适度的壁垒政策能够将一些流通企业"屏蔽"，防止其进入流通市场，为创造良好的流通环境奠定基础。如今，大多

数流通企业以中小企业为主，这些中小企业资金有限，难以有效参与竞争，针对这种情况，政府应当制定扶助政策，对中小企业提供资金方面的帮助。

制定合适的市场壁垒政策，能够规范市场秩序，促进流通产业良性发展。由于不同地区的情况不同，提高壁垒的标准也应有所不同。如果壁垒过高，对于市场调节就会产生消极的作用，影响产业发展。因此，政府应当根据不同地区的生产消费情况，结合当地企业的种类和数量因地制宜地制定相应的标准。

恶意的市场竞争严重阻碍了产业的发展。中国的流通产业普遍存在过度竞争的现象，如"价格战"等，过度竞争干扰了流通产业正常的市场秩序。政府应当制定有效的竞争策略，保障流通企业的合法竞争行为，抑制流通产业的恶意竞争。

二、将传统流通与现代流通相结合

如果消费者需要某种商品，通常会在拥有该相关商品的实体店进行消费，这就是传统的消费方式和流通方式。而新型的现代流通方式主要包括网上购物、物流配送等。随着国家经济的发展和科学技术的提高，互联网的使用者数量在快速增加，在淘宝和唯品会等网上营销平台上注册的用户逐渐增多，网络销售商品的销售额也在同步增加。

流通产业的发展要以传统流通企业作为基础，同时大力发展现代化流通方式，以提升涪陵商业规模和档次。两者的结合有两个主要表现：一是快捷支付在流通产业中的运用；二是网络购物与物流配送的一体化。

由于近几年支付宝和微信的广泛使用，现在一些大型超市和餐饮店等流通性企业都可以使用支付宝和微信进行支付，这样不仅简单快捷，而且消费者在支付宝和微信上能够随时看到每月的消费情况，这样有利于消费者做出合理的消费决策。支付宝和微信等快捷支付方式提高了网上商店和实体商店的销售额，推进了流通产业发展速度。

网络购物和物流配送的流通方式，要求发展敏捷物流市场。敏捷物流市场的发展，允许在市场上进行大规模且快速的流通活动，从而缩短商品的流通时间，降低商品流通成本，提高了流通企业的市场占有率。

三、多策并举，改善商圈购物环境

对于流通产业而言，购物环境至关重要。消费者会选择那些赏心悦目的场所购物,而不愿意在脏乱差的环境下购物。因此,应从如下3个方面改善商圈购物环境。

首先,要改善商业中心的购物环境。城管部门应当加强对流动商贩的管理,在人流量较多的商业街管制流动商贩的买卖活动;对实体店制定一定的规范准则,如不准大声叫卖,强拉顾客等;政府相关部门应当加强对商业街和商业中心的卫生管理,确保商圈的垃圾及时得到清理,周围环境保持干净卫生;应限制在商业街等人流量较多的购物街附近行车。

其次,要优化商业中心的整体布局。政府在规划商业中心及商业街时要实现建筑风格的统一协调,确保整体建筑样式的时尚性,并且赋予其一定的文化意义。为了满足消费者的休闲需求,政府可以在商业街放置一些鲜艳的花朵和盆栽,放置一些座椅。购物是一种消耗体力的消费活动,应提供足够量的座椅供消费者休息,提升消费者购物过程的满意度。

最后,要优化流通环境。良好的流通环境是提高流通产业发展水平的关键因素,政府应当加快流通体制改革,促进流通环境优化。要加快建设交通、邮电等基础设施,确保购物前、中、后信息流动的通畅性。把强大的物流系统与发展前景良好的流通企业相结合,是流通产业发展的重要途径。要完善物流配送系统,提高物流配送质量和速度。随着交通、物流、邮电、仓储等流通环境的改善,涪陵就可以吸引足够多的流通企业,促进流通产业发展。

四、发展地方特色产业,推进流通企业的品牌建设

特色产业是地方经济发展的一种重要产业,品牌建设则体现了一个企业的文化内涵,特色产业与品牌建设的融合发展有利于一个地区保持经济发展特质和实现持续发展目标。只有把特色产业发展到一定程度,在地区以外打造出知名度,企业才能建立起特色产业品牌,从而吸引外资投资,促进游客及当地居民对特色产品的消费。

涪陵特色产品包括涪陵榨菜、红心萝卜、油醪糟等,其中尤以涪陵榨菜最为出名。政府应当支持流通企业大力发展特色产业,并提供力所能及的帮助,致力于把各种涪陵特色产品打造为有影响力的特色产业,使其走出当地,走向国内外。流通企业通过经营特色产品,可以塑造地方品牌,而好的地方品牌会为企业的良好发展打下基础。

尽管有各种特色产品,但是这些特色产品多数还没有形成特色产业,品

牌建设更为滞后。要加强对特色产品特色化的凝练，通过研发改善特色产品的消费体验，加快流通企业品牌建设，增强消费者对于涪陵特色产品的认知度，以扩大特色产品销售额，提高流通产业效益。

五、加强流通产业人才建设

随着涪陵流通产业的不断发展，流通人才的建设成为一个关键问题。企业间的竞争已成为人才的竞争，要想把流通企业做大做强，必须吸引一批优秀的流通产业人才。涪陵既要引进流通产业的高端人才，也需要从事服务的一线优秀人才。流通企业要不断探索人才建设的新路径和新方法，积极引进国内外优秀的流通企业管理和服务人才，不断强化人才建设，为企业自身发展提供人力资源保证。政府也要通过职业教育和就业培训加大流通产业人才供给力度，通过流通产业的发展提高就业率，为经济发展注入活力。

第七节 小 结

本章主要从产业结构、企业行为、产业绩效、发展特征、发展趋势及优化措施6个方面对涪陵流通产业优化进行分析。首先，研究了涪陵流通产业的结构和发展水平及流通产业结构发展中存在的一些问题，对涪陵流通行业的基本现状和企业行为案例进行了分析；其次，分析了涪陵流通产业的绩效状况、涪陵流通产业绩效对其他产业的影响、涪陵流通产业基本发展情况、涪陵流通产业的消费品市场变化，并对重庆市七个区（包括涪陵区）的社会消费品零售总额进行了对比；最后，从影响涪陵流通产业发展趋势的因素和涪陵流通产业发展趋势两个方面进行了研究，并提出了优化涪陵流通产业的措施。

涪陵流通产业具有竞争性和产品差异化低等特点；流通产业对劳动力具有较强的吸纳能力，有助于解决就业问题；涪陵流通企业多采用多角化经营和连锁经营的策略；从社会消费品零售总额来看，涪陵的流通产业处于上升趋势。批发零售业和住宿餐饮业是涪陵流通产业发展的主要动力，对其他产业有积极的推动作用，但是批发零售和住宿餐饮业对GDP的贡献呈现不稳定的趋势；涪陵的流通产业主要向集中化、连锁化和细分多元化的趋势发展。

第十一章 涪陵金融保险业优化分析

第一节 金融保险业政策环境

自从加入WTO之后，中国制定了一系列新经济政策，以便实行全面的经济开放，其中在金融保险业领域，中国严格遵循加入世贸组织时的承诺，取消了一部分外资进入中国市场的制约因素，允许外国金融、保险机构进入中国金融市场①，从而为中国金融保险业的发展注入了新的活力。但是由于中国金融保险业发展严重滞后，从事金融保险服务业的人员数量、素质普遍偏低，中国金融保险业与国外市场存在着巨大的差距。

金融保险业分为金融业与保险业两大类，经营范围主要包括银行、保险、基金、信托、证券及其他金融产品。在如今的经济生活中，金融保险业扮演着重要的角色，其中融资、贷款、金融商品转让、金融经纪业及保险业务等都是人们生活中随处可见又密不可分的金融保险产品。金融保险业适应于经济的发展，与国民经济的各个部门有着直接或间接的联系，具有优化资金配置的作用，关系着经济发展与社会稳定。②随着经济全球化和中国经济体制改革的不断深入，政府对金融保险业的关注与监管程度日益加深，金融保险业对中国经济增长的影响也越来越大。③

中国在1993年的金融改革浪潮中确立了金融业分业经营和管理原则，从20世纪90年代末期开始，中信集团、光大集团、平安财产保险控股等一系列大型综合性金融企业在中国金融市场中陆续涌现，这些金融企业通过扩大规模将银行、保险、证券等不同性质的金融机构合并在一起，搭建了统一的金融保险混合业务平台，为消费者提供综合服务。在对金融保险业进行监

---

① 郑良芳. 发展民营金融保险业促进民营经济发展 [J]. 南方金融, 2002 (4): 13-16.
② 陈文韬. 金融保险业"营改增"面临的难题与路径选择 [J]. 商, 2016 (29): 172-173.
③ 郑珍远, 郑颖, 陈晓玲. 中国金融保险业的投入产出分析 [J]. 金融论坛, 2013 (3): 60-65.

第十一章 涪陵金融保险业优化分析

管的过程中,为了避免金融动荡,中国政府制定的金融政策是从紧的,因此在一定程度上限制了金融保险业的自主经营。随着中国经济的高速增长及对外开放程度的不断扩大,国内金融保险业(包括银行、保险、证券等行业)之间的分离制度已经逐渐放宽。① 例如,2004年7月,银监会、证监会和保监会建立了"监管联席会议机制",与财政部、中国人民银行合作,有效避免了真空监管和重复监管,以及时调解监管活动中出现的分歧,共同维护金融保险业内部的稳定。②

在政策扶持方面,中国金融保险业政策环境不断改善,金融保险业相关政策的制定一直在随着时间改变,财政部与国家税务总局不断对本行业内政策环境进行调整,以适应日新月异的金融保险市场发展需要。为了保障市场的稳定,《证券投资者保护基金管理办法》规定,在风险基金分别达到规定的上限后,准予证券投资者按交易经手费的20%缴纳的保护基金在企业所得税税前扣除③,准予期货公司从净收入中提取的5%的风险准备金在企业所得税税前扣除④。从税收角度来看,中国自加入WTO后逐渐降低金融保险业营业税,例如,2001年国务院决定将保险公司的营业税从8%降为5%,整个行业资金运用政策处于一个渐行放宽的环境之中。但是与国外同行业相比,中国金融保险业的税收负担仍然比较重,税收政策仍是制约金融保险业发展的瓶颈。除此之外,中国还未建立起完善的养老保险、医疗保险等延迟纳税制度及扣税制度,金融保险企业资金运用范围受限、投资比例失调、经营风险大。不论是银行市场方面还是证券市场方面,外资金融保险企业都很难进入中国,即使顺利进入国内市场,也很难与国内企业竞争。适度竞争的缺乏在一定程度上制约了金融保险业的发展,中国金融保险业在政府政策支持体系上还有很长的路要走。

长久以来,政府对金融保险业征税一直都是中国税收中的难点与重点,对中国经济的发展至关重要。2016年,财政部与国家税务总局采取的一项"营改增"政策在金融保险理论与实践中都颇受瞩目,"营改增"是指将中

---

① 财政部财政科学研究所课题组.保险业政策支持体系研究[J].经济研究参考,2005(67):2-22.
② 吴岳衡.我国保险资金入市研究[D].昆明:云南大学,2006.
③ 马树强.准备金企业所得税税前扣除政策分析(上)[J].注册税务师,2018(1):45-49.
④ 潘勇.探讨融资性担保机构风险准备金的会计核算及税务政策[J].时代金融,2015,(35):159,162.

国金融保险业所征收的营业税改为增值税。该项政策规定了金融保险行业的增值税税率及相关征收政策。金融保险业中金融主要涉及经营货币资金融合流通活动，子行业业务多而复杂；保险是指商业保险，保险种类繁杂。除此之外，金融保险业还包括证券公司、基金公司、贷款机构及担保机构等，但由于金融保险业与其他行业的性质不同，具体方案的设计和实施十分复杂①，对纳税业务、纳税人员组成、征收额度与范围都很难进行明确的规定。不过与国外金融保险业实施的税收政策不同之处在于，中国国有银行和国有保险公司的市场垄断程度与其他国家相比较高，所以在中国金融保险市场征收增值税会相对容易。"营改增"规定，对银行贷款服务征收增值税，对银行取得的利息收入不计入进项税额，也就是说银行的利息费用不可抵扣。② 金融企业在进行金融产品转让时，只有卖方缴纳增值税，在交易过程中不可以开具增值税发票。对于保险业来说，企业缴纳增值税是按保费收入的6%进行纳税，并且延续了营业税的相关免税规定，被保险人获得的保险金是可以不缴纳增值税的。③ 从本质上说，金融保险业以6%的增值税代替5%的营业税对行业产生的影响不止在税收方面，还体现在行业内从业人员素质、服务水平、企业户数、企业资产、营业收入等多个方面。

2017年1月，中国银监会响应政府普惠金融的号召，为了给中小微企业提供具有针对性的便利金融服务，银监会要求民营银行加强关联交易管理，扶持大众创业、万众创新，为普惠金融的发展提供支持。2017年1月4日，保监会为了进一步加强对保险公司的合规管理，设立了保险企业"三道防线"，同时提高了对保险公司合规人员配备、合规部门设置的要求，建立了完善的合规审核机制，并加强了合规外部监管。2017年4月，中国政府决定进一步在全国范围内加强银行的风险防控工作，消除银行业潜在的重点风险隐患，银监会明确规定了银行业风险控制的核心领域，并按照标本兼治、平稳推进、分类实施的原则切实防控可能发生的银行风险。2017年5月16日，保监会明确了万能型保险产品和投资连结型保险产品设计应提供不定期、不定额追加保险费，以及灵活调整保险金额等功能，并且保险公司不得以附加险形式设计万能型保险产品或投资连结型保险产品。2017年

---

① 杜剑，赵子昂. 金融保险业"营改增"面临的难题与路径选择 [J]. 税收经济研究，2014 (5)：1-4.
② 刘向明. 营改增对商业银行的影响 [J]. 中国金融，2016 (12)：59-60.
③ 同①.

第十一章 涪陵金融保险业优化分析

6月,为了完善金融业标准体系,中国人民银行、银监会、证监会、保监会、国家标准委员会5部委联合发布了《金融业标准化体系建设发展规划(2016—2020年)》(以下简称《规划》),规划确立了"十三五"时期金融业标准化的发展目标,其中包括建立新型金融业标准体系和金融业标准监督评估体系,在《规划》推进过程中,强化了金融业标准实施的精准性,以促进中国金融市场标准的国际化。① 2017年6月9日,保监会决定进一步扩大保险公司自主定价权,下调了商业车险费率浮动系数下限。2017年7月11日,保监会又明确了保险公司对第三方网络平台合作车险业务的合规性管控措施。② 2017年9月18日,国务院办公厅发文,要求健全金融保险的支持政策,各部门落实各项优惠政策。

由上述政策可知政府对金融保险业的重视程度,从中也可以看出金融保险业的政策扶持力度在不断加深,扶持范围在不断扩大。例如,金融企业从事托管收款业务时,公司的营业额是从所有收入减去支付委托方价款的余额;政策性银行、财务公司、信用社及金融租赁公司等纳税时,贷款损失准备金可以在当年税前扣除;如金融机构向小微型企业借款,可免征金融机构印花税;在保险业中,如保险营销员佣金收入月营业额未达到起征点,则免收保险公司营业税。与刚进入国际市场时相比,中国金融保险业政策环境已经改善了很多。以涪陵为例,2017年,为促进金融保险业健康发展、吸引行业内高端技术人才,涪陵区政府深入实施"十百千万"人才引进计划,积极为金融保险业从业人员提供优良的发展环境与晋升空间。除引进人才外,为了提升金融保险业实体经济,巩固壮大银行、保险、证券、信贷机构,涪陵区政府积极引导金融机构扩大信贷规模,充分发挥各项投资基金和应急资金池的作用。③

值得注意的是,虽然中国金融保险业政策环境有了很大的改善,但仍有部分政策限制了行业的健康发展。中国当前正处于经济社会转型的重要时期,应科学借鉴国外金融保险业的政策实施经验,并结合本国金融保险业市

---

① 新金融业态需要新准则规范:"十三五"金融业标准化发展规划发布 [J]. 时代金融,2017(19):56-57.
② 中国保监会关于印发《保险公司合规管理办法》的通知 [EB/OL].(2017-01-04)[2018-01-20]. http://circ.gov.cn.
③ 2017年重庆市涪陵区政府工作报告 [EB/OL].(2017-08-19)[2018-01-20]. http//www.zfgzbgw.com/.

场发展状况推动整个行业发展的优化。

第二节 涪陵金融保险业结构分析

从表 11-1 可以看出，相比 2011 年，涪陵区 2016 年增值税增加 173.4%，企业所得税增加 128.0%，个人所得税增加 59.3%，营业税降低 24.7%，4 种税收总和增长 63.2%。营业税降低主要是因为"营改增"政策的实施，不过依旧可以看出，涪陵区地方财政税收增长较快。

表 11-1 2011—2016 年涪陵地方财政税收

单位：亿元

税收项目	2011 年	2012 年	2013 年	2014 年	2015 年	2016 年
增值税 25%	2.97	3.47	4.60	5.61	5.76	8.12
营业税 60%	5.46	6.18	6.66	6.46	6.52	4.11
企业所得税 40%	2.39	3.14	3.41	3.59	4.47	5.45
个人所得税 24%	0.54	0.62	0.71	0.63	0.64	0.86
总和	11.36	13.41	15.38	16.29	17.39	18.54

资料来源：2012—2017 年涪陵统计年鉴。

改革开放之后，涪陵私营企业迅猛发展，2013 年涪陵地区生产总值为 690 亿元，经济总量位于重庆市区县第 2 名，被重庆市划入全市五大功能区中的城市发展新区。在过去的几年里，涪陵区响应重庆市政府的号召，大力发展银行、证券、保险三大金融机构及小额贷款、租赁、信托等非银行类金融机构，全区金融保险业高速发展，无论是行业内从业人数还是金融保险机构数量都有力地支撑着整个区域的经济。2015 年，涪陵区金融机构人民币存款余额为 688.31 亿元，占重庆市金融机构人民币存款余额 28 094.37 亿元的 2.45%；人民币贷款余额为 440.80 亿元，占重庆市金融机构人民币贷款余额 22 393.93 亿元的 1.97%。2016 年，涪陵区金融机构人民币存款余额 716.13 亿元，占重庆市金融机构人民币存款余额 31 216.45 亿元的 2.29%；人民币贷款余额 479.90 亿元，占重庆市金融机构人民币贷款余额 24 785.19 亿元的 1.94%。由此可知，涪陵金融机构人民币存款增速较快，但与重庆市整个金融市场相比仍有很大的发展空间。

第十一章 涪陵金融保险业优化分析

从金融保险业在产业构成中所占的比例来看，涪陵金融保险业所占比例呈下降趋势，最低占全区产业的6.5%，最高占全区产业的13.5%。但若从对地区生产总值的贡献与环比指数来看，金融保险业产值一直在增长且保持较高的增长速度。金融保险业环比增长最高为1997年的135.2%，最低为1995年的99.7%；虽然环比指数较低，但是1995年金融保险业生长总值15 448万元依旧比1994年13 521万元高。涪陵金融保险业生产总值在不断增长，从1985年的1583万元增长到2016年238 529万元，地区生产总值增长了近150倍（表11-2）。由此可知，涪陵金融保险业保持着快速发展的态势，对经济的贡献也在不断加大。

表11-2 1985—2016涪陵金融保险业发展状况

年份	金融保险业生产总值/万元	金融保险业地区产业构成/%	金融保险业环比指数/%
1985	1583	10.5	106.6
1986	1885	10.7	124.7
1987	2107	10.6	123.7
1988	2670	10.5	124.1
1989	3404	10.4	118.2
1990	5500	12.0	124.8
1991	7260	12.6	122.4
1992	9383	13.3	119.1
1993	12 678	13.5	118.2
1994	13 521	11.6	100.5
1995	15 448	10.4	99.7
1996	17 733	10.4	110.8
1997	24 940	12.0	135.2
1998	27 072	11.4	110.6
1999	29 753	10.8	110.8
2000	30 895	10.1	105.0
2001	34 179	9.7	111.4

续表

年份	金融保险业生产总值/万元	金融保险业地区产业构成/%	金融保险业环比指数/%
2002	40 064	9.9	118.9
2003	43 523	9.3	109.9
2004	46 833	8.6	109.0
2005	52 618	7.9	109.9
2006	55 257	7.1	103.0
2007	63 298	6.8	109.0
2008	74 757	6.5	109.4
2009	84 887	6.5	120.8
2010	96 372	6.5	114.3
2011	129 800	7.5	104.0
2012	162 206	8.0	126.7
2013	190 446	8.9	111.1
2014	213 842	8.8	119.6
2015	232 016	8.7	109.7
2016	238 529	8.0	102.8

资料来源：1986—2017年涪陵统计年鉴。

一、涪陵金融机构构成

涪陵金融保险市场的子行业种类繁多，除银行、证券、保险以外，还包括了典当行、资产管理、外汇、期货期权、小额贷款、基金、金融租赁、信息服务等多种金融机构。单就银行来说，主要有重庆农村商业银行、中国银行、中国工商银行、中国农业银行、中国建设银行、中国邮政储蓄银行等。截至2015年年末，涪陵正常营业企业中有金融企业117家，其从业人数为6582人；财务公司5家，其从业人数为25人；典当行6家，其从业人数为48人；期货市场2家，其从业人数为39人；投资公司38家，其从业人数为733人；人寿保险12家，其从业人数为3198人；财产保险14家，其从业人数为 422 人。① 涪陵金融保险市场体系不断完善，各类金融保险企业百家争鸣，为涪陵经济的发展提供了很好的金融服务，其中银行业的发展最为引人注目。重庆农村商业银行涪陵分行共有 69 家，位居涪陵银行业的首位；中国邮政储蓄银行次之，共 25 家；中国农业银行有 19 家，位居第 3 位。另外，各大银行还在涪陵设立了 ATM 机和 24 小时银行（表 11-3）。

表 11-3　2017 年涪陵银行机构概况　　　　单位：家

金融企业	银行	ATM 机	24 小时银行
中国交通银行	5	3	24
中国邮政储蓄银行	25	11	10
中国招商银行	2	0	3
中国平安银行	1	0	1
中国光大银行	1	0	1
浦发银行	1	0	1
中国民生银行	2	0	0
中信银行	3	3	4
中国工商银行	11	6	9
中国银行	9	7	3
中国建设银行	13	3	14
兴业银行	1	3	0
农村商业银行	69	13	21
中国人民银行	1	0	0
中国农业银行	19	12	1

二、涪陵金融业经济成分构成

若是将涪陵金融业的经济总量按经济成分划分，结果如表 11-4 所示。2016 年金融业公有制经济为 16.24 亿元，占金融业 GDP 的 68.1%，同比增长 11.23%；非公有制经济为 7.61 亿元，占金融业 GDP 的 31.9%，同比降

---

① 卢萍. 涪陵区金融业发展现状及问题研究 [J]. 重庆统计，2016 (11): 23-26.

低 11.51%。

表 11-4　2013—2016 年涪陵金融业经济成分构成

经济类别	2013 年		2014 年		2015 年		2016 年	
	总量/亿元	构成/%	总量/亿元	构成/%	总量/亿元	构成/%	总量/亿元	构成/%
金融业增加值	19.04	100	21.25	100	23.20	100	23.85	100
公有制经济	14.21	74.63	13.96	65.69	14.60	62.93	16.24	68.09
非公有制经济	4.84	25.37	7.29	34.31	8.60	37.07	7.61	31.91

资料来源：涪陵区统计局。

从表 11-4 数据可以得出 2014 年涪陵金融业增加值增长 11.61%，2015 年增长 9.18%，2016 年增长 2.80%；公有制经济 2014 年降低 1.76%，2015 年增长 4.58%，2016 年增长 11.23%；非公有制经济 2014 年增长 50.62%，2015 年增长 17.97%，2016 年降低 11.51%。涪陵金融业公有制经济成分所占比例较高，非公有制经济成分较少，两种经济成分的增加值总体增加，其中非公有制经济增速快，但 2016 年有所降低。图 11-1 反映了这种变化趋势。

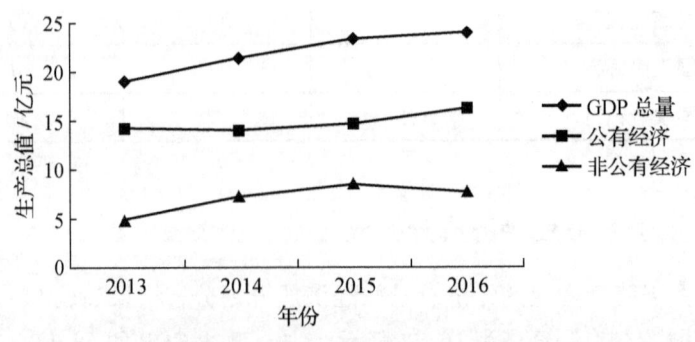

图 11-1　2013—2016 年涪陵金融业经济成分构成趋势

资料来源：2014—2017 年中国统计年鉴。

三、涪陵金融业存贷款规模

表 11-5 给出了涪陵金融机构存款余额。由表 11-5 可以看出，2013—2016 年各年年末人民币存款余额都在增加，人民币存款余额年平均增长率为 12.05%。与邻近区县年末金融机构存款相比较，涪陵在这几个区县中的存款额居于首位（2016 年除外），巴南区次之，长寿区排第三。从增长速度看，2013 年长寿区增长最快，2014 年涪陵区和南川区均增长最快，2015 年南川区增长最快，2016 年南川区增长最快。

表 11-5 2013—2016 年年末涪陵与周边区县金融机构人民币存款余额比较

区县	2013 年 绝对额/亿元	2013 年 增长率/%	2014 年 绝对额/亿元	2014 年 增长率/%	2015 年 绝对额/亿元	2015 年 增长率/%	2016 年 绝对额/亿元	2016 年 增长率/%
重庆市	22 202.10	17.3	24 501.54	10.4	28 094.37	14.7	31 216.45	11.1
南川区	173.27	10.4	203.54	17.5	254.30	24.9	324.84	27.7
武隆区	117.31	17.8	137.21	17.0	156.76	14.2	197.72	26.1
巴南区	483.26	14.9	553.03	14.4	636.60	15.1	762.40	19.8
长寿区	377.59	20.8	410.44	8.7	453.05	10.4	495.20	9.3
垫江县	209.86	16.4	234.79	11.9	262.47	11.8	303.65	15.7
涪陵区	528.49	15.9	621.20	17.5	688.31	10.8	716.13	4.0

资料来源：2014—2017 年涪陵统计年鉴。

涪陵金融机构贷款余额见表 11-6。由表 11-6 可以看出，2013—2016 年各年年末人民币贷款余额都在增长，年平均增长率为 9.5%。2013 年涪陵人民币存贷比为 76.4%，2014 年存贷比为 70.4%，2015 年存贷比为 64.0%，2016 年人民币存贷比 67.0%。武隆区每年人民币存贷比均在 90% 左右，与其相比，涪陵金融机构存贷比较低，这表明涪陵区金融机构所承担的风险变小，金融市场较为稳定。但若与垫江县相比，涪陵区的人民币存贷比还是相当高的，这可能与垫江县金融机构数量少、规模小有关。

表 11-6　2013—2016 年年末涪陵与周边区县金融机构人民币贷款余额比较

区县	2013 年		2014 年		2015 年		2016 年	
	绝对额/亿元	增长率/%	绝对额/亿元	增长率/%	绝对额/亿元	增长率/%	绝对额/亿元	增长率/%
重庆市	17 381.55	14.9	20 011.50	15.1	22 393.93	11.9	24 785.19	10.7
南川区	135.12	6.6	147.49	9.2	172.44	16.9	199.91	1.16
武隆区	113.10	9.4	127.20	12.5	144.22	42.2	172.94	19.9
巴南区	395.64	9.1	461.45	16.6	452.03	-2.0	527.05	16.6
长寿区	229.41	19.6	257.86	12.4	281.19	9.0	294.09	4.6
垫江县	91.88	25.7	114.76	24.9	132.59	4.2	165.18	24.5
涪陵区	403.77	20.0	437.35	8.3	440.80	0.8	479.90	8.9

资料来源：2014—2017 年涪陵统计年鉴。

四、涪陵保险业结构分析

涪陵主要保险企业有中国人寿保险股份有限公司（重庆市涪陵区支公司）、中国平安财产保险股份有限公司、中国太平洋财产保险股份有限公司、中国人民保险集团股份有限公司、中国大地保险、新华人寿保险股份有限公司、泰康人寿保险股份有限公司、太平人寿保险涪陵支公司、太平洋人寿保险有限公司、安诚财产保险公司、永诚财产保险股份有限公司、安盛天平财产保险公司、都邦财产保险股份有限公司、幸福人寿保险涪陵中心支公司、中华联合财产保险公司、中宏人寿保险有限公司、永安保险、光大永明人寿保险有限公司、安邦财产保险股份有限公司、中美大都会人寿保险有限公司、中新大东方人寿保险有限公司、文津国际保险经纪有限公司、华安财产保险股份有限公司、重庆鹏程保险代理有限公司 24 家（不排除还有其他未统计的小型保险公司）。

近年来，涪陵保险种类多样，行业市场份额、参保人数、保费收入逐年上升，行业增长速度加快，从表 11-7 可以清楚地看出，涪陵保险市场规模正在不断变大，相比 2011 年总参保人数，2016 年总参保人数增长了 53.1%。在分类保险项目中，城镇职工基本医疗保险和基本养老保险参加者最多，且逐年增长；失业保险参加人数约为城镇基本养老保险参加人数的一半,且逐年增长;工伤保险参加人数增长较快,约占城镇基本养老保险参加人数的3/4,且逐年增长;生育保险参加人数不足城镇基本养老保险参加人数的一半,也在逐年增长。

表11-7　2011—2016年涪陵参保人数　　　　单位:万人

人数	2011年	2012年	2013年	2014年	2015年	2016年
城镇基本养老保险职工人数	13.30	14.60	16.70	18.10	18.92	20.12
城镇职工基本医疗保险年末人数	14.41	15.59	16.61	18.03	18.89	19.67
失业保险年末人数	7.13	7.83	9.29	10.56	10.71	10.80
工伤保险年末人数	8.62	9.60	10.63	11.25	11.55	15.80
生育保险年末人数	6.21	6.83	8.06	8.84	9.18	9.64
总参保人数	49.67	54.45	61.29	66.78	69.25	76.03

资料来源:2012—2017年涪陵统计年鉴。

第三节　涪陵金融保险企业行为分析

随着涪陵经济的发展,金融保险市场服务体系日趋完善,股票、基金、证券、信托、投资型保险、债券、期货、不动产等产品种类增多,政府扶持政策鼓励金融保险市场健康发展,特别是对农业的支持力度不断加深,"三农"政策性保险得到全面推广。金融机构设立了便民自助服务点,增设了惠农通①,目前,区域内涉农金融机构超过60家。金融市场对资金的需求大幅增加,而随之而来的信贷配给不平等现象越来越严重。对于中小微企业来说,通过非金融机构获取的资金有限,根本无助于企业拓展业务甚至无法保证企业的正常运营。为了扶持中小微企业,涪陵银行、保险两大机构深度合作,全面实施地区内小额贷款保证保险,并通过政府增信手段设立了风险补偿基金,以便为中小微企业提供融资服务。

---

① 李哲,李理,武献华.正规金融机构农村信贷行为分析[J].农村经济,2009(3):72-74.

一、涪陵金融企业行为分析

涪陵金融企业主要包括银行、证券、基金、信托等，作为重要的金融机构，研究银行的行为对于分析企业金融企业具有一定参考意义。中国四大银行在涪陵的分行共有52家，ATM机28家，24小时银行27家，中国建设银行居于第二位。涪陵中国建设银行将不同客户划分为四大板块，即个人客户、私人银行、公司机构、小微企业。由于银行系统庞大且业务繁多，只能列举有代表性的常见业务，见表11-8。

表11-8　中国建设银行涪陵支行经营业务汇总

四大板块	业务划分	业务明细
个人客户	信用卡	龙卡、全球支付卡、旅行卡、EMV
	投资理财	基金、保险、外汇投资、贵金属商品、国债证券
	存贷及银行卡	存款、贷款、个人外汇、银行卡、理财卡、借贷通
	电子银行	e账户、网上银行、短信金融、家居银行
私人银行	资产管理与服务	投资规划与咨询、保障规划与咨询、财富传承与咨询
	特殊融资与服务	专属银行卡、专属贷款、特色服务
	非金融服务	便捷出境、全球礼遇、机场服务、养老服务、健康关爱
公司机构	投资银行	债权类理财产品、权益类理财产品、债券承销、产业投资基金
	公司业务	企业存款、信贷类产品、保险、养老金产品、托管服务、账户管理
	金融市场	结售汇与外汇买卖、利率与结构化产品、贵金属商品、固定收益类产品
	资产托管	证券投资基金、特定客户资产管理
	国际金融	国际结算业务、融资业务、国外银行业务、保函业务
	现金管理	账户服务、流动性管理产品
小微企业	一般贷款服务	外保内贷、政府采购贷、助保贷、供应贷、置业贷、保通贷、额度抵押贷款、租赁通、资贷通、影视贷、小额贷、速贷通
	信用贷	税易贷、POS贷、善融贷、结算透、创业贷

资料来源：中国建设银行涪陵支行官网。

从表 11-8 中可以看出，涪陵建设银行业务不仅包括国内市场的储蓄融资、贷款、投资理财等业务，还包括外汇精英、国际结算、资产托管等国外业务。就建设银行资产投资托管来说，涪陵区支行经营的内容主要包括接受客户委托，担任客户委托资产的托管人，提供资产保管、资产估值、资金清算、会计核算、投资监督、信息报告等托管服务，以及保险资产证券类投资托管、保险资金实业投资托管、证券公司客户资产管理、私募投资基金托管等其他托管业务。

单从建设银行经营行为可以看出，涪陵金融企业受外界影响较大，金融服务创新主要依赖地区经济发展，经营项目时很容易受到不完全信息市场的制约。从从业人员来看，涪陵各类金融企业主要通过招聘和培训来获取相应的人力资源，但是地区人才市场上高素质人才较少，培训时期相对较长。银行个人理财产品只对客户收取手续费和佣金，经营收益较少。目前，涪陵金融服务还处于初级阶段，经营策略单一，理财产品期数最短一天，最长不定。① 银行为客户提供综合理财服务方案，根据方案收取不同的服务费，例如，建设银行对金级客户收取每户每年 480 元，白金客户每户每年 600 元，钻石及以上客户每户每年 1000 元。受政策、监管、短期考核压力的影响，金融企业更加重视能快速受益的经营业务，忽视长期收益，忽视客户利益最大化。这都在一定程度上限制了涪陵金融产品的创新及本地金融企业的发展。

二、涪陵保险企业行为分析

经过近几年的快速发展，涪陵保险业市场化程度依旧很低，保险市场集中度高，呈现垄断格局，企业之间非价格竞争较少，产品差异化较小。由于盲目的粗放型增长，涪陵本地大部分保险企业产品单一、经营管理水平差、企业年收益率低、从业人员素质欠缺。② 从保险企业险种的创新行为来看，涪陵保险企业所提供的产品品种单一，彼此替代性很高，公司业务主要集中在财产保险、车辆保险、寿险等少数大险种上，对于各类责任险、医疗保险、保证保险却鲜有涉及，这与本地民众的保险意识不足有关。从竞争行为

---

① 张国强. 涪陵商业银行个人理财业务研究 [J]. 重庆工贸职业技术学院学报, 2014 (4): 7-11.
② 李光勇. 我国保险业的市场结构与企业行为分析 [J]. 海南金融, 2000 (12): 32-37.

来看，涪陵区政府为杜绝恶性竞争采取了一系列措施，涪陵各保险企业受到了监管部门及政府政策的制约，行业内缺乏有效的市场竞争，市场集中度过高，不利于中小微保险企业的发展，从而导致了资源配置不合理，市场效率低下。①

中国平安财产保险股份有限公司涪陵分公司于 2003 年注册成立，是一家融保险、银行、投资等为一体的保险公司。公司针对个人和企业开展业务经营，经营业务主要包括家庭财产保险、健康保险、意外伤害保险、企业财产保险（包括企业建筑、资金、货物、车辆、设备等固定资产）、建筑工程保险、安装工程保险、货物运输安全保障、机动车辆保险、船舶保险、农业安全保障、自然风险保险、责任保险、保证保险等，除此之外，中国平安财产保险还可以代理国内外保险机构检验、理赔、追偿及其委托的其他有关事宜。涪陵支公司设有营销服务部，由其负责市场营销业务员的培训及日常管理，分发保险单据并根据保单收取相应的保险费、投保单等单证，接受客户的咨询、意见与投诉。平安财产保险针对企业客户设有企业财产、员工保障、信用保障、经营保障、风险防控 5 个板块，其中风险防控板块包括平安财产保险提供的风险评估、预防咨询、项目风险监督及风险管理培训业务。由于企业特有的性质，企业所设保险需要保险公司量身定做适合本公司的保险，所以在价格上有所不同，企业保险定价也就无法像个人保险一样。个人客户保险中意外险价格最高，旅游险较低，但是不同种类的保险会有相应的价格，风险大的收益大。具体价格见表 11-9。

表 11-9　平安财产保险股份有限公司涪陵区分公司个人客户常见经营业务价目

大类险种	小类险种	最低价格/元
旅游险	国内自助游	0.8
	全球旅游险	45
	平安亲子游	45
	团体国内游	自定义
	国体境外游	33

---

① 赵旭. 关于中国保险公司市场行为与市场绩效的实证分析 [J]. 经济评论, 2003 (4): 118-121.

续表

大类险种	小类险种	最低价格/元
意外险	私家车驾乘意外	500
	家庭大病医疗	1102
	意外重疾防癌	1300
	短期综合意外	3
	一年综合意外	43.8
财产险	家庭财产	120
	家财宝	187
	个人资金损失	28
	家居综合保障	630
健康险/少儿险	少儿安康卡E款	480
	全国紧急医疗救援	96
	守护天使E款	100

资料来源：平安财产保险股份有限公司涪陵区分公司官网。

涪陵保险企业根据当地实际经济情况与民众保险意识经营不同种类的保险业务，但由于本地保险市场进入壁垒过高、退出机制缺乏，大企业处于垄断地位，小企业很难生存。规模较大的保险企业经营管理水平比较粗放。保险市场组织体系、监督体系、调控体系不健全，企业退出难以得到保障，市场主体结构混乱，保险企业无所适从。

第四节　涪陵金融保险业绩效分析

涪陵近几年来响应国家号召，加大了对金融保险业的支持力度，整个金融保险市场生态环境逐步得到优化，全区银行业不良贷款余额、贷款率纷纷下降，金融服务体系日益完善。整个行业在资源配置效率、生产规模、利润率等方面有了长足的进步。

从涪陵金融机构存贷款规模来看，2011—2016年各年年末存贷款余额都在逐渐增加（表11-10），人民币存款余额年平均增长率为13.1%，人民币贷款余额年平均增长率为8.9%。2016年，金融机构存款余额增长

4.0%，贷款余额增长 8.9%。2011—2016 年，本外币存款余额增长 13.48%，本外币贷款余额增长 8.1%，贷款余额增速最快。据统计，截至 2015 年年底，银行机构涉农贷款年末余额达到 88.5 亿元，金融机构累计发放"三权"抵押贷款 10.9 亿元，占全区贷款总额的 22.5%。2016 年人民币存贷比为 67.0%，本外币存贷比 66.0%；2011 年人民币存贷比为 81.0%，本外币存贷比 85.3%。涪陵金融机构存贷比逐年降低，表明地区内资金流动性增大，金融机构所承担的风险变小，金融市场较为稳定。涪陵区政府积极调整融资模式，改善融资结构，引进区外资源，扩大融资规模，加快构建多元化融资进程，并且努力降低企业融资成本。据统计，涪陵金融融资成本在重庆市处于最低水平。以票据融资作为金融业融资能力的代表，2011 年票据融资是 2.29 亿元，2016 年是 16.2 亿元，增长了 607.4%，虽然增长率很高，但是可以看出票据融资总资金不是很理想，这说明涪陵金融业市场规模依旧很小。

表 11-10　2011—2016 年年末涪陵金融机构存贷款规模

项目	2011 年	2012 年		2013 年		2014 年		2015 年		2016 年	
	金额/亿元	金额/亿元	增长率/%	金额/亿元	增长率/%	金额/亿元	增长率/%	金额/亿元	增长率/%	金额/亿元	增长率/%
人民币存款余额	389	456	17.3	528	15.9	621	17.5	688	10.8	716	4.0
人民币贷款余额	315	336	6.7	403	20.0	437	8.3	441	0.7	480	8.9
人民币储蓄存款	217	259	19.3	292	12.7	334	14.4	375	12.3	406	8.3
本外币存款余额	389	459	17.9	531	15.6	628	18.2	695	10.7	729	5.0
本外币贷款余额	332	351	5.6	407	16.1	439	7.6	445	1.4	481	8.1
短期贷款	7.22	9.55	32.8	12.7	33.0	135	5.8	124	-8.1	124	0.0
中长期贷款	241	233	-3.3	273	17.2	298	9.4	305	2.3	340	11.4
票据融资	2.29	8.31	262.9	3.66	-56.0	4.5	23.0	10.5	133.3	16.2	54.1

资料来源：2012—2017 年涪陵统计年鉴。

第十一章　涪陵金融保险业优化分析

涪陵区政府从宏观调控的角度配置全区经济市场的资源，严格控制金融风险，通过制定减、免、奖、罚等一系列相关政策推动金融保险企业实体化、市场化的进程。此外，政府通过设立小微企业服务店与服务网站，引导金融资源流向"三农"、中小微企业，通过政府增信手段帮助企业融资1400万元。2015年，涪陵外部市场有10家挂牌公司，主板上市公司有9家，"新三板"挂牌公司有3家，银行业与保险业合作设立了300万元的小额贷款保证风险补偿基金和2000万元的"助保贷"风险补偿基金，积极促进农业、中小企业的发展。表11-11列举的是各行业对地区生产总值的贡献，从中可以看出金融保险业市场占有率和营业收入情况。在涪陵生产总值构成中，批发和零售业一直处于较高的地位，而住宿和餐饮业占比较低；交通运输、仓储及邮政业在1990年稍有回落，随后上升；1985—1995年，金融保险业在地区生产总值中的占比较房地产业、住宿和餐饮业为高，1995—2011年，房地产业占比高于金融保险业，从2012年至今，金融保险业占比回升。从市场规模来看，由于涪陵工业发展较快，批发零售业和交通运输、仓储及邮政业的市场占有率虽偶有下降但依然是市场中的龙头老大，这两个行业是稳定涪陵经济增长的重要动力。相比而言，金融保险业市场占有率十分平稳，对经济增长的作用相对稳定，结合涪陵经济发展来看，金融保险业与经济发展情况密不可分，整个行业随着经济增长稳步推进。

表11-11　涪陵金融保险业在地区生产总值中的占比　　　单位：%

年份	金融保险业	交通运输、仓储及邮政业	批发和零售业	住宿和餐饮业	房地产业
1985	10.5	25.1	33.5	7.1	3.8
1986	10.7	24.5	31.9	7.2	3.6
1987	10.6	23.8	32.3	7.8	3.1
1988	10.5	20.7	37.4	7.3	2.7
1989	10.4	20.3	39.1	5.9	2.2
1990	12.0	15.6	36.7	6.7	2.1
1991	12.6	12.6	35.5	5.8	1.8
1992	13.3	12.4	33.4	5.4	2.3
1993	13.5	13.4	32.1	5.0	1.7

续表

年份	金融保险业	交通运输、仓储及邮政业	批发和零售业	住宿和餐饮业	房地产业
1994	11.6	21.3	27.1	4.3	1.8
1995	10.4	18.6	21.6	3.5	15.7
1996	10.4	22.5	21.8	3.4	10.9
1997	12.0	20.7	23.0	2.9	12.7
1998	11.4	17.2	23.9	3.0	14.3
1999	10.8	17.7	23.6	3.2	13.1
2000	10.1	16.5	23.9	3.6	12.7
2001	9.7	16.7	24.4	3.6	12.2
2002	9.9	17.0	24.2	5.2	10.4
2003	9.3	17.7	23.9	6.5	9.5
2004	8.6	18.3	24.6	7.4	8.9
2005	7.9	22.0	23.8	7.2	9.2
2006	7.1	22.9	24.1	7.2	8.8
2007	6.8	22.4	24.3	7.7	8.7
2008	6.5	23.6	25.3	8.2	8.3
2009	6.5	22.6	24.0	8.6	9.1
2010	6.5	23.1	22.9	8.2	8.9
2011	7.5	23.6	21.9	8.2	8.1
2012	8.0	23.3	20.7	8.0	7.7
2013	8.9	23.5	21.3	8.4	7.6
2014	8.8	22.2	20.1	8.1	7.2
2015	8.7	22.5	19.6	8.2	6.9
2016	8.0	22.9	18.8	8.1	6.9

资料来源：1986—2017年中国统计年鉴。

新型金融业以小额贷款企业和融资担保企业为主，从2015—2017年这3年的涪陵统计年鉴获得的数据中能够清楚地看出，2015年涪陵新型金融企业增长 11 家，营业收入达到 9.02 亿元，同比增长 18.1%，占金融业的 38.9%；2016 年仅仅前三季度营业收入就达到了 7.69 亿元，同 2015 年相比增长了 16.5%。金融保险市场发展形势良好，但是由于涪陵金融保险业起步晚，在发展过程中出现了各式各样的问题，例如，2014 年与 2015 年上半年，金融业增长速度明显放慢。① 除此之外，涪陵保险业市场结构不平衡导致资源配置效率非常低，保险行业的经营绩效下滑明显，且波动幅度较大。小规模保险公司利润率有时会呈现负值，企业亏损现象严重。据了解，小型保险公司规模小，只能大打价格战，以获取利润，而资产规模大、市场份额高的保险企业则居于市场垄断地位，拥有市场最优的资源，最终导致涪陵保险市场总体业绩逐年下滑。

第五节　涪陵金融保险业发展特征

涪陵是重庆六大区域中心城市之一，全区金融保险业受国民经济其他部门，尤其是第三产业的影响较大，由于中国市场经济正处于结构调整的关键时期，整个经济下行压力增大②，涪陵金融保险行业为求生存发展，通过不断调整产业结构适应本地经济、政治、文化形势需要，逐渐形成了一套与众不同的发展体系。

一、涪陵金融保险业持续增长

从涪陵金融保险业对地区生产总值的贡献与环比指数来看（表11-2），金融保险业产值一直在增长且保持了较高的增长速度。金融保险业环比增长最快为 1997 年的 135.2%，最低为 1995 年的 99.7%；涪陵金融保险业生产总值在不断增加，从 1985 年的 1583 万元增长到 2016 年的 238 529 万元，增长了近 150 倍。金融保险业对涪陵经济发展越来越重要，已经初步成为涪陵的支柱型产业。

相比过去几十年，涪陵金融保险机构在数量与质量上都有大的提高，银行不良贷款余额与不良贷款率连年下降，大型金融企业入驻了涪陵，截至

---

① 卢萍. 涪陵区金融业发展现状及问题研究［J］. 重庆统计，2016（11）：23-26.
② 宋正富，传红. 重庆涪陵建设区域性中心城市的探索与实践［J］. 科学咨询（科技·管理），2012（5）：8-13.

2017年，涪陵有各类银行机构163家。2015年涪陵以小额贷款、信托、担保为代表的新型金融业增长了11家，营业收入达到了9.02亿元，同比增长18.1%，占金融业的38.9%；2016年仅仅前三季度营业收入就达到7.69亿元，同2015年相比增长了16.5%。其中，小额贷款企业是新型金融业的主导产业，拥有较好的发展前景。为了改变涪陵农村金融现状，政府引导金融机构服务"三农"，增设了农村服务网点，着力于扩大金融服务范围，加大了对农村金融机构的支持力度，利用政府增信、债务管理等手段持续优化了涪陵金融生态环境。涪陵经济发展势头较好，金融保险业发展潜力较大。随着居民收入的增加，他们的理财观念也在逐渐改变。以保险业为例，2017年涪陵保险深度与保险密度进一步提升，从图11-2中可以看出，涪陵居民的参保人数呈上升状态，2015—2016年增长速度加快。

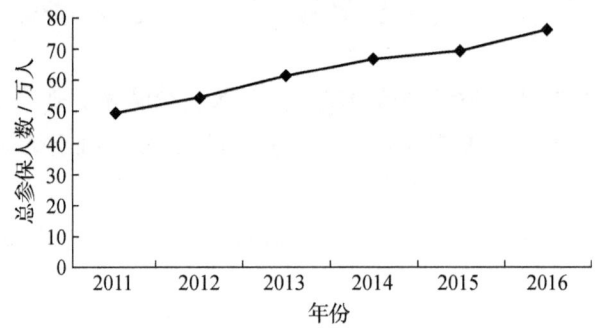

图11-2　2011—2016年涪陵保险业总参保人数趋势

资料来源：2012—2017年涪陵统计年鉴。

二、涪陵金融业发展的制约因素较多

（一）城市和农村金融市场发展不平衡，呈现两极分化态势

如同其他区县一样，涪陵国有金融占主导地位，民间金融企业很少，发展较慢，行业内部管理基本上依靠政府，自我完善能力较差。2016年金融业公有经济为16.2亿元，占金融业GDP的68.1%；非公有经济为7.61亿元，占金融业GDP的31.9%。虽然涪陵区政府从财政税收、人才引进、工商服务等政策上加大了对"三农"和中小企业的支持力度，但在实际操作中这些优惠政策很难落到实处，而且由于金融业逐利性的本质，优惠政策收效甚微。

涪陵农业经济效率低，金融保险服务水平严重滞后。农村金融机构少，

第十一章 涪陵金融保险业优化分析

针对农业的金融产品供给不足，农村金融业务基本限于汇款、活期和定期存贷款，中间业务与理财业务种类稀少；保险结构单一，险种类型集中，其中与农民密切相关的自然风险类保险更是少见。不过，这与农村经济落后、居民资金不足、金融知识匮乏、投资意识差也有关系。2015年，涪陵银行机构涉农贷款年末余额为88.5亿元，金融机构全年共发放"三权"抵押贷款10.9亿元，全区人民币贷款年末余额为440.8亿元，涉农贷款占全区贷款总额的20.1%。在涪陵农村金融市场中，合作社一家独大，其他金融机构（如中信银行、浦发银行等）在农村市场发展较为薄弱。截至2017年，涪陵农村信用社共有69家，占银行总数的42%。但是，由于农村信用社获取资金的能力有限，管理机制不完善，难以满足涪陵农村发展的多种资金需求。

而城镇周边中小企业获得的融资除了能够维持自身发展所需以外，还能够拉动农业投资，进而促进经济增长。但是，这类中小企业信用不足，经营风险大，抗风险能力弱。金融机构出于利润与风险控制的考虑，比较偏向于规模大、信用好、需求大的企业，严格控制乡镇小企业的贷款程序与贷款供给。① 这就导致中小企业获取资金的渠道过于单一、融资成本较高。

（二）金融企业创新能力弱、经营模式落后

金融业的创新主要体现在产品、服务、工具方面的创新。2015年，涪陵以小额贷款、担保、信托、风险投资、基金为代表的新型金融业发展势头良好，可是类似于货币利率互换、可转换债券、期权合约、金融期货等新型金融产品的发行依然受限，总体来说，涪陵金融业务创新仍处于初级阶段。多数金融业务是从外部引进的，科技含量低，金融衍生品创新性不足，产品原创性极低，无法适应本地经济的发展。以证券为例，本地证券业务开展被限制在一定的范围内，公司难以开发出跨领域的综合性产品，产品品种同质化、层次低；涪陵银行的主营业务过于集中，主要是一些简单的劳动密集型服务，如存贷款结算、汇款等，高收益产品品种较少。涪陵金融业属于分业经营，各种细分行业大多是单独的个体，如银行、证券、保险、信托、基金等，这些机构缺乏一定的联系。混业经营受到限制，以致各大金融机构无法进行有效的联系。2015年，涪陵银行业与保险业两大机构合作设立300万小额贷款保证风险补偿基金，2000万元"助保贷"风险补偿基金，这两种

---

① 何悦. 涪陵城镇化进程中金融支持现状及对策研究 [J]. 农村经济与科技，2015（8）：150 – 151.

创新型基金为促进农业和中小企业的发展做出了贡献，但是涪陵类似创新还比较少。

金融业本身属于服务业，涪陵金融企业在创新服务方面的不足之处在于，它们把服务创新的重点放在了操作流程上面，没有从金融服务创新的本质出发进行创新，概而言之，金融业服务创新是通过对存贷款、汇兑、信托等一些中间业务的创新满足消费者的需求。有的金融企业意识到了自身创新能力不足的问题，但是对需要创新的制度、产品、管理等缺乏必要的研究，创新流于表面形式，无法产生质的影响。在服务创新方面，涪陵金融业迫切需要正确的引导与规范，以立足于市场需求在金融体制和运行机制等各个方面不断地完善和创新。只有通过不断努力创新，涪陵金融业才能保持自身的竞争能力，创造好的有利于金融创新的生态环境，服务于实体经济。

（三）金融市场人力资源短缺，数量与质量有待提升

涪陵人力资源市场中高端技术人员较少。根据表11-12的城镇与农村从业人员占比可以看出，人力资源逐年从农村流向城镇，但相对来说农村从业人员依旧众多。

表11-12　涪陵城乡从业与失业人员汇总

项目	2011年	2012年	2013年	2014年	2015年	2016年
城镇从业人员/万人	29.65	34.09	39.48	41.54	42.21	43.66
农村从业人员/万人	41.25	38.41	35.69	34.76	34.29	33.24
年末城镇失业人员/万人	7295	5390	3792	4092	3462	5145
年末城镇登记失业率/%	3.45	2.65	2.04	2.03	2.01	2.27

资料来源：2012—2017年涪陵统计年鉴。

金融业本质上属于知识密集型的服务业，需要知识面广、经验丰富、精通业务的复合型人才，但是这些具有理论知识和操作能力的专业人才比较欠缺，不论是规模大的金融机构还是小型私营金融公司，员工业务素质都亟待改进。银行与证券机构的部分业务员对企业经营的业务范围不甚了解，在对客户推荐时无法详尽描述产品收益率、风险性、特殊性，从而造成了业务流失。更有甚者，金融机构的管理人员不具备战略管理、业务开拓及风险把控能力，不能有效地把风险控制在可承受的范围之内。金融机构不少工作人员对政府政策、企业制度、管理规定不甚了解，为了提升个人业绩，在对贷款

客户及企业信息了解不全面的情况下就进行贷款,这些都增加了坏账与贷款的风险。虽然政府在人力资源供给方面加大了投入,但总量上还是稍显不足。金融业的竞争说到底是人才的竞争,因此,要发展涪陵金融保险业,最根本的还是需要培养和引进大批金融从业人员,然而,在涪陵人才市场上高素质金融创新人才和经验丰富的复合型人才十分欠缺。

（四）金融市场结构不合理,缺乏引导

涪陵金融市场发展虽快,但行业内结构单一。全区金融机构缺乏龙头企业,行业内经营模式固化,资金链不足,不能发挥金融核心作用。与重庆市其他区县相比,涪陵融资市场相对滞后,企业融资主要是通过银行进行间接融资,较少通过债券、股票等直接渠道融资。涪陵金融市场供需结构不平衡,资源配置不合理,地区内国有金融机构占有绝大部分的资源,金融机构主要服务对象是包括国有企业在内的大中型企业,面向中小企业与民营企业的金融市场极端缺乏。金融市场整体调节能力没有发挥出作用,市场效率不足。涪陵针对金融业的政策大多沿袭上级部门,很少经过金融市场实践而来,导致政策不能及时与现实需要相匹配。

三、涪陵保险业活力不足

涪陵保险业是在政府扶持下形成的,过高的行业壁垒导致涪陵保险行业活力不足。市场结构为寡头垄断型,地区保险业市场集中度较高。保险业中寿险市场正在从高寡占型向低寡占型演化①,2015年地区银行业与保险业混业合作情况表明地区内部竞争机制的确有所改善。

从表11-9可以看出,涪陵意外保险与财产保险是保险业利润增长最多的险种。保险公司偿付能力充足,但更重视获取短期利润。可以从微观和宏观两个方面分析造成保险业"目光短浅"的原因。在微观方面,涪陵保险市场产品同质化严重,不同企业之间产品差别很小,企业之间的竞争手段主要是降低费率,以笼络老客户,并通过收取代理、手续、回扣等中间利润维持企业发展。在宏观方面,中国经济发展存在一定的不确定性,不管是规模大还是规模小的保险企业,它们在做大涪陵保险这块"蛋糕"上都处于"有心无力"的状态,这也是导致保险公司更重视短期利润的原因之一。

保险业与当地经济发展不协调,保险服务存在盲区,保险业务没有覆盖

---

① 马文波,林洁.我国金融保险产业关联及市场结构分析[J].知识经济,2009(17):35.

全区，尤其是低收入人群。保险新险种开发速度慢，数量少，周期长，无法跟上经济发展的步伐。这与涪陵区保险人才短缺、保险企业宣传力度不够、保险售后服务质量较低有关。

与金融业特征相似的是，涪陵保险业高端人才欠缺，以致保险企业创新能力不足。就保险销售环节来说，涪陵保险业务员整体素质不强，对保险公司业务和公司制度都不甚熟悉，服务意识薄弱，很容易流失大量潜在客户。更有甚者，有的推销员为提高个人业绩获取高额回扣，会故意误导欺骗消费者，或者用假保单骗取保费，而保险公司并没有针对此种情况采取有效的管理措施。有的保险公司招聘了诸多高学历和高技能的人才，却让他们从事简单反复的工作，对人才技能利用不足，没有充分挖掘人才的潜能，无法有效地激发人才创新动力与工作热情，最终导致人才对企业市场的开拓起不到应有的支撑作用。

涪陵保险业宣传与售后服务也存在一定问题。保险公司广告宣传费用在公司支出中所占比例很低，保险企业的赞助是较为少见的。在保险售后过程中，有些企业赔偿时间较长，少赔或不赔现象层出不穷，这就导致民众对保险行业印象很坏。涪陵居民，不管在城镇还是乡村，普遍存在保险意识淡薄的现象，居民不愿意为还未出现的风险投资，即使投保也比较偏向于关注切身利益，如人身意外险、家庭财产保险等。除此之外，政府监管在一定程度上影响了本地保险业业务的开展，例如，政府关于费率规则、经营范围、资金投入等政策都对保险市场结构产生了一定的影响，限制了本地保险业发展。

第六节　涪陵金融保险业优化措施

一、加强金融保险业创新能力

金融保险业是经济发展的资金"蓄水池"，有利于社会各类闲散资金的汇聚，加强金融保险业的创新能力有利于实现涪陵经济生态圈的良性循环。近年来，涪陵加大了对产业结构调整的力度，对第三产业的投入明显增加[1]，这是金融保险业的机遇也是挑战。涪陵金融保险业的总体创新能力不

---

[1] 田贯川. 我国金融保险业投入产出分析：基于6时点42部门投入产出表 [J]. 中国市场，2011 (27)：52-54.

强,无法满足市场发展的需求。加强金融保险业的创新能力就是要加强金融企业在制度、技术、服务、产品4个方面的创新。[①] 涪陵金融保险业急需从外引进新技术,加快本地金融保险体制改革,开拓新业务,扩大行业覆盖面,挖掘新市场,为客户提供新的业务产品和服务方式。不同的金融产品和保险险种所对应的风险、收益、客户群不尽相同,在增强行业创新能力的同时,涪陵金融保险业首先要考虑的是客户的需求与本地经济的实际发展情况。从本地客户的心理需求出发,对金融保险产品的风险性和安全性做出调整,并结合地方金融政策创造出全新的产品。科技的发展速度越来越快,近两年各式各样的手机支付方式已经在涪陵兴起。为了紧跟时代的脚步,涪陵金融保险业应该紧密结合高科技手段,在自身服务与产品的创新中注重高科技的运用,通过研究学习其他地区先进措施弥补自身发展的不足。要扩大金融保险服务网络,建立便捷的转账、支付、查询、办理平台,推动电子自动化在金融保险市场中运用,提高办事效率。在推进涪陵金融保险业创新发展的同时,要注意创新可能带来的潜在风险,尤其在进行制度与产品创新时应该全面考虑其实施后所带来的积极与消极影响。例如,金融市场上所发行的私募基金、信托等地方性交易所发行的债务类融资风险较大,很容易与股市形成风险共振,加速金融市场动荡,超脱市场自我调节范围,给民众带来无法弥补的损失。

二、加速金融保险业结构优化

金融保险业是经济发展的命脉,优化其行业结构有利于提高经济资源的配置效率,促进市场健康发展。首先,要扶持本地龙头企业,引入外部优势企业,完善金融保险业的主体架构。涪陵区政府要坚持自我发展与外部引进并举的方针,带动本地企业"走出去",吸引外地企业"走进来"。大力扶持本地金融保险企业,培养企业创新管理、规范管理的意识,通过招商引资吸引外部规模大、经营好的银行、证券、保险等金融保险机构,为本地金融保险市场形成良好的发展氛围。外部大型企业入驻涪陵能够为本地企业树立学习的榜样,带动全区企业提升经营管理水平和市场开发能力。在招商引资的过程中,需要和国民经济各部门通力合作,所以有必要建立一个独立于其

---

① 安德鲁·帕尔默. 金融创新:重塑未来世界的智财 [M].郭杰群,草沐,译. 北京:中国人民大学出版社,2016.

他系统之外的招商引资机构,为涪陵量身定做适合的招商政策,协调来自各方面的需求,降低招商引资成本,保证政府政策落到实处。① 其次,金融保险业贯穿于整个经济之中,是现代经济的核心,但是,涪陵金融保险业当前的分业经营模式使行业无法充分发挥自身应有的作用。进一步加强金融保险业行业内与行业间的合作有利于本行业内部结构优化,对经济也有一定的促进作用。加强行业内合作能够更好地整合金融保险业资源,拓展银行、保险、基金、证券等机构的业务范围。2015 年涪陵银行和保险业合作的案例说明了金融保险业内部合作的可实施性与有效性。此外,金融保险业也可以与房地产、汽车和互联网行业合作。以汽车为例,涪陵对汽车的需求量逐渐增加,因此,若金融业与汽车企业合作,就可以增加贷款、分期付款的业务量。② 汽车产业与保险业的合作可以增加车险、人身意外险等险种的销售,从而带动保险业资金的运转,为相关产业链创造收益。最后,拓宽融资渠道,增强行业的资金获取能力。涪陵金融机构的融资方式过于传统,主要是利用银行储蓄。而实行多元化的融资渠道,推广项目融资,激励 P2P、众筹、供应链融资等多种融资方式,能够减轻银行的经营压力,提高金融保险业运作效率。

三、加快金融保险从业人才引进与培养

人才是一种无形资产,是现代竞争经济发展的关键,而培养人才与引进人才则是确保金融保险业发展的关键策略。涪陵现有人才构成的不足之处主要在于中高端人才的缺失,因此,必须在培养本地人才的基础上加大对行业内高端技术人才的引进。在培养人才方面,涪陵金融保险业应该规范原有的人力资源管理模式,建立健全有效的激励机制,激发现有人员对金融保险业务的学习热情,使他们能够主动弥补自身不足,熟练掌握专业理论与实践技能。设立专业化的人才培训机构,为学员提供本行业所需技能和业务培训课程,为企业塑造复合型与应用型人才。围绕金融保险业对人才能力的需求,制定合理的人才培训方案,培训内容主要包括基础知识、专业素质、职业道德、实践技能等。可以根据需要聘请高校教师、专家开设讲座,及时传播行

---

① 马先仙,霍爱英,韩正清. 涪陵区利用外部资金状况分析 [J]. 长江师范学院学报,2003,19(5):44-46.
② 唐红艳. 重庆市涪陵区金融业发展的对策研究 [J]. 知识经济,2015(16):54-55.

业资讯，培养员工行业敏感度。在引进人才方面，应结合市场需求，与各大高校、科研院所合作，充分发挥高校与科研院所在人才培养中的作用，及时为人才市场输入血液，保障人才后备军的充足。为引进人才开辟"绿色通道"，设立专项资金，为熟练掌握金融、法律、贸易、管理的高端技术人才制定合理的薪酬奖励制度，并为他们提供良好的福利待遇，保障他们的就业与生活环境。人才引进贵在精准。在对人才抛出橄榄枝之前，要切实做好市场调查，准确把握行业需求，切实提升行业内人才的质与量。例如，涪陵区实施的"十百千万"人才引进计划和创新人才推进计划就是很好的人才引进范例，这两个计划把人才分为不同的类型，针对每类人才类型都制定了相应的优惠政策，并为专业人才创业提供政策支持与基金帮助。

四、扩大农村金融保险市场

加大对农村金融保险业的支持力度，扩大农村市场。首先，要有政府的支持。金融保险行业自身的逐利性决定了，在由市场进行行业内资源配置时，很难使优秀的资源流向农村，市场调节失灵，所以政府引导作用就显得尤为重要。政府可以通过国有大型金融保险机构进行激励和引导，加大金融保险业对农村市场的资金投入，增设金融保险机构服务网点，引导新型农村金融保险机构进入农村市场，扩大农村金融保险的业务范围，提高金融保险业在农村经济结构中的比重，针对金融保险行业发展较弱的地区，如丛林乡、白涛镇等提供政策上的优惠和支持。其次，放宽涉农贷款的限制，建设农村信用体系。农村金融保险业之所以发展落后，主要是因为农户资金不足，抵押无物，贷款无门。在农村，混乱的高利贷市场屡禁不止，为农村金融市场带来了很大的隐患，而银行不愿意贷款给农户就是因为农村信用体系的缺失。开展农户信用评级，加快农户信用体系建设，完善农村信用监管体制，可以为银行提供可靠的贷款参考。① 积极推行涪陵区"三权"抵押贷款政策，扩大农村可抵押担保物的范围，积极推进农户联保、互保的信用保证方式。最后，要培养农村居民的金融保险意识。金融机构与保险机构在扩大农村市场过程中，可以采取定期"下乡"活动②，借助晚会、戏曲等文化节

---

① 徐宝石. 农户信用等级评价体系设计 [D]. 杨凌：西北农林科技大学，2017.
② 翁光明，黄海荣. 建设涪陵区域性金融服务中心的研究 [J]. 现代经济信息，2014（23）：469－471.

目的形式吸引农户,在扩大企业宣传的同时,又可以丰富农村精神面貌。为农户普及金融保险知识,进行业务宣讲,将企业产品在无形中传达给农户。涪陵互联网发展很快,企业还可以通过甄选农户代表建立村的 QQ 群或者微信群,及时将新产品推广到农户手中,培养他们的金融保险意识。

五、优化金融保险业政策环境

金融保险业的发展关系着国民经济的命脉,涪陵金融保险业的发展必须依靠政府政策的支持,充分发挥政府的引导规范作用。首先,要取消外地金融保险机构进入的行业壁垒,增强行业竞争力。虽然涪陵开放招商引资放宽了行业管制,但是对证券、基金、保险类仍存在一些限制。不管从政府还是市场的角度来看,保险业都存在过高的行业壁垒,政府鼓励民营保险企业入驻涪陵,可以吸引大量金融投资者,强化金融业的服务功能建设,完善金融保险业服务体系,为涪陵经济增添新的活力。其次,在实施各项优惠政策的同时加强对金融保险业的监管,设立专门的监管机构,规范金融保险企业的经营管理。涪陵金融保险业还处于摸索起步阶段,政府颁布的优惠税收与补贴政策可以为行业提供便利和实惠,但是并不是所有的政策都可以落到实处,这时候就需要监管部门的介入。监管部门职能在于根据新的政策形式对企业行为、市场行为、政府行为进行综合监管,提高有关部门的办事效率,强化企业与市场行为的管理[1],完善企业的内部控制与外部监管。最后,政府需结合本地金融保险业发展的情况,制定详细的金融保险业各项规则,强化行业管理标准,重点做好区内国有大型企业的内部管理,通过设立模范企业,鼓励中小型私营企业"见贤思齐"。争取能够覆盖到全行业的产品、服务、工具,发挥政府、行业、市场等各方面的作用,持续推进金融保险业标准向国际化标准靠拢。涪陵金融保险业政策环境的优化还应该重视国家政策。在大政策允许的范围内充分利用国家西部投资优惠政策,为本地金融保险业争取更多的国家投资与贷款,为地区经济的发展营造良好的金融保险发展环境。[2]

---

[1] 金英笋. 中韩金融·保险业投资环境比较研究 [J]. 延边大学学报(社会科学版), 2013, 46 (6): 93 - 98.

[2] 张昌彩. 促进我国新兴服务业发展的金融政策研究 [J]. 经济研究参考, 2003 (20): 12 - 24.

第十一章 涪陵金融保险业优化分析

第七节 小 结

经过不断调整内部结构，涪陵金融保险业已经逐渐形成了一套适应本地区经济、社会、文化发展需要的体系。结合涪陵区经济发展来看，金融保险业与区域宏观经济的发展情况密不可分，整个行业随着经济增长逐渐发展。优化金融保险业有利于提高市场资源配置的合理化水平，实现涪陵经济生态圈的良好循环。

本章以宏观经济的政策环境为切入点，详细阐述了政府对金融保险业采取的一系列措施，从中可以看出涪陵金融保险业政策环境有了很大的改善，但仍有部分政策限制了行业的健康发展。通过收集的数据详细分析了涪陵金融保险业结构、行为和绩效，并总结了涪陵金融保险业的发展特征，指出了金融保险业的自身发展优势与不足。涪陵金融保险业城乡发展不平衡，创新能力较弱，中高端人才极度缺乏，市场结构不合理，行业内经营模式固化、资金链不足，不能发挥金融核心作用。但是涪陵区金融保险业也有其自身的发展优势，如发展潜力大、市场前景广、政府扶持力度深等。为促进金融保险业的发展，涪陵区政府完善市场体系，从政策、资金、资源、人才等方面为行业提供支持。

涪陵金融保险业快速发展，无论是行业内从业人数还是金融保险机构数量都有力地支撑着整个地区的经济，但相比重庆市整个金融市场，涪陵金融保险业还有很大的发展空间。为了推进涪陵区金融保险业结构优化，政府应该在原有扶持计划的基础上，加大政策和资源的扶持力度，充分发挥政府的引导、监督、规范作用，加深政府对金融保险业的重视程度。与此同时，要引进培养金融保险人才，以促进金融保险业制度、技术、服务与产品创新。

第十二章　涪陵旅游业优化分析

第一节　涪陵旅游业结构分析

根据国家统计局《国家旅游及相关产业统计分类（2015）》，旅游业是指直接为游客提供出行、住宿、餐饮、游览、购物、娱乐等服务活动的集合；旅游相关产业是指为游客提供旅游辅助服务和政府旅游管理服务等活动的集合。旅游是指游客的活动，即游客的出行、住宿、餐饮、游览、购物、娱乐等活动；游客是指以游览观光、休闲娱乐、探亲访友、文化体育、健康医疗、短期教育（培训）、宗教朝拜，或因公务、商务等为目的，前往惯常环境以外，出行持续时间不足一年的出行者。[①] 该分类在2018年调整为《国家旅游及相关产业统计分类（2018）》，内容大致不变，仅进行了行业结构的对应调整和行业编码的对应转换。[②] 这两个《分类》厘定了旅游业的范围及类型。根据国家旅游业分类标准，本节对涪陵旅游业结构展开分析。结构分析包括业态结构分析与收入结构分析两个方面。

一、涪陵旅游业业态结构

涪陵地处重庆中部，长江、乌江在此交汇，历史文化悠久，旅游类型丰富，但是长期以来旅游业在整个产业结构中的地位无足轻重，直到近年面临产业转型升级压力，涪陵旅游业才开始起步。但是，涪陵旅游业发展速度较快，年游客接待人次、旅游收入、旅游固定资产投入等经济发展指标年均增

[①] 国家统计局. 国家旅游及相关产业统计分类（2015）[EB/OL]. (2015-08-21)[2018-01-20]. http://www.stats.gov.cn/tjsj/tjbz/201508/t20150821_1233792.html.

[②] 国家统计局. 国家统计局关于印发《国家旅游及相关产业统计分类（2018）》的通知[EB/OL]. (2018-04-12)[2018-04-20]. http://www.stats.gov.cn/tjgz/tzgb/201804/t20180412_1593588.html.

第十二章 涪陵旅游业优化分析

幅都超20%①，创建了武陵山大峡谷、白鹤梁水下博物馆、大木花谷·林下花园景区、武陵山国家森林公园等国家AAAA级旅游景区。

涪陵旅游业业态涉及涪陵旅游景区、涪陵旅行社、涪陵酒店与民宿、涪陵餐饮、涪陵文化产品及涪陵特色产品等方面。根据《国家旅游及相关产业统计分类》，后三者只有在旅游景区附近的才会被统计在内。

（一）涪陵旅游景区

一般旅游网站根据星级列出的涪陵十大旅游景点见表12-1。

表12-1 涪陵十大旅游景点简况

景点名称	星级	位置	核心景观	历史时间
武陵山大裂谷	AAAA	涪陵城东南约45千米武陵山乡	以峭壁、奇峰和地缝奇观闻名，集山、峡、林、泉、瀑、崖、洞、潭、坑、缝于一体，核心区为一条长约10千米的喀斯特地貌原生态裂谷	几千万年前
白鹤梁水下博物馆	AAAA	涪陵城中心的长江岸边	18尾石鱼雕刻和历代文人墨客留下的3万多字真迹题刻	唐代广德元年（763年）以来
涪陵大木花谷·林下花园景区	AAAA	涪陵区大木乡	高山花园集群，从初春到深秋一直有鲜花盛开	2005年
涪陵武陵山国家森林公园	AAAA	涪陵区大木乡	以节庆活动为主，每年4—5月为"万人采笋节"、7—8月为"避暑纳凉节"、9—10月为"野生猕猴桃节"、11月—次年2月为"冰雪节"；游乐项目有骑马、骑骆驼、云湖垂钓、观光车、马拉车、机器人、乐吧车、碰碰船等	2003年

---

① 腾讯大渝网. 涪陵区旅游发展委员会今日正式挂牌成立［EB/OL］.（2018-02-23）［2018-03-20］. http://cq.qq.com/a/20180223/013783.htm.

续表

景点名称	星级	位置	核心景观	历史时间
沙溪温泉	AA	涪陵城西聚云山脚下	天然温泉，被誉为"涪州第一泉"	2008年
涪陵巴山夜雨休闲旅游景区	AA	涪陵区义和镇	刘作勤庄园、万寿桥、涌秀石刻	2008年
泽胜温泉城		涪陵兴涪路中段	温泉休闲度假	2014年
816地下核工程景区		涪陵白涛	山体内挖掘的地下核工程	1966年
涪陵法雨寺		涪陵城西聚云山封顶	神仙洞、龟门关	639年
美心红酒小镇		涪陵城西蔺市镇大桥村	以红酒文化为主题，建有鸡公山游乐园、梨香溪水上乐园、香溪廊桥、西普陀	2008年

资料来源：根据博雅旅游网、百度百科、涪风论坛、中国花卉报等资料整理。

根据表12-1，涪陵区的十大旅游景点大都是在2003年以后逐渐建设、发展起来的，这说明涪陵旅游业发展历史短暂。但是在短短的10余年里，这些景区已经有了4家AAAA级、2家AA级，则从侧面说明涪陵旅游业发展是快速的。从景区类型看，多数为自然景观，而白鹤梁水下博物馆、涪陵巴山夜雨休闲旅游景区、816地下核工程景区、涪陵法雨寺则是人文景观；从形态看，包括了博物馆、公园、花园、温泉、峡谷、庄园、特色小镇、三线建设遗迹等不同类型，这些类型之间有一定互补性。

（二）涪陵旅行社

表12-2根据大众点评网在搜集其他信息的前提下列出了资料较为完整的8家旅行社概况。除此以外，中青旅、重庆市中国旅行社在涪陵都设有门市部。因此，涪陵旅行社已经具有一定的行业规模，各个旅行社之间存在激烈竞争关系。

表 12-2　涪陵旅行社简况

旅行社名称	位置	游客来源	服务类型	设立时间
重庆中汇旅行社有限责任公司	涪陵区体育南路体育中心一楼一号（乌江图社旁）	中国公民国内旅游	休闲度假、旅游观光、奖励旅游、商务考察、会议接待、自助旅游、代办订票、订餐、订房、租车	2015年11月18日
重庆海外旅行集团有限公司涪陵分社	涪陵区兴华中路53号	国内外游客	出境旅游、入境旅游、国内旅游、代订酒店、机票、承办展览会、会议服务、旅游商品开发	1998年4月14日
中叶旅游公司	涪陵区兴华中路84号	国内旅游、入境旅游	商务旅游、会议策划与接待	2016年2月18日
渝之旅	涪陵区经桥路12号-附1	出境游、国内游	出入境游、国内旅游、公务差旅，代理机票、租车	2006年12月
涪陵港口旅行社	涪陵区滨江路二段39号	国内旅游	接待国内游客，旅游景点开发，工艺美术品加工及销售，飞机、火车、轮船及汽车客货代理服务	2005年8月23日
鑫悦旅行社	涪陵区兴华中路64号	国内旅游	国内旅游、代订机票、火车票、轮船票，提供租车、宾馆订房、餐饮、娱乐等服务	2007年4月
涪陵天马旅游有限责任公司	涪陵区兴华中路25号	国内旅游	国内旅游服务	1998年3月
重庆新金龙假期旅行社有限公司	涪陵区兴华中路41号	中国公民国内旅游	国内旅游，销售工艺美术品、日用百货、日化用品、针织品、服装	2006年

资料来源：根据大众点评网及其他网上信息整理，未列入信息不全的旅行社。

（三）涪陵酒店与民宿

表 12-3 列出了涪陵主要星级酒店。目前涪陵酒店最高是四星级，还没有五星级酒店，这是涪陵未来需要努力的方向。

表 12-3　涪陵酒店简况

酒店名称	星级	位置	房间数/间	设施	开业时间
重庆太极大酒店	四星	涪陵区体育南路 16 号	160	套房、餐厅、娱乐会所、康乐设施、健身中心、室外游泳池、免费网络	2001 年 10 月 12 日
重庆涪陵饭店	四星	涪陵兴华中路 43 号	179	客房、餐饮、会议室、娱乐、休闲健身、免费网络	1999 年
重庆建涪宾馆	四星	涪陵区高笋塘路 1 号	193	客房、餐饮、会议室、娱乐、休闲、免费网络	2002 年
重庆铭雨大酒店	三星	涪陵区兴华中路 53 号	120	客房、餐饮、娱乐、休闲、免费网络	2013 年

资料来源：根据携程网及其他网络资料整理。

除了星级酒店，涪陵特色民宿也有一定程度的发展。例如，八间山舍位于大木花谷，其建筑全系天然原木结构，除草采用人工方式，较大程度地保留了原生态，具有恬静自然的风格；禅寮宾馆是四星级树屋宾馆，位于武陵山森林公园；梧桐居位于涪陵区武陵山乡金子村一组，是一处"绿色、清凉、宁静、自然"的高山民宿，提供正宗农家粗粮和特色菜肴；武陵山寨位于武陵山乡乐道村 2 组，是一处集观光旅游、绿色餐饮、会议活动、特产展销为一体的乡村度假酒店与生态餐厅，提供正宗土鸡、土鸭、羊、牛等食材；林中四舍位于涪陵区雨台山景区，是隐藏在松林或竹林间的小木屋，距离仙鹤湖不到 5 分钟，屋外是嬉戏的野生猕猴[1]；万松里民宿文化村位于涪陵区蔺市镇万松村 3 组，环山襟水，朴实无华，以采摘园和石磨大观园为主题，以自种蔬菜、草鸡土鸭等绿色农产品为餐饮原料，一处一景。[2] 这些民

---

[1] 特色民宿根据搜狐网《夏日周末出逃！这些涪陵的特色民宿，你一定要去住一晚》整理。
[2] 根据涪风论坛网友涪风驴小游《大树撑房，石磨上墙，在这里体验最美乡村民宿的复生设计！》整理。

第十二章 涪陵旅游业优化分析

宿都属于返璞归真型民宿，除此以外还有一些比较好玩的民宿，例如，涪陵美心红酒小镇提供的水泥管道民宿由两个直径2.4米的工程水管拼接而成，设有卫生间和卧室，提供空调、电视、热水器等设施。①

（四）涪陵餐饮

涪陵特色餐饮见表12-4，也可以认为这些都是涪陵的特色小吃，其中，名气最大的是涪陵榨菜，后来又发展出乌江榨菜、辣妹子榨菜等品牌。四川、重庆的餐饮在涪陵也能吃到，这主要是因为文化的共通性。

表12-4 涪陵餐饮简况

餐饮名称	原料	特色
油醪糟	糯米、芝麻、橘饼、核桃仁、油酥花生仁、蜜枣、白糖	香甜不腻口，营养丰富
京酱风肉	猪肉、白糖、甜酱、八角、盐、酱油	入口鲜美甜咸，肥而不腻，越品越浓，具有酱香味浓、紫绛泛红的京酱固有风味
涪陵白茶	白茶	嫩香持久带花香，滋味鲜醇似鸡汤
涪陵榨菜	青菜头	产品富含人体必需的矿物质、维生素、氨基酸及微量元素，食用方便耐储藏，有浓烈的酱香风味
桂楼牌腊猪头	猪头	形如蝴蝶，色泽金黄，味道纯正，腊香浓郁
百花露酒	高粱酒、人参、天麻、杜仲、黄芪、当归、砂仁、白芍	滋补强身，补血益气，祛风除湿，开胃健脾，镇痛止泻
老麻抄手	抄手、骨头汤、鸡汤	有清汤、微微麻、微麻、中麻、老麻、特麻6种味道
三金角面庄豌杂面、牛肉面、鸡杂面	面粉、鸡蛋、杂酱、豌豆、牛肉、鸡杂、辣椒油等	豌杂面的豌豆软糯，杂酱香甜；牛肉面口感筋道、不塞牙；鸡杂面麻辣鲜香
二妹羊肉面	羊肉原汤、小面、青菜	汤浓而不腻，肉香而不膻

资料来源：根据博雅旅游网、涪风论坛整理。

① 林森，李杰. 涪陵"水泥管道民宿"好稀奇！功能齐全"一管"能住一家人［EB/OL］.（2017-12-06）［2018-01-20］. http://cq.cqnews.net/cqqx/html/2017-12/06/content_43423480.htm.

（五）涪陵文化产品与特色产品

涪陵区文化产品与特色产品是交织在一起的，因此将两者合二为一进行分析。涪陵区文化产品尤其是与非遗有关的文化产品无论种类还是数量都较少；特色产品有一定发展，主要集中于特色食品类，如榨菜、油醪糟、腌腊肉等（表12-5）。目前，涪陵区有国家级非遗项目1项，即涪陵榨菜手工制作技艺，传承人为万绍碧；重庆市市级非遗项目有4项，即涪陵油醪糟传统手工制作技艺、涪州腌腊肉传统制作技艺、李志沧传统中医正骨术、郭昌毕中医跌打损伤传统疗法；区级非遗项目有127项。

表12-5　涪陵文化产品与特色产品简况

文化产品或特色产品	生产企业	是否非物质文化遗产项目	加工工艺
榨菜	重庆辣妹子集团有限公司	国家级非遗涪陵榨菜手工制作技艺	采用原始的风脱水加工工艺及三腌三榨，具有鲜、香、嫩、脆特点
油醪糟	重庆市涪陵齐圣食品有限公司	市级非遗涪陵油醪糟传统手工制作技艺	精选糯米，淘净去水，蒸熟，淋水冷却，拌以曲酒，放入发酵箱；将发酵好的醪糟倒入锅里，不停搅动使其均匀受热，熬开后倒进猪板油翻炒，锅内再次翻腾时，加入核桃、花生、橘饼、百合、黑芝麻等十几种辅料，翻搅至水分蒸发
腌腊肉	重庆泰升生态农业发展有限公司	市级非遗涪州腌腊肉传统制作技艺	喂养（用五谷草饲喂养传统"寿字头"黑土猪）→选肉（选肥瘦相连的后腿肉或五花肉）→腌制（分干腌、湿腌、混合腌）→晾晒风干（腌制15天后）→烟熏烘烤（用香樟、柏木、大料、糯米和香料制成的熏料、橘皮）
李志沧传统中医正骨术	李志沧骨科医院	市级非遗李志沧传统中医正骨术	应用拔伸、复位、对正、按摩等家传手法，最后用小夹板外固定，治疗骨折、关节脱臼等骨伤疾病

第十二章 涪陵旅游业优化分析

续表

文化产品或特色产品	生产企业	是否非物质文化遗产项目	加工工艺
郭昌毕中医跌打损伤传统疗法	涪陵郭昌毕骨伤科医院	市级非遗郭昌毕中医跌打损伤传统疗法	包括手法三十二法、捷针五法、杉树皮夹板固定法、用药五法、早期功能锻炼二法、胸腰椎骨折自身练功五式、禅武同修
手工绳编珠宝饰品	静瑜珠宝		将传统结绳技艺与现代手工串珠相结合

资料来源：

1. 涪陵的这些"传家宝"，你知道多少［EB/OL］.（2017-06-19）［2018-01-20］. http：//www.sohu.com/a/150324105_649788.

2. 崔佳. 舌尖上的安全：一碟榨菜品匠心［EB/OL］.（2016-04-15）［2018-01-20］. http：//society.people.com.cn/n1/2016/0415/c1008-28277549.html.

3. 夏斐然. 涪陵：亲眼和亲手感受国家级非物质文化遗产保护——涪陵榨菜传统手工制作技艺［EB/OL］.（2011-04-25）［2018-01-20］. http：//www.cphoto.net/article-80997-1.html.

4. 非遗油醪糟的坚守与传承：守住"里子"做好"面子"［EB/OL］.（2017-05-19）［2018-01-20］. http：//news.ifeng.com/a/20170519/51124086_0.shtml.

5. 夏斐然. 梦飞涪陵油醪糟：中国梦——记工匠精神妇女创业非物质文化遗产传承人袁朝晖［EB/OL］.（2017-10-19）［2018-01-20］. http：//www.xiangcun.com.cn/.

6. 涪陵珍溪最大现代农业休闲观光示范园开园啦［EB/OL］.（2018-01-31）［2018-02-20］. http：//cq.qq.com/a/20180131/015401.htm.

7. 涪陵泰升姚式腌腊肉［EB/OL］.（2017-12-13）［2018-01-20］. http：//www.sohu.com/.

8. 夏斐然. 涪陵：非物质文化遗产"李志沧传统中医正骨术"［EB/OL］.（2012-11-11）［2018-01-20］. http：//news.163.com/12/1111/14/8G1LF7SV00014AEE.html.

9. 非物质文化遗产：郭昌毕中医跌打损伤传统疗法［EB/OL］.（2016-01-27）［2018-01-20］. http：//www.sohu.com/56687357_135375

10. 陈孝波. 涪陵专场手工作品展"静瑜珠宝"原创饰品引关注［EB/OL］.（2017-07-03）［2018-01-20］. http：//www.sohu.com/a/153940896_227886.

二、涪陵旅游业收入结构

关于涪陵旅游业收入，官方统计是比较笼统的，只有年度收入数据，缺乏内部结构数据。网络媒体关于景区收入的报道是零散的，现在从这些零散的资料中大致可以一览涪陵旅游业收入增长的轨迹。由于现在已经难以找到较早的收入数据,只能从近年的收入数据来展开分析。

2017 年"十一"黄金周期间,涪陵区共接待游客 131.38 万人次,实现旅游收入 8.41 亿元。其中,武陵山大裂谷景区接待游客 8.39 万人次,实现旅游收入 1032.63 万元;白鹤梁水下博物馆接待游客 2.43 万人次,实现旅游收入 67.78 万元;816 地下核工程景区接待游客 2.83 万人次,实现旅游收入 142.34 万元。武陵山大裂谷景区最受游客欢迎,市外游客达到了 20%以上,以来自四川、云南、陕西、湖北、甘肃等地的游客居多。2017 年 10 月 1—7 日,全区累计接待游客同比增长 35.72%,实现旅游收入同比增长 43.82%。其中,武陵山大裂谷景区接待游客同比增长 16.62%,旅游收入同比增长 32.9%;白鹤梁水下博物馆接待游客同比增长 26.67%,旅游收入同比增长 20.33%;816 地下核工程景区接待游客同比增长 11.06%,旅游收入同比增长 9.11%。① 由于出行时间的集中性,外地游客更希望看到唯一性的景观,所以武陵山大裂谷、白鹤梁水下博物馆、816 地下核工程就成为游客较为集中的景区。

大木花谷景区包括大木花谷、大木林下花园和大木岩上花园三大花卉主题公园。大木花谷 2007 年开园,当年收入仅 3 万多元;2008 年收入 17 万元;2009 年收入 70 万元;2010 年收入 200 万元;2011 年达到了峰值 600 万元。② 大木花谷的发展带动了周边农家乐,有农家乐在 2011 年的旅游旺季里用 40 天赚取了 10 万余元纯利润。③

武陵山国家森林公园原属涪陵区大木林场,太极集团于 2003 年 11 月将其兼并,由重庆市云顶避暑山庄休闲度假村负责经营管理,旺季有员工 300 余人,淡季有 80 人,2014 年营业收入约 1700 万元,全年缴纳税费约 100 万元。④

---

① 为你打 call,国庆八天涪陵这个"业务"收入超 8 亿元 [EB/OL]. (2017 - 10 - 08) [2018 - 01 - 20]. http://www.sohu.com/a/196801363_164709.

② 徐筱璐. 十年花海梦造福百姓家 重庆大木花谷花卉旅游项目案例分析 [N/OL]. 中国花卉报, (2015 - 10 - 28) [2018 - 01 - 20]. http://news.china - flower.com/paper/papernewsinfo.asp? n_id =243062.

③ 江舟. 花谷农家乐 40 天就赚 10 万元 [EB/OL]. (2011 - 11 - 21) [2018 - 01 - 20]. https://www.22bw.com/lvyouzixun/13715/.

④ 武陵山国家森林公园 [EB/OL]. (2015 - 08 - 05) [2018 - 01 - 20]. http://www.fl.gov.cn/Cn/Common/news_view.asp? lmdm = 002011003&id = 6106801.

第二节 涪陵旅游企业行为分析

一、涪陵旅游企业生产行为

涪陵旅游业起步较晚,早期仅有几个公园,这些公园主要是市民休闲场所。2003年以后,涪陵旅游逐渐发力,一批景点开工建设,并不断升级。目前,涪陵旅游景区建设仍是进行时,会随着大旅游时代到来而蓬勃发展。

武陵山大峡谷的前身是石夹沟。2000年1月,涪陵区武陵山乡人民政府决定将石夹沟打造为旅游景区,发布了招商引资信息。重庆圣兰丹经贸有限公司决定投资该项目,于2001年2月与武陵山乡政府签订了开发协议,并于3月成立了"重庆市涪陵区石夹沟旅游开发有限公司"进行旅游开发。2001年12月正式开工建设石夹沟景区,2002年10月景区正式对外开园。2007年建成了风门垭游客接待中心。2009年5月建成3000平方米的生态停车场、500立方米的蓄水池、3000米步游道等基础设施。2012年7月,涪陵交旅集团出资收购了石夹沟景区,石夹沟景区更名为武陵山大裂谷景区。2014年10月,武陵山大裂谷景区投资900万元建载客索道。2016年10月27日,武陵山大裂谷景区顺利通过国家5A级景观质量评审。[1] 2017年投资1.5亿元对景区内外59个项目进行了升级改造。在交通方面,从高速路口到319国道进入景区路段增加人性化的标识牌;在游客中心,设立了影视厅、全景沙盘、邮局、医务室;在住宿方面,新增床位200个;正在建设五星级酒店。[2]

白鹤梁题刻是历史形成的。由于三峡大坝的修建,白鹤梁题刻永沉江底,但是题刻本身不仅是人文景观,而且具有水文学的科学价值,所以国家投入2亿元建设白鹤梁水下博物馆,以使后人能够欣赏这一历史奇观。水下博物馆2003年正式开工,水下施工期一年,之后经过两年多的停工期,直至2009年5月15日落成,而三峡大坝在2006年9月开始蓄水。白鹤梁保护工程包括"水下博物馆""连接交通廊道""水中防撞墩"和"岸上陈列馆"4个部分。根据水下参观廊道的设计安全容量,每天可接待观众为1000

---

[1] 根据武陵山大裂谷官网整理。
[2] 涪陵武陵山大裂谷 最美中国生态自然旅游景区 [J]. 重庆与世界,2018 (1):98-99.

人次。①

其他景区的建设也经历了一个较为长期的过程。例如,大木花谷景区是重庆天木农业2005年开始建设的,最初只建设了大木花谷一个花园,到2015年发展为大木、坪上、万寿山三大板块、九座各具特色的花卉主题公园集群。② 旅游景区大都存在建设周期长、回收期长的现象,投资效益滞后。

旅行社、特色餐饮、文化产品、特色产品这些产业都是轻资产的,投入少、见效快。酒店通常需要一定的建设期,但是在资金到位的情况下,基本上能够在两年时间内完工并投入使用。酒店、旅行社、特色餐饮、文化产品、特色产品这些行业与旅游景区之间形成了一个关系密切的产业链,旅游景区是整个产业链的核心,而酒店、特色餐饮、文化产品、特色产品则能够在一定程度上提升旅游景区的吸引力。

二、涪陵旅游企业研发行为

涪陵旅游企业的研发活动是值得肯定的,但是主要表现为旅游景区方面,特色餐饮、特色产品基本上靠继承传统,其创新方面不足,文化产品有待发育。

白鹤梁水下博物馆本身就是高科技的结晶。因为建设三峡大坝会淹没珍贵的千年题刻白鹤梁,国家实施了白鹤梁保护工程。该工程由10余名中国工程院、中国科学院院士参与评审,2002年采用了葛修润院士提出的"无压容器"保护方式。③ 这个无压容器是用钢筋水泥浇注而成的巨大椭圆形水泥罐,周长234.5米,厚3.5米,顶高141.8米,设计使用寿命为100年,罐内的水与长江水相通;水下有23个观察窗,这些观察窗由4厘米厚的双层航空玻璃制成,不仅可以抵抗江水压力,而且在窗体一面有损坏时可以由参观廊道或水中及时更换。④ 因为白鹤梁题刻的技术含量,该保护工程获得

---

① 根据白鹤梁水下博物馆官网整理。
② 徐筱璇. 十年花海梦造福百姓家 重庆大木花谷花卉旅游项目案例分析 [N/OL]. 中国花卉报, 2015 - 10 - 28 [2018 - 01 - 20]. http: //news. china - flower. com/paper/papernewsinfo. asp? n_id =243062.
③ 同①。
④ 长江三峡白鹤梁水下博物馆那么神奇它是怎样在水下施工建设的呢 [EB/OL]. (2015 - 12 -07)[2018 - 01 - 20]. http: //www. fengniao. com/pe/0_206702. html.

第十二章 涪陵旅游业优化分析

了国家文物局2009年度文物保护科学和技术创新奖一等奖。①

旅游企业技术层次的研发活动主要采取合作、委托、外包、购买的方式。除了技术层面的研发活动，旅游企业更多从事的是内容研发活动。武陵山大峡谷的内容建设就是不断开拓景点，为景点编写故事，不断增设游客服务设施。大木花谷的内容建设则体现在空间内容与花卉内容两个方面：空间上从一般的花园发展到岩上花园，花卉方面则从最初的薰衣草发展到现在春、夏、秋三季都有花可观可赏。

三、涪陵旅游企业竞争与合作行为

涪陵旅游企业主要包括旅行社、旅游景区、酒店与民宿、餐饮及文化产品与特色产品。同类型企业之间主要形成竞争关系。例如，旅行社跟旅行社之间会因为利润最大化而在客源方面进行竞争；旅游景区之间也会因为提供的产品内容、服务质量的不同而形成竞争，毕竟在时间有限的情况下，游客不能每一个景区都去游玩；酒店与餐饮行业之间的竞争与此类似。不同类型企业之间则可形成产业链，生产"一篮子旅游产品"，共同带动涪陵旅游业发展。其中，旅行社在不同类型企业之间担任桥梁枢纽的角色。在游客选定旅行社之后，旅行社会向游客推荐合适的游览路线，也可根据合作的酒店与饭店等给游客推荐当地的特色。

旅游企业间竞争的关键因素主要包括价格、产品、品牌和服务质量，涪陵旅游企业也不例外。价格竞争若在合理范围之内，则有利于资源的优化配置，也有利于消费者降低旅游成本。然而，过度的价格竞争会侵蚀企业利润，甚至使企业倒闭。若企业不能顺利从该行业退出，使低或负的利润率长期存在，则会导致该行业发展陷入困境。这种恶性竞争主要包括垄断、不正当竞争和不正当价格行为。目前，涪陵旅游企业，无论旅行社还是景区等企业，都有很多实力不错的企业，因此涪陵旅游企业之间并不存在过度的价格竞争。对于产品竞争，从上述列举的主要企业的服务类型可见一斑。比如，旅行社服务的类型大多是出入境旅游、会议策划与接待及代办车票等。如果其中一些旅行社不提供类似的服务，那么它在竞争市场上将失去竞争力，除非其具备特色服务，但特色化在旅行社等相关行业是较难实现的。品牌和服

---

① 白鹤梁题刻原址水下保护工程获文物保护一等奖 [EB/OL]. (2010-11-24) [2018-01-20]. http://cq.qq.com/.

务质量的竞争尤为重要，将直接影响产品的价格和企业的长远发展。现如今很多网站都会对旅行社、旅游景区等企业进行排名，这种排名主要是根据品牌、服务质量及游客观感等综合因素做出的。消费者制定旅游计划的时候，或多或少都会参考排名，并最终根据自身实际情况做出选择。若能在排名中有所提高，从某种程度上就决定了旅游企业销售收入的增加。这使得涪陵很多旅游企业格外重视品牌及服务质量，在竞争中谋发展。

随着生活水平的提高，生活压力的增加，很多人选择通过旅游放松自我。旅游者既想领略当地的风土人情，又想品尝到当地的特色小吃，还想住得舒适。与此同时，消费者在时间和精力的限制下希望获得"一篮子旅游产品"，以节约时间，降低搜寻成本。这催生了旅游企业之间的协同合作，促使他们提供"旅游一条龙"服务。很多旅行社会跟景区、酒店、餐饮企业、文化企业保持合作。一方面，旅行社向景区等输送客源；另一方面，景区等企业通过给旅行社折扣引导和强化与旅行社的合作关系。这既增加了旅行社的服务范围，又给景区等企业带来了客流量，同时方便了消费者。因此，涪陵旅游企业间的协同合作非常必要，有助于旅游企业自身及涪陵整个旅游业的发展。

四、涪陵旅游企业营销行为

2012年之前，涪陵旅游企业营销模式单一。其在国内其他城市并没有采取营销方式，仅仅在重庆卫视以"重庆非去不可"为契机进行宣传，且没有明确的宣传目标，宣传手段略显单一，宣传内容也缺乏特色。① 这导致了涪陵旅游知名度不高，影响力较小。2012年之后，随着涪陵榨菜嘉年华旅游活动的启动，这种现象稍显改善。2012—2018年，涪陵榨菜嘉年华活动已经成功举办6届，由刚开始的以榨菜为核心的单一推介活动演变成如今的农商文旅融合的综合性活动。在嘉年华活动上，游客不仅可以体验到制作榨菜的乐趣，还可以体验其他城市的特色旅游产品，除此之外，嘉年华还举办了美食鉴品会、美丽乡村展等。嘉年华的成功举办，不仅巩固了涪陵榨菜全国知名品牌的地位，也极大地提升了涪陵旅游的品牌形象。2018年，榨菜嘉年华共吸引了10万游客的关注，其中武陵山大裂谷、816地下核工程

---

① 刘茂. 涪陵区旅游资源整合营销策略研究 [J]. 经济研究导刊, 2013 (31): 268-270.

景区在嘉年华活动期间共接待市内外游客2.3万人次。①

涪陵旅游企业不仅在国内市场加大了对涪陵的宣传力度,在海外市场的宣传上也取得了一定的成绩。在2018年涪陵旅游全国市场营销座谈会上,专门负责海外市场的旅行社代表表示,2017年涪陵武陵山大裂谷开拓了港澳台等市场,以独特的自然景观和融合性极强的民风民俗得到了台湾游客的认可和支持,2018年将进一步加大海外市场的营销力度,尤其要加大海外市场的营销手段和渠道,争取让涪陵旅游业"大放光彩"。②

总体来说,涪陵旅游企业的营销策略主要表现在3个方面:第一,价格策略。学生及残障人士等特殊群体可以享受相关折扣,这充分体现了人文关怀。除此之外,各个旅行社有不同档次的旅游产品,可以充分满足不同层次游客的需求。第二,产品策略。在进行宣传的时候,涪陵旅游企业基本都以"中国榨菜之乡"作为宣传由头,以丰富的特色旅游食品为依托,以美丽的自然风光和独特的人文历史为载体,吸引国内外游客。第三,渠道策略。涪陵旅游企业不仅会充分利用各种传统的营销渠道,如报纸、期刊、杂志及各大旅游卫视,大力宣传涪陵,还重视并开展网络营销,在去哪儿网、大众点评网等诸多网站上都能搜寻到涪陵旅游企业的信息。除此之外,还协同涪陵旅游局等单位制作宣传片,举办各种文化节。

第三节 涪陵旅游业发展状况

可以从总体发展状况、融合发展状况和特色发展状况3个方面分析涪陵旅游业发展情况。

一、涪陵旅游业总体发展现状

可以通过旅游业收入和接待国内旅游者人数两个方面来衡量涪陵旅游业总体发展状况。图12-1给出了2011—2017年涪陵旅游业年收入和接待游客的人数。

---

① 第六届榨菜嘉年华游客爆棚 涪陵旅游开启2018年市场营销大戏[EB/OL].(2018-01-04)[2018-01-20].http://bbs.tianya.cn/list.jsp?item=5150&order=1&nextid=15039.

② 第六届榨菜嘉年华引客十万"人气爆棚"涪陵旅游2018年全国市场营销"大戏"启幕[EB/OL].(2018-01-02)[2018-01-20].http://cq.cqnews.net/cqqx/html/2018-01/02/content_43592766.htm.

涪陵产业结构优化研究

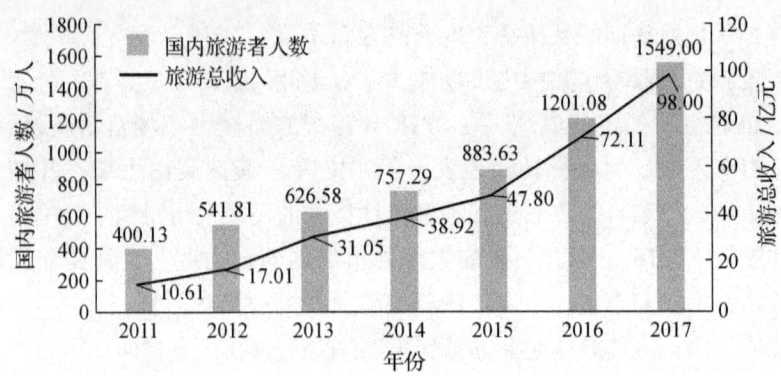

图 12-1　2011—2017 年涪陵旅游业收入及接待国内旅游者人数

资料来源：2011—2016 年数据来自涪陵统计年鉴 2017；2017 年数据来自搜狐网《重磅来袭！涪陵再也没有旅游局了……》一文。

从图 12-1 可以看出，涪陵旅游业收入呈现逐年递增的特征。2012 年比 2011 年增加了 6.4 亿元，2013 年比 2012 年增加了 14.04 亿元，2014 年比 2013 年增加了 7.87 亿元，2016 年比 2015 年增加 24.31 亿元，2017 年比 2016 年增加将近 26 亿元。从这些增加值数据可以看出，除了 2014 年以外，其他年份的增加值增速都呈逐年递增的状态。接待国内旅游人数也呈现相同的规律。接待国内旅游者人数由 2011 年的 400.13 万人增加到 2017 年的 1549.00 万人，增长了将近 3 倍。这两组数据充分说明了，经过近几年的发展，涪陵旅游业已经初具规模，发展势头良好。

从表 12-6 可以看出，2011—2015 年涪陵旅游业跟重庆市其他区相比，并不是实力最强的[①]。旅游业收入及接待国内旅游者人数最高的是渝中区，其次是万州区，然后才是涪陵区，排名最后的是黔江区。而从 2016 年开始，涪陵赶超万州区，排名由第三变成第二。2011 年万州旅游总收入为 31.32 亿元，涪陵旅游总收入为 10.61 亿元，万州旅游收入比涪陵多 20 亿元左右，而到 2015 年时，两者之间的差距仅缩短为 3 亿元左右。2016 年，涪陵后来居上，赶超万州，前者的旅游总收入比后者多近 9 亿元。除此之外，涪陵逐步拉大了与黔江的旅游收入差距。2011 年涪陵旅游收入比黔江仅仅多 2 亿元，2017 年比后者高出了 64 亿元。2011 年渝中旅游业收入为 126.30 亿元，

---

① 由于条件所限，仅能找到万州、渝中、黔江的相关数据，所以在此仅将涪陵与这 3 个区进行比较。

涪陵仅为 10.61 亿元，前者比后者多将近 116 亿元，之后两者的距离越拉越大，2017 年渝中旅游收入已超出涪陵 217 亿元。这说明涪陵旅游业虽然取得了较大进步，但是发展空间还很大。

表 12-6　涪陵与重庆其他区旅游业发展的比较

年份	万州		黔江		渝中		涪陵	
	旅游总收入/亿元	接待国内旅游者人数/万人	旅游总收入/亿元	接待国内旅游者人数/万人	旅游总收入/亿元	接待国内旅游者人数/万人	旅游总收入/亿元	接待国内旅游者人数/万人
2011	31.32	866.32	8.06	255.99	126.30	2340.00	10.61	400.13
2012	41.76	1126.32	10.66	313.66	168.60	3065.50	17.01	541.81
2013	46.50	1228.00	14.34	416.24	182.10	3280.00	31.05	626.58
2014	49.32	1280.00	19.19	535.96	207.96	3709.68	38.92	757.29
2015	50.42	978.49	26.43	668.19	237.60	4199.00	47.80	883.63
2016	63.46	1012.18	33.73	829.47	272.30	4762.00	72.11	1201.08
2017	84.70	1524.00	34.00	829.00	315.00	5400.00	98.00	1549.00

资料来源：万州 2011—2014 年数据来源于《重庆万州区国民经济和社会发展统计公报》，2015—2017 年数据来源于新浪微博"万州统计"；黔江 2011—2014 年数据来源于《重庆黔江区国民经济和社会发展统计公报》，2015—2017 年数据来源于重庆市旅游统计信息网；渝中 2011—2014 年数据来源于《重庆渝中区国民经济和社会发展统计公报》，2015 年数据来源于新浪微博"渝中统计"，2016 年数据来源于腾讯微博"渝中统计"，2017 年数据来源于重庆市旅游统计信息网；涪陵数据来源于图 12-1。

二、涪陵旅游业融合发展状况

2018 年 2 月 23 号，重庆市涪陵区旅游发展委员会正式挂牌成立。这标志着涪陵旅游已经开启向全域旅游迈进的新征程，也意味着涪陵要大力实施"旅游兴区"战略，发挥旅游产业综合协调职能，强化旅游产业跨界融合策略，强化全产业链、全要素的提升打造，形成上下同心、齐抓共管的旅游发展格局。① 涪陵旅游产业跨界融合策略主要指的是旅游业与其他产业的融

---

① 腾讯大渝网. 涪陵区旅游发展委员会今日正式挂牌成立[EB/OL]. (2018-02-23)[2018-03-20]. http：//cq.qq.com/a/20180223/013783.htm.

合,以不同产业的融合带动整个旅游业的发展。涪陵"旅游+"产业的不断发展,不仅提升了涪陵旅游业的美誉度和知名度,也极大地提高了涪陵旅游业收入。"旅游+"主要表现在旅游与农业、工业、体育、医疗卫生业等产业的融合方面。

第一,旅游与农业融合。旅游与农业的融合可以形成4种休闲农业类型,即旅附农型、农辅旅型、综合发展型和农旅合一型。旅附农型指农业产值本身就特别高,整个生态区的收益仍然以种植农产品为主。在不具备风景旅游条件的地区种植产值高的农副产品,通过农产品获取可观的收益,再顺带引入"亲子游"等旅游元素,则可形成典型的"旅附农型"格局。农辅旅型主要产生于南方丘陵山区,山区耕地较少且分散,但环境和空气质量好,因此可以种植花草与果树,通过赏花和采摘发展旅游。综合发展型指形成集农业、旅游、体验为一体的现代农业园区。农旅合一型是指实现农业和旅游之间相互促进、共同发展。涪陵旅游与农业的融合就属于农辅旅型。涪陵具有丰富的特色农林资源,如榨菜、胭脂萝卜。涪陵农业与旅游融合发展形成了"东赏龙眼、南观花卉、西看梨花、北望榨菜"和"春采鲜橘、夏摘杨梅、秋收猕猴桃、冬砍青菜头"的全国休闲农业及乡村旅游示范区。

第二,旅游与工业融合。近年来,很多地方在进行产业转型升级时尝试将工业与旅游相融合,如江西景德镇的古瓷窑被打造成5A级景区,航天工业让海南文昌旅游收入在5年内翻了一番。这证明了工业可为旅游提供新资源,如生产工艺、科技创新,而旅游则为工业带来巨大的附加值,如品牌提升、产品推广、形象宣传等。① 涪陵也不例外,对工业和旅游的融合发展之路规划颇多。建峰集团是原国营816厂,主营精细化学品及化工材料的生产与研发,是中国化工企业500强。其与旅游业的融合在于成功打造了"816三线军工小镇"特色项目,该项目利用涪陵的地下核军工洞体开辟工业旅游线路,形成了"参观、销售、娱乐"三位一体的旅游与工业融合发展模式。

第三,旅游与体育融合。体育旅游是一种全新的休闲方式,颇受消费者青睐。据统计,整个世界的体育旅游收入占旅游总收入的32%。② 2016年,

---

① 旅游+工业融合中共赢[EB/OL].(2016-11-25)[2018-01-20]. http://www.xinhuanet.com/travel/2016-11/25/c_1119992639.htm.
② 潜移默化的融合,"体育+旅游"类型不断优化和发展[EB/OL].(2017-06-05)[2018-01-20]. http://www.sohu.com/a/146306937_255535.

第十二章 涪陵旅游业优化分析

涪陵旅游局借助"五运会"的契机,策划实施了"五运健儿游涪陵"大型旅游公益活动,把旅游融入赛事,以赛事促进旅游发展。此外,涪陵举办了大裂谷高空绳索国际挑战赛、高空扁带邀请赛、"中国旅游日"万人公益彩虹跑、第五届涪陵榨菜嘉年华、迷你马拉松等各类特色体育活动,吸引了来自全国各地的游客。2017年,在体育旅游新闻发布会上,涪陵区旅游局局长表示,涪陵"体育+旅游"在动静融合、营销融合、赛事融合上取得了一定成效,成为涪陵旅游经济发展的一个新的增长点。①

第四,旅游与医疗卫生业融合。发展医疗旅游不仅可以推动旅游业的发展,还可以带动医疗器械制造、医药制造等相关行业的发展。2013年,国务院批准海南博鳌乐城国际医疗旅游作为全国第一个医疗旅游先行区,2015年和2016年又陆续批准了一些医疗旅游先行区。涪陵也在积极探索旅游与医疗融合的发展之路。太极集团成立于1993年,经营范围主要包括中西药、保健品加工和销售,是一家规模巨大的上市企业。它与涪陵旅游业的融合催生了大顺中医药特色小镇,并顺利举办了大健康论坛等活动,形成了健康旅游的新格局,为涪陵旅游业的发展贡献了一分力量。

三、涪陵旅游业特色发展状况

(一)涪陵旅游业特色发展方向

涪陵旅游资源丰富,不仅有得天独厚的自然资源,也有极具特色的人文旅游资源。前者主要包括千里乌江画廊、雨台山风景区、天台峡谷等;后者主要有水下碑林——白鹤梁、名扬天下的涪陵榨菜及816军工洞等。虽然丰富的旅游资源为涪陵带来了一定的经济效益,但随着旅游行业竞争的加剧,单纯的旅游已经无法吸引更多的游客,也无法有效助力当地的经济发展。因此,旅游业特色化发展就提上日程,这将是未来涪陵旅游业的主要发展方向之一。在这一方面,涪陵区政府、涪陵旅游局及涪陵企业已经做了相关工作,但仍远远不够。涪陵旅游业的特色发展既要确立涪陵旅游的特色,又要兼顾经济效益。有鉴于此,应从以下两个方面实现涪陵旅游业的特色发展。

1. 坚持建设乡村旅游品牌

旅游与农业的融合是发展乡村旅游的前提。从地图上看,涪陵区乡村旅

---

① 涪陵区"体旅融合"发展 打造全市体育旅游目的地 [EB/OL]. (2017-03-21) [2018-01-20]. http://tour.cqnews.net/html/2017-03/21/content_41018822.htm.

游资源主要集中在西南片区、东南片区及东北片区。西南片区以大顺、青羊为核心,对这一片区的打造,要重点突出文化性。主要打造以陈万宝-青羊湖景区等庄园文化、农耕文化为主体的精品景区和以天保大寨等红色历史、大寨历史为背景的自然旅游景区。东南片区以大木、武陵山乡为核心。这一片区的旅游资源受时间因素,如大木花谷的花期、武陵山的避暑期等的影响较大,所以对这一片区的打造要重点突出休闲性,主要打造以休闲度假、各种节事活动为主题的旅游景区。东北片区以南沱、珍溪为核心,以坪西坝的龙眼果岛、珍溪果林园为特色资源。因此,对这一片区的打造要致力于开发以坪西坝、果林园为代表的农业文化旅游产品。具体如图12-2所示。

图12-2　涪陵乡村旅游品牌建设方向

2. 坚持大力发展特色小镇

近年来,在涪陵区政府、涪陵区旅游局及涪陵旅游企业的共同努力下,涪陵正在开发建设的特色小镇包括榨菜文化小镇、816军工小镇及中医药特色小镇等。榨菜文化小镇始建于2016年,位于涪陵区江北街道,占地面积380亩,总投资约7亿元。项目包括中国榨菜博物馆、涪陵"十八工坊"非遗街区、"地道涪陵味"美食街、榨菜文化艺术会馆、主题工艺街等。[①] 816军工小镇以世界第一大人工巨洞——军工洞体为核心项目,通过依托洞体,设计合理的参观路线,给游客不一样的观感。除此之外,还有农业板块、医疗板块及职业教育板块。农业板块主要从农业科技园、千亩花海观光园入手,致力于利用自然资源吸引游客。医疗板块主要从保健医疗、医养结合角度入手。职业教育板块致力于通过发展旅游职业教育为军工小镇提供相匹配的人才。中医药特色小镇以大顺乡中草药种植基地为依托,致力于实现旅游

---

① 重庆首个榨菜文化小镇动工[EB/OL].(2016-12-22)[2018-01-20]. http://news.163.com/16/1222/13/C8T4KRCK00018AOQ.html.

第十二章 涪陵旅游业优化分析

与医疗的融合发展。

（二）涪陵旅游业特色景区

涪陵景区按星级排名有武陵山大裂谷、白鹤梁水下博物馆、涪陵大木花谷、武陵山国家公园、巴山夜雨休闲旅游景区及816地下核工程景区等。这些景区有人文景观，也有自然景观。有的景观并不具有唯一性，例如，在其他地方同样能够欣赏到大木花谷内的花草。以涪陵榨菜为依托的榨菜文化小镇、白鹤梁题刻及816核军工洞体则是独一无二的。

1898榨菜文化小镇在2016年年底开发建设，对涪陵榨菜、榨菜文化延展、榨菜文化元素及榨菜文化精神进行了深度挖掘。涪陵榨菜起源于1899年，其原料是重庆由特殊的土壤结构和气候条件所种植的青菜头，用盐腌制青菜头可制成榨菜。涪陵在榨菜种植收割、加工制作、文化传承中都极具特色。1995年，涪陵因榨菜而被誉为"中国榨菜之乡"。从榨菜文化中，游客可体会到涪陵的农耕文化、饮食文化、民俗文化等，深刻感知涪陵人勤劳质朴、平凡永真和智慧乐观的文化精神。

白鹤梁题刻是三峡文物景观中唯一的全国重点文物保护单位。相传，唐代白石渔人和朱仙真人于梁山修炼，后同乘白鹤飞升，白鹤梁因此得名。在5000多平方米岩面上，现存题刻163幅，计1万多字，还有石鱼14尾，题刻人姓名全者500余人。这些题刻记录了自唐以来1200多年间长江中上游72个年份的枯水水文资料，为利用长江进行灌溉、航运、发电及城市建设、桥梁建设等提供了可靠依据，具有很高的科学价值；又是珍贵历史文献，有的可补史书阙误；还具有较高书法和文学艺术价值，是世界水文史上的奇迹。[1]

816核军工洞体在1967年开工，位于涪陵区白涛街道（原白涛镇）。洞体总建筑面积10.4万平方米，洞内建成大型洞18个，道路、导洞、支洞、隧道、竖井更是多达130多条。核反应堆大厅是洞内最大的洞室，高达79.6米，总共上下9层。洞体内厂房进洞深度在400米左右，顶部覆盖层最厚达200米，核心部位厂房的覆盖层厚度均在150米以上。[2] 816工程是亚洲乃至世界第一大人工洞体，数万工程兵参加了其建设开发。1984年

---

[1] 刘晓莉．乌江流域文化特色文献馆藏的建设研究［J］．大众科技，2011（6）：223-224，196．

[2] 孙俊桥，刘勇．重庆市防空洞（体系）保护意义初探［J］．安徽建筑，2012，19（3）：39-40．

2月,因为国际形势变化和国民经济战略调整,816工程全面停工。2002年4月8日,国防科工委同意对816军工洞体解密,至此816军工洞体重见世人。①

(三) 涪陵旅游业特色发展存在的问题

虽然有涪陵各级政府的高度重视,但涪陵旅游业特色发展仍然存在一些固有问题,下面主要从交通设施、旅游接待设施、特色旅游产品及从业人员素质等几个方面进行说明。

第一,交通设施不完善。涪陵景区以山路居多,坡度大,护栏少。由于旅游开发时间短,部分旅游景区道路不够便利。在旅游高峰期,因进出景区的旅游道路单一容易造成交通拥堵,并增加安全隐患。不完善的交通是制约涪陵旅游业特色发展的一个关键要素。

第二,旅游接待设施薄弱。旅游接待设施包括酒店、交通工具、停车场及厕所等。其中,作为给游客提供膳食、住宿服务的场所,酒店是旅游基础设施的重要组成部分。然而,目前涪陵只有3家四星酒店,并无五星级饭店,因此,星级饭店档次有待进一步提升。除此之外,旅游停车场及厕所等接待设施数量较少,无法满足旅游高峰期的接待需要。

第三,知名特色旅游产品太过单一。涪陵最有名的特色食品当属榨菜,游客对涪陵的了解也停留于榨菜之乡的层面,而对其他的特色食品不甚了解。同时,由于物流行业的发展,在哪里都可以买到涪陵榨菜。特色旅游产品的缺乏会影响涪陵作为旅游目的地的吸引力。

第四,从业人员素质不高。涪陵旅游管理人才储备不足,从业人员素质较低,服务水平与专业技能有待提高。一些旅行社、景区、景点的管理者和导游人员违规违法经营,存在欺客现象。从业人员的素质在一定程度上损害了涪陵旅游业的品牌形象,阻碍了其进一步发展。

第五,旅游开发致使旅游资源遭到破坏。很多旅游者和管理者的环保意识不够,且旅游景区在规划的时候很少考虑环境保护的配套设施,从而使涪陵很多风景区和自然保护区的生态环境均受到了不同程度的污染。

---

① 根据百度百科"地下核工程"词条整理。

第十二章 涪陵旅游业优化分析

第四节 涪陵旅游业优化措施

一、破除交通瓶颈，提高景区可进入性

游客出行都需借助良好的交通条件和运输工具才能实现休闲、娱乐等出行目的。交通对旅游的影响主要表现在3个方面：第一，交通对旅游者出行的影响。在选择旅游地时，交通是影响旅游者选择的关键因素。据统计，在影响旅游效果的因素中，60%左右的人把交通列为首位。[①] 第二，交通对旅游资源开发的影响。对于交通不便的旅游资源，即便开发为旅游景区，也会受制于不便的交通而惨淡经营，从而影响投资者进行旅游开发的意愿。第三，交通对旅游质量的影响。游客会因性格、行为习惯等原因而对饮食、住宿有各不相同的要求。但对交通质量的评价却比较一致，因为交通是客观因素，所以对其评价具有一致性。

因此，发达的交通是发展旅游的关键。所以，涪陵要克服自身障碍，加快旅游公路建设，建立高效便捷的快速通道，适应休闲时代"快行慢游"的发展趋势。除此之外，要提供更多的旅游班车，规划和开通旅游专线，以满足不同游客的个性化需求。例如，将涪陵区自然资源和人文资源组合成精品旅游小环线，将涪陵、武隆、丰都组成"金三角"中环线，将乌江画廊、梵净山、张家界、长江三峡组合成大环线。[②] 对于喜欢大自然风光、崇尚农业观光等休闲旅游的游客，可通过发展乡村旅游满足其需求。

二、优化旅游接待设施，提高客流量

酒店是旅游接待的一个方面。由于消费水平和消费习惯不一样，游客对酒店档次的需求不一。所以，旅游地应该根据客源结构，正确估算低、中、高档酒店的需求数量，从而规划建设三星级到五星级的酒店，以满足不同游客的需求。涪陵仅仅有3家四星级酒店，没有一个五星级酒店。因此，政府可通过财政政策或税收政策积极引导、鼓励当地企业投资或招商引资兴建适

[①] 陈晓，李悦铮．城市交通与旅游协调发展定量评价：以大连市为例［J］．旅游学刊，2008（2）：60 - 64．

[②] 张杰．涪陵区旅游发展战略思考［J］．商场现代化，2009（2）：217 - 218．

当数量的五星级酒店,以完善酒店的服务层次。游客对酒店的要求随着旅游地区的变化而有所改变。若在经济发达的城市,可能更倾向于选择高档酒店,而到极具地方特色的旅游地时,有可能更偏向于选择特色民宿。因此,在大力发展乡村旅游时,涪陵要加大力度开发富有特色的民宿。

餐饮设施、娱乐设施、厕所及停车场等生活设施都从属于旅游接待设施。对于饭店、茶楼等餐饮行业要注重营造特色,毕竟旅游的满足感在一定程度上来自于品尝美食,尤其是品尝特色小吃。要加快旅游景区娱乐设施的建设,毕竟旅游的一个目的就是为了放松。除此之外,需要规划停车场,兴建公共卫生间,保证提供良好的环境,充分给予游客便利。

三、培育涪陵旅游品牌,提高影响力

旅游品牌主要包括旅游企业品牌和旅游产品品牌。通过塑造旅游品牌可以展示一个区域的资源优势,进而凸显该地区的文化内涵与魅力。与此同时,鲜明的品牌、特色的产品可以提高旅游地声誉,吸引游客光顾。原因在于,随着生活节奏的加快,很多人没有多余的时间对旅游景区、旅行社等旅游企业进行挑选。因此,选择知名的旅游景区、消费知名的旅游产品已经演变成一种趋势,这不仅可以彰显品位,还可以节约时间和精力。

涪陵有丰富的人文和自然资源,应充分利用天然优势,辅助以各种宣传手段,做大做强涪陵旅游品牌。例如,利用水下碑林——白鹤梁打造涪陵的水文文化,利用巴国遗址打造涪陵的巴文化等。在宣传方面应充分利用互联网、微博、微信公众号,广开宣传渠道。此外,可以举办各种各样的节事活动,让游客积极参与,加深游客直观体验,营造良好的口碑。

四、培养专业管理人员,提高从业人员素质

旅游景区管理人员对景区的发展至关重要。现阶段中国高校的旅游相关专业在景区管理人才的培养方面不够充分。这造成了景区需求与现实之间的矛盾,以致旅游企业不得不从其他类型的公司选择管理人员,但是不懂景区管理的人对景区管理会导致景区越管越乱。涪陵存在同样的问题,因此,涪陵需要加强与高校的合作,运用高校培养人才的优势,针对旅游管理人才的需要,鼓励高校设置相关专业,培养专门的景区管理人才。

导游等其他服务人员也是影响旅游业发展的关键人为因素。因此,旅游业的长远发展,需致力于提高从业人员素质,增强整体竞争力。一方面,可

第十二章 涪陵旅游业优化分析

以通过提高工资待遇,吸引高素质的专门人才服务于旅游业。另一方面,可以通过提供培训机会增加从业人员的专业技能。此外,可以与高校、科研机构合作,通过产学研合作提高旅游教育的力度,培育更多跟市场需求相匹配的从业人员。然而,旅游业从属于服务业,从业人员仅仅具备专业技能,尚不足以促进旅游业的良性发展,还需提高服务质量。所以,如果要提高从业人员的素质,就既要提高其专业技能,又要提高其服务质量。

五、合理开发景区,加强环境保护意识

旅游开发会带来一定的环境破坏,这种破坏主要包括对自然环境和社会环境的破坏。对自然环境的破坏主要表现在:第一,各种旅游设施排放的污水造成了对水资源的污染;第二,游客乱扔垃圾造成了固体废弃物污染;第三,当地居民为了商业活动,有些人猎捕野生动物,造成了对生物环境的破坏。对社会环境的破坏主要表现在:第一,旅游者践踏、刻画等不文明行为造成对文物古迹的破坏;第二,大量商业性活动的涌现,使传统社区文化遭到破坏;第三,提供旅游服务改变了当地居民的生产和生活习惯。

可持续发展是当前世界各国重要的发展战略,它的核心是促进人口、资源与环境的协调发展。这就要求我们在发展旅游业的同时注重环境保护,使环境与旅游、环境与地方经济结构保持和谐的关系。一方面,要加强环境保护的宣传,提高旅游者和旅游从业人员的环保意识;另一方面,要加强景区环境保护设施的建设。

第五节 小 结

本章分析了涪陵旅游业结构和行为,总结了涪陵旅游业发展状况,提出了涪陵旅游业优化措施。涪陵旅游业结构分析包括业态结构和收入结构分析两个方面。涪陵旅游业业态包括景区、旅行社、酒店与民宿、旅游相关的餐饮、特色产品、文化产品等;从收入看,主要以门票收入为主,但是休闲娱乐、农家乐收入也占有较大比重。涪陵旅游业成为包括生产行为、研发行为、竞争与合作行为、营销行为等。从旅游业发展总体现状、融合发展状况、特色发展状况3个方面总结了涪陵旅游业发展状况。从交通、设施、品牌、管理、环保等角度提出了涪陵旅游业优化的具体措施。

从研究结果看,涪陵旅游业发展尚处于一个起步阶段,虽然近年来已经

涪陵产业结构优化研究

塑造了武陵山大裂谷、大木花谷等景区，但是这些景区的影响局限于重庆市及周边区域，在国内的知名度不高。旅游要素中特色餐饮、特色产品、文化产品发展不够，以致即使有大量游客，由旅游衍生的收入却比较有限。因为整体旅游市场不够广阔，所以旅游集中度较高，次级旅游景点游客较少，发展全域旅游任务艰巨。

第十三章 涪陵教育业优化分析

第一节 涪陵教育业结构分析

教育行业一直是涪陵国民经济中培养人力资源的行业,是社会、经济、文化等发展的基础行业。近年来,涪陵教育行业迅猛发展。教育行业结构分析有利于涪陵区制定教育业发展战略。教育行业是一个永远不会没落消失的行业,随着国民经济水平的提高,民众收入的增加,民众对教育和继续教育越来越重视,因此,涪陵区政府一直在加大对教育行业的投入。

涪陵教育业结构包括了各种不同类型、不同层次的教育教学单位,具有多层次性和多方面性。根据教育在不同阶段的目标、任务等,这些教育教学单位发挥着各自的职能和作用。原教育部部长袁贵仁指出,要坚持职业教育与普通教育协调发展、民办教育和公办教育共同发展、高校分类发展,努力完善更加合理的教育结构。[①] 为了满足涪陵人民对教育日益多样化的需求,就必须促使教育业结构合理化,推动不同类型教育协调发展。

根据涪陵区发布的教育事业统计公报的数据,发现涪陵教育事业水平在不断提高。具体情况见表13-1。

表13-1 涪陵教育业入学率 单位:%

年份	学龄儿童入学率	小学入学率	初中毛入学率	高中入学率	大学入学率
2012	100	100	108.40	99.10	75.30
2013	100	100	115.60	98.50	75.00
2014	100	100	115.65	98.50	86.50

---

① "十二五"以来特别是党的十八大以来我国教育改革发展的辉煌成就 [N]. 光明日报, 2015-10-13 (006).

续表

年份	学龄儿童入学率	小学入学率	初中毛入学率	高中入学率	大学入学率
2015	100	100	112.36	98.50	87.48
2016	100	100	103.49	99.00	86.94

资料来源：2012—2016 年涪陵区国民经济和社会发展统计公报。

涪陵学前教育、小学、初中入学率均达到 100%，国家规定的义务教育处于均衡发展的状态。但是学前教育并不是义务教育阶段，其办学形式、教学内容等没有统一的标准，可能会出现学前教育的教学质量良莠不齐或者幼儿不能适应学前教育方式及内容等问题。家长对子女学前教育阶段的学习重视程度并不亚于其他阶段，如何应对此阶段的学生教育需求是涪陵当前应重视的教育问题。高中阶段入学率在稳定发展，大致稳定在 99% 的水平，这标志着高中阶段教育已进入普及化的阶段。大学阶段入学率处于持续稳步增长之中，其中 2014 年的增长最为明显，发展最为迅速，2012—2016 年大学入学率增加了 11.64 个百分点。另外，还有 5 万余名涪陵以外的学生在该区学校就读，这充分展示了涪陵教育业的示范作用，对学生具有较大的吸引力。

虽然涪陵的学校数量呈现递减趋势（表 13-2），从 2012 年的 171 所下降到了 2016 年的 162 所，但是整体教育教学质量在不断提高。2012—2016 年涪陵毕业生数量呈增长趋势，招生数量呈下降趋势，在校生呈微增趋势。这表明，涪陵在校生有转学或通过其他途径入学的学生。专任教师从 2012 年的 9799 人增长为 2016 年的 10 013 人，呈现先增长后下降的趋势。从招生数量下降和专任教师增长的趋势看，涪陵教育已经进入从数量规模发展向质量提升的关键节点。教育发展本质上是教育质量的不断提升，因此，教育教学单位关注的最主要问题应转向教育质量而非教育规模的扩张。教育质量的提升具有时间性，需要一定的时间才能凸显带来的效果，效果显示具有一定的滞后性，故各级教育单位不应带有急功近利的心态，对教育质量要常抓不懈。

表 13-2 涪陵教育事业概况

年份	学校数/所	毕业生数/人	招生数/人	在校生数/人	专任教师数/人
2012	171	39 874	48 633	163 987	9799
2013	166	40 828	49 342	168 468	10 023

续表

年份	学校数/所	毕业生数/人	招生数/人	在校生数/人	专任教师数/人
2014	164	42 378	46 835	173 375	10 024
2015	163	41 327	41 168	173 596	10 082
2016	162	41 349	41 153	168 915	10 013

注：此表数据包括民办教育和高等教育，但不包括学前教育。

资料来源：2012—2016年涪陵区国民经济和社会发展统计公报。

如表13-3所示，2011—2015年，涪陵幼儿园总数增加了24所，入园幼儿数量和招生幼儿数量较为稳定，没有出现太大幅度的变化，幼儿专任教师数在持续增加，4年间增加了195人。从数据来看，涪陵对学前教育的重视程度在逐年增加，表现在幼儿园数量的不断增长方面。整体来看，在未来一段时间内，涪陵仍可能会大力促进学前教育的发展，积极鼓励和支持社会各方开办幼儿园，提高幼儿园教育质量，为学龄儿童的义务教育打下良好的基础。总之，涪陵学前教育是当前阶段性教育发展最快的，应受到足够重视。

表13-3　涪陵学前教育情况

年份	幼儿园数/所	毕业幼儿数/人	入园幼儿数/人	招生幼儿数/人	专任教师数/人
2011	150		34 488		
2012	156	12 481	35 552	12 082	1057
2013	172	13 858	32 808	11 685	1116
2014	176	14 130	32 209	11 459	1216
2015	174	11 404	33 104	11 805	1252

资料来源：2012—2016年涪陵统计年鉴，其中2011年数据部分缺失。

小学教育是引导学生初步认识客观世界的启蒙阶段，是非常重要的开始阶段，也是未来一切教育的根基，需要教育单位不断研究，才能够走出符合涪陵发展的状态，使小学教育能够向更加符合现代教育发展的方向。如表13-4所示，2012—2016年，学校数量总体略有下降，从106所减少为104所；招生数量呈下降趋势，2016年较2012年减少了2471人；毕业生数量一直在9000人上下浮动；在校生数则持续增长趋势，这反映出涪陵区吸引了一定的流动人口；专任教师略有增长，2016年比2012年增加了289人。总体来看，在校生人均拥有师资在持续减少，从2012年的0.065人减少为2016年的0.055人。这反映出涪陵区小学教育资源趋紧，应加大小学教师供给。

表13-4 涪陵小学教育情况

年份	学校数/所	毕业生数/人	招生数/人	在校生数/人	专任教师数/人
2012	106	8989	13 902	59 641	3859
2013	106	8988	15 672	66 076	4149
2014	107	9242	13 759	70 454	4159
2015	105	8601	10 882	72 885	4226
2016	104	9267	11 431	75 004	4148

资料来源：2012—2016年涪陵区国民经济和社会发展统计公报。

如表13-5所示，2012—2016年，涪陵初中学校数量从46所减少到40所，5年间减少了6所，毕业生人数减少了3136人，招生人数减少了154人，在校生人数减少了4870人，学校数量的减少与学生人数的减少有关。与小学在校生数相比，初中在校生减少较多，这从一个侧面反映出学生在流失。专任教师数量略有下降，但基本稳定在4000人左右。

表13-5 涪陵初中教育情况

年份	学校数/所	毕业生数/人	招生数/人	在校生数/人	专任教师数/人
2012	46	12 130	9744	32 574	4094
2013	42	11 724	9278	29 364	4055
2014	39	10 367	9422	27 958	3976
2015	40	9234	8816	27 219	4008
2016	40	8994	9590	27 704	3982

注：涪陵区国民经济和社会发展统计公报统计的是普通中学（包括初中和高中）专任教师达到规定学历的人数，并没有分别进行统计，因此，此表采用的是包括初中与高中在内的专任教师职工人数。

资料来源：2012—2016年涪陵区国民经济和社会发展统计公报。

初中是中国义务教育中一个非常重要的阶段，连接着中国民众基础教育的未来阶段。初中教育不同于小学教育，目前初中教育更注重的是应试教育，应试性学习是初中学生中最主要的学习方法，升学压力是初中生普遍存在的问题。初中教育是制约基础教育发展的重要原因之一，初中阶段教育是教育业结构的重要组成部分，各级教育单位应重视初中素质教育的质量，通过质量提升吸引力和稳定生源。当然，涪陵初中阶段的教育面临着更大范围的竞争，在校生的流失反映出涪陵初中教育竞争力还不够强。

如表13-6所示，2012—2016年，涪陵高中阶段学校数量大致稳定在8所，招生人数大体减少了2296人，毕业生人数增加了1114人，在校生人数呈现先增后减趋势。高中阶段招生人数的减少更体现出目前教育并不仅仅追求升学率，但是在各种因素影响下高考升学率仍是评价高中教育质量的主要标准。2016年，涪陵普通高中阶段在校生人数达23 897人，高中入学率达99%，其中2016年普通高中招生7224人。综合而言，涪陵普通高中教育情形与初中教育情形大体类似，在整个中学阶段由于学生面临着较大的升学压力，因此，涪陵高中教育所能稳定的在校生数量就受到了一定的限制。

表13-6 涪陵普通高中教育情况

年份	学校数/所	毕业生数/人	招生数/人	在校生数/人	专任教师数/人
2012	9	8826	9520	27 632	4094
2013	8	9340	9720	28 407	4055
2014	8	9489	9068	28 316	3976
2015	8	10 040	7080	25 633	4008
2016	8	9940	7224	23 897	3982

注：涪陵区国民经济和社会发展统计公报统计的是普通中学（包括初中和高中）专任教师达到规定学历的人数，并没有分别进行统计，因此，此表采用的是包括初中与高中在内的专任教师职工人数。

资料来源：2012—2016年涪陵区国民经济和社会发展统计公报。

在普通高中素质教育的定位方面要强调以学生为中心，推广因材施教的现代化教育方式，使高中教育成为广大学生和民众都能接受的教育阶段。普通高中教育如何通过实施各项改革措施实现教育改革目标，是使教育结构改革顺利完成的关键问题。

表13-7给出了位于涪陵区的高等教育发展情况。2012—2016年，涪陵高等教育学校数量水平维持在3所；毕业生人数、专任教师职工数在持续增

加,分别增加了 1887 人、15 人;在 2015 年前招生人数、在校生人数不断增加,2015 年达到峰值,之后减少。2016 年高中升大学的升学率达到 86.94%,涪陵报考大学人数 11 711 人,上线(专科以上)人数达 10 570 人,录取人数 10 181 人,使得更多人能够接受更高的教育。①

表 13-7　涪陵高等教育情况

年份	学校数/所	毕业生数/人	招生数/人	在校生数/人	专任教师数/人
2012	3	5521	7810	23 650	1197
2013	3	5789	7915	25 406	1156
2014	3	6888	8089	26 237	1173
2015	3	7223	8130	30 417	1191
2016	3	7408	7261	26 459	1212

资料来源:2012—2016 年涪陵区国民经济和社会发展统计公报。

近年来,高等教育发展已经取得了不少成果,教育体制改革面临着一个新的阶段,教育的普及能够让更多人进入更高级的学校学习,使人们对先进文化的需求得到了充分的满足,教育发展反过来又促进了国民经济的发展。在知识经济时代,高校是知识创新的重要基地,为社会提供了专业型和全能型的人才,在人才培养方面具有不可撼动的地位,但高等教育发展道路上也面临着较多的机遇和挑战,因此,发展高等教育就需要进一步的深化改革。

第二节　涪陵教育业行为分析

教育行业发展是涪陵人民生活水平提升的必然结果。随着生活水平的提高,教育的优质化成为民众需求,故教育业的行为规范成了民众关注的话题。改善涪陵教育业行为,是提高涪陵教育业发展水平的重要因素。社会经济发展离不开良好的教育业行为,教育业行为的发展直接关系到涪陵社会经济发展水平及其速度,所以必须对涪陵教育业进行规范和改革。全面规范教育业行为,提升教育业质量,培养高质量的人才,不仅仅是涪陵教育部门和各个学校与教师的责任,也是涪陵民众的责任。教育业行为的规范和缺失会

---

① 资料来源于 2016 年涪陵区国民经济和社会发展统计公报。

第十三章 涪陵教育业优化分析

直接冲击教育环境，进而影响教育行业的前进方向。良好的教育业行为不仅可以带动教育业迈向下一个阶段，也能够促进社会和经济水平的进一步提高。

近年来，涪陵教育行业在多个方面都有创新之举：第一，教育形式的创新。过去的教育倾向于以老师为中心，以课堂讲授为主，教学模式和教学方法单一；目前已过渡到以学生为中心，注重培养学生的实践能力，利用多媒体和小组讨论的教学方法对教育教学形式进行创新。第二，科学技术上的创新。将学习和人工智能结合起来，不仅大大提高了教育的效率，同时扩展了科学技术的应用范围，激发了技术环境下的研究型学习。第三，人才培养模式的创新。面对涪陵多元化的发展局面，教育理念从单纯培养毕业生逐步转化为培养社会实际需要的优秀人才，加强产教结合，以教育促产业发展，以产业推教育改革。

涪陵义务教育招生规模扩大，在校生人数增加，对教育行为的管理亦需要加强。因此，涪陵制定了《涪陵区规范中小学办学行为的实施意见》，规定了中小学教师行为的"八不准"，对于违反规定的教师按照意见给予相应的处罚。涪陵在义务阶段的招生工作是以《中华人民共和国义务教育法》等法律法规为依据，以建设好区域学校为目标，坚持义务教育阶段公办学校"就近入学"的原则，按照义务阶段招生工作的公开、公平、公正原则，使得每一名适龄儿童都有接受教育的权利，巩固义务教育的发展。若利用招生工作多收费、乱收费等，涪陵区将根据情节的轻重分别进行处理。随着涪陵义务阶段教育规模的扩大，义务阶段教育基本普及，义务教育学校教学设备配置水平逐年提升，优质学校资源覆盖的范围较广。但是，涪陵义务教务仍存有弊端，如对现代先进教学设备的利用不够，素质教育有待进一步提升。

涪陵普通高中主要是以公办教育为主，高中教育的普及程度在逐渐增加，传统高中教育的任务和目标也随之发生变化。普通高中教育是教育体系中不可缺少的一个部分，应该具有自己的发展方向和目标，建立自身特色。基于涪陵学校制度和建设发展的目标，就需要普通高中明确自己的教育方向，不能过分偏向于升学率导向。普通高中教育建立在基础教育之上，承担了为高校选拔和输送优质人才的功能，所以普通高中需要考虑升学率因素，需要重视高考。高考影响了普通高中的教育行为，如果不重视高考，高考升学率可能下降，这就会造成生源流失；优质生源流失反过来会对升学率产生影响。但是，如果仅仅关注升学率，可能忽视对高中生的素质教育，造成高中生发展不全面。涪陵目前还未达到全面普及普通高中教育的能力，仍有大批学生未能进入高中。随着涪陵全面深化改革和社会经济的发展，普通高中教育逐渐成为一种基础性的教育，在劳动力供给方面的作用越来越明显，且高中阶段的招生方式会影响义务教育的教育行为、教学方法等，具有指导性。当前，普通高中的教育行为主要以学生为中心，致力于营造更加平等、更加公平的教育教学和学习的良好环境，保障高中教育的平等性。涪陵普通高中教育行为也存在不足。为了提高升学率，学校在招生方面更偏好于优质生源，利用各种措施吸引优等生，造成教育资源配置不平等。为了应对高考，学校的教育教学行为和制定的相关制度都要围绕高考进行，围绕着如何提升学生的学习成绩，学生因成绩差异会受到不同对待，存在一定的教育行为不公平现象。

涪陵高校教育为教育的改革和发展提供了先进的经验，为社会和经济的建设培养了一批批优秀人才，在一定程度上缓解了就业压力，对优化资源配置具有一定的调节作用。在高校教育中，涪陵始终坚持以人为本，树立了先进的创新教育理念，面向全体学生因材施教，提升人力资源素质。涪陵对高校教育的支持力度在不断加大，社会的需求也在影响着高校的扩招，涪陵高等教育招生范围已经扩大到了本区域以外的6个地区，生源竞争在进一步加大。但是生源带来的一系列高校问题尚未缓解，高校招生难的问题仍旧是发展的绊脚石，为此涪陵不断调整录取人数。近年来高考录取率呈现增长趋势，2015年为87.48%，创涪陵历史新高，但2016年高考录取率为86.94%，这是近六年来录取率的首次下降。随着涪陵高校的扩招，学生数量和规模增加，学生专业种类复杂化，难免出现收费标准不一，这对高校统一收费工作带来了一定的困难。由于涪陵教育支出逐年增加，高校收取的学费也呈现逐渐增加的趋势，给一些家庭状况不好的学生带来了较大经济压力。

涪陵教育业出现的不良行为，如乱收费、片面追求升学率等，应引起相关部门的重点关注。相关部门应及时采取措施予以解决，以免造成涪陵教育业发展受挫。涪陵教育业的持续发展离不开教育行业的规范，以行业规范为前提，以促进发展为动力，才能使涪陵教育业又好又快发展，促进涪陵发展高质量和更加公平的教育业。

第三节　涪陵教育业绩效分析

　　绩效管理是现代管理常使用的工具之一。教育绩效评价是对教育目标的实现程度及实现手段等进行综合评价，其目的是能够在有限的教育资源配置下培养出优秀的人才和获得高质量的教学效果。教育业绩效分析有助于分析影响绩效的因素，对不同教育机构的教育结果进行比较，进而能够激发教育机构的积极性和主动性，提高教育教学效率。对于涪陵来说，改善教育绩效涉及对教育业的管理，以及对人员和工作的安排。对于人员要采用激励－约束相容的机制设计；对于工作要考虑优化流程安排、工作分配。不同的结构、不同的调整可能带来不同的结果，直接影响教育效率。各级教育单位应从教育整体利益出发，提升教育质量，在提高效率的过程中逐渐优化教育业发展。

　　针对教育业管理复杂的现状，对教育业近年来的绩效进行分析是非常有必要的。一方面，在市场压力下，可以增强教育发展的核心力和凝聚力；另一方面，有利于教育工作的不断改进、不断完善，使教育业能够适应经济社会发展的新形势、新变化。

　　研究涪陵教育业绩效问题可采用数据包络模型加以分析。教育绩效评价是一个多投入－多产出的有效性综合评价问题，在对教育业投入一定量的资金或其他资源后，就这些资金或资源所产生的效益做出有效性评价。本节重点评价经济效益。数据包络方法是根据所需决策单元的实际数据来计算权重，无须主观进行假设，具有客观性。利用该方法得出的绩效评价结果具有较高的参考价值。要衡量涪陵教育业绩效的变化，需要选择合适的数据包络模型，之后求得教育业绩效指数，再对结果进行比较分析。在不减少产出的前提下，将尽可能减少投入作为提高教育业绩效的主要方法，因此选择以投入为导向的 CCR 模型。

　　投入指标应能够促进产出指标的发展，产出指标应是由投入指标推进的，但并不要求投入产出指标之间不存在共线性问题。本节研究的是涪陵教育业给本地区带来的经济效益，故选取的投入指标应与教育业发展相关，可选择教育事业费和学校数量作为衡量教育投入的指标。其中，教育事业费是综合性指标，反映了教育事业发展的程度；学校数量是基础性指标，反映了涪陵教育业发展的规模。选择的产出指标要能够描述地区经济，教育业的发展会带动人民生活水平的提高，因此选取涪陵地区生产总值、城镇常住居民人均可支配收入、农村常住居民人均可支配收入作为产出指标。其中，涪陵地区生产总值反映了涪陵的经济发展成就，城镇常住居民人均可支配收入和农村常住居民人均可支配收入反映了涪陵人民的生活状况。

基于数据可得性，截取 2011—2015 年涪陵区数据进行分析。为了剔除价格因素的影响，以 2011 年为基期对涪陵地区生产总值采用地区生产总值指数加以处理，对价格型数据采用居民消费价格指数进行处理。处理后的数据结果见表 13-8。

表 13-8　处理后的涪陵区投入产出指标数据

年份	实际 GDP/亿元	实际教育事业费/亿元	实际城镇常住居民人均可支配收入/元	实际农村常住居民人均可支配收入/元
2011	557.34	0.0907	196.43	68.58
2012	643.73	0.1604	219.21	77.41
2013	727.41	0.1575	224.57	83.59
2014	814.70	0.1595	249.62	95.11
2015	911.65	0.1630	274.53	107.00

资料来源：2011—2015 年涪陵区国民经济和社会发展统计公报。

根据表 13-8，2011—2015 年涪陵实际 GDP、实际教育事业费、实际城镇常住居民人均可支配收入、实际农村常住居民人均可支配收入都处于持续增加的状态，涪陵经济发展越来越好，对教育业投资不断增加，民众生活水平在逐渐改善。

利用收集和整理过的涪陵相关数据，采用以投入为导向的 CCR 模型，经过 LINGO 编程得到 2011—2015 年的涪陵教育业绩效，见表 13-9。

表 13-9　2011—2015 年涪陵教育业绩效

年份	2011	2012	2013	2014	2015
教育业绩效	1	0.7952	0.8326	0.9213	1

利用 LINGO 编程对 2012—2014 年涪陵区教育业的 DEA 有效性进行分析，计算结果见表 13-10、表 13-11、表 13-12。其中，$\hat{\theta}$ 为投入导向模型的最优解，λ 为投入导向模型中不小于 0 的数，s^+ 和 s^- 分别为投入导向模型的

松弛变量和剩余变量。

表 13-10　2012 年涪陵教育业有效性评价结果

$\hat{\theta}$	$\lambda/\hat{\theta}$	s_1^-	s_2^-	s_1^+	s_2^+	s_3^+
0.7952	1.0404	0	0	74.5954	0	7.2252

表 13-11　2013 年涪陵教育业有效性评价结果

$\hat{\theta}$	$\lambda/\hat{\theta}$	s_1^-	s_2^-	s_1^+	s_2^+	s_3^+
0.8326	1.0115	0	0	10.2678	0	3.2576

表 13-12　2014 年涪陵教育业有效性评价结果

$\hat{\theta}$	$\lambda/\hat{\theta}$	s_1^-	s_2^-	s_1^+	s_2^+	s_3^+
0.9213	1.0025	0	0	9.4964	0	1.7878

由表 13-9 的结果来看，涪陵教育业绩效均值为 0.9098，处于上等水平；教育业绩效分别在 2011 年、2015 年处于 DEA 有效状态，同时为技术有效和规模有效，并不需要做出任何改变，各种教育资源均得到了充分利用，此时产出结果达到了最大值。在 2012 年、2013 年、2014 年教育业绩效处于非 DEA 有效状态，涪陵经济活动未达到技术有效或规模有效状态，但是教育业绩效仍处于上等水平，这可能是由于涪陵教育业投入过多，或者产出潜在能力尚未得到完全发挥，以致造成了产出的不足。自 2012 年起涪陵教育业绩效一直在持续增加，直至 2015 年达到有效，这说明涪陵教育业有效性水平还是比较高的。整体而言，作为重庆市定位的中心城市，一小时经济圈核心城市，涪陵 2011—2015 年教育业绩效还是处于高水平的，涪陵教育业的发展对本地区经济和社会发展水平提升的贡献度相当高，教育业所带来的效果相对明显。

此外，对于非 DEA 有效的年份，可以通过 DEA 有效面将非 DEA 有效的年份转化为 DEA 有效，调整结果见表 13-13。

经过对涪陵非 DEA 有效的调整之后发现，2012 年、2013 年、2014 年涪陵的教育业投入相对于已有的产出指标水平有投入过量的现象，存在一定的教育资源的浪费，教育教学配置可能没有达到有效合理的状态，其中 2012 年的投入指标的冗余量最大，其次是 2013 年，2014 年的冗余量较小。

表 13-13　涪陵教育业绩效非 DEA 有效的调整

年份	投入冗余额		产出不足额		
	实际教育事业费/亿元	学校数/所	实际 GDP/亿元	实际城镇常住居民人均可支配收入/元	实际农村常住居民人均可支配收入/元
2012	-0.0328	-35.0208	74.5954	0	7.2252
2013	-0.0264	-27.7884	10.2678	0	3.2576
2014	-0.0126	-12.9068	9.4964	0	1.7878

另外，可对涪陵的规模收益情况进行判断。在2011年、2015年涪陵的规模收益不变，此时教育行业规模是最佳的，2012年、2013年、2014年涪陵规模收益递减，即如果对教育产业再增加投入量只可能使涪陵经济发展速度下降。

在涪陵教育业绩效分析过程中仍存在一些问题。教育绩效分析的目的在于对教育业投入产出状况进行评价，由此找出潜在的不足并加以弥补，以便在下一阶段提高教育业工作效率。绩效分析注重结果而忽视过程，在绩效分析结果和预期出现偏差时，可能是由于绩效分析过程中出现的问题没有得到及时调整或处理。但是，对于这些问题，教育工作者不能建立起它们与绩效结果之间直接的联系，因而也就难以确定改变绩效的策略。所以，涪陵在绩效评价的基础上应建立起工作教育过程管理体系，通过过程的微调实现教育业绩效的进一步改进。

第四节　涪陵产教融合发展状况

产教融合发展即各个学校根据所设置专业积极主动寻求专业的产业化，将专业和产业联合起来，学校与产业界相互支持，将学校转变为集人才培养、科学研究、科技服务于一体的经营实体，最终形成学校与企业共同经营的办学模式，最常见的是中等职业学校、高等职业学校和应用型本科高校与产业界的融合发展。产教融合具有4个特征。第一，产教融合具有双主体性，由企业和院校两个主体相互合作、共同完成。两个主体缺一不可，其中企业是科技服务、科技应用等的场所，学校是培养人才和提供劳动力、科学

第十三章 涪陵教育业优化分析

技术等生产要素的场所，两者各自都要发挥自己的作用，积极融入彼此。第二，产教融合具有跨行业性。校企合作的人才培养模式决定了产教融合的这种特质。在产教融合中，科技生产和教学教育进行紧密组合，融合过程既属于企业产业活动的组成部分，又属于学校教育的组成部分，且需要民众、政府、社会等纽带的支持和参与。第三，产教融合具有共赢性。经过产教结合，涪陵的学校和企业实现了资源共享、互惠互利，共同促进涪陵经济和社会的发展。第四，产教融合具有动态性。教育结构和产业结构并非一成不变，任何一方的变化都可能引起另一方的改变，教育结构的变化势必引起产业结构的变化，而产业结构的变化必然造成教育结构的调动，且结构内部的变化也并非常态的。

近年来，涪陵教育质量在不断提高，规模在不断扩大，吸引力和影响力在不断增强，依据产业结构做出了相应的调整。产教融合不同于一般的产业融合，它不会让职业教育与其他产业融为一体，也不会产生新的产业，而是职业教育与产业相互渗透、相互支持，是一种两者间的深度合作方式。[①] 它包含有多种组合模式。第一种模式是企事业单位为学校教育投资，解决学校资金不足的困难，双方建立校企合作机制，学校培养高质量人才，再以教育收益与企事业单位分享。第二种模式是学校对企业提供资源，如人才、土地等，从而形成"校中厂"模式。学校所提供的人力资本等要素可以为企业节约成本，企业为学生提供教学实践和实习机会则有助于培养学生的实践能力，双方均可从中受益。第三种模式是学校为企业提供技术、人力等资源，形成"厂中校"模式。学校为企业提供科研平台、专利、技术和人力资源等，从而提高企业的效率；企业为学校提供实践实习机会等提高学校教育质量。"校中厂"模式的合作地点在学校，而"厂中校"模式合作地点在企业。校企之间也可通过签订协议来建立合作关系。至于采用哪种组合方式，要根据实际情况来决定，以实现产教融合效益最大化。产教融合必须遵循本地区的经济规律，学校与相关企业通过适当的模式合作，以实现教育资源与产业资源的整合和优化利用。

涪陵目前实现了经济、科技、教育的迅速发展，区域综合竞争实力明显增强，人民生活水平明显提高，2015 年全面建成小康社会实现程度达到了

---

① 陈年友，周常青，吴祝平. 产教融合的内涵与实现途径 [J]. 中国高校科技，2014（8）：40–42.

95%，其中学校和产业的融合发展为涪陵做出了很大的贡献，涪陵产教融合经验包括两个方面。

　　一是实现了从传统学校教育到创新型学校的转化。随着涪陵教育教学环境和结构的变化，产业结构调动速度加快，涪陵学校在从传统型到新型转变。2011年，涪陵实现了统筹城乡职业教育综合改革试验，启动了"园校互动"型办学模式，职教中心、市医药卫生学校被评为全国中等职业教育改革发展示范项目，创建的国家中职示范学校通过了教育部的审核；举办了学生技能大赛，加强了学生职业技能素质的培养，并促使学生将职业技能应用于实践；加强了重点学校的建设，创建了重庆市重点中等职业学校和全国重点技工学校；向市内外信息产业输送了3300名学生参加教学实践活动和实习。2012年，涪陵创新了计算机学校培养模式，建成了计算机软件实训基地；加强了"双师型"教师建设；全区教师比例达到了24%；落实了初级、中级、高级"双师型"教师的补贴；积极开展教学实践，中职毕业生就业率达到了97.5%。2013年，涪陵制定并实施了《中等职业技术教育专业布局结构调整方案》，停办、新增专业各7个，专业设置更加合理；完善了职业技能大赛工作机制，区教委、区财政局、区经信委等部门联合出台了《关于进一步推进职业院校技能大赛工作的意见》；全区中职毕业生达到了97.5%。2014年，全区首次对职业学校一年级学生开展了语文、数学、英语学科教学质量检测；长江师范学院围绕应用型大学建设，建成并投入使用培训大楼1幢，新增市级特色专业建设点3个；重庆工贸职业技术学院成功建设成为重庆市示范性高职院校；组织了3331名学生到重庆信息企业进行教学实践和实习活动，并向区内企业输送了2227名毕业生；就业率达到97%。2015年，涪陵信息学校汽车维修专业和市医药卫校药剂专业实训基地成功建设成为市级中职实训基地；长江师范学院化学、物理学、汉语言文学成功申报为市级特色专业；重庆工贸职业技术学院荣获晋江全国鞋服饰品及箱包设计大赛铜奖；向市、区输送技能型人才4130人；毕业生就业率达97.5%。产教融合不仅仅促进了学校教学教育的发展，也为企业输送了大批专业型和全能型人才，增强了企业的竞争力。

　　二是实现了单一科研模式向产学结合模式的转化。涪陵的职业教育始终围绕着全区产业布局现状来发展。2014年，涪陵扩展了校企融合途径，成立了涪陵职教集团，一共与255家区内外企业签订了校企合作协议，成立了冠名企业订单培养班级12个，建成校外实训基地230个、"校中厂"3个、

第十三章 涪陵教育业优化分析

"厂中校"1个。重庆市教委确定了1个市级实训基地建设项目和1个市级特色专业建设项目。2015年，涪陵各个中等职业学校加强了校企间合作，促进企业和学校的交流，以实现优势互补。职教中心、第一职业中学等7所中职学校分别与名凯汽车、商贸集团等共39家企事业单位开展了校企合作工作。通过校企合作涪陵职业教育质量得到进一步提升，办学实力进一步增强。2017年，涪陵华晨鑫源与重庆大学、武汉理工大学、中国汽车工程研究院等共5家高等院校、科研单位建立了校企合作关系，将新款车型SWM斯威X7汽车整车及关键零部件技术研发项目纳入了重庆市技术创新指导性项目目录。[1]

2014年涪陵区政协召开了座谈会，协商校企对接，以创办中职教育，共同促进涪陵经济发展。涪陵区政协主席徐志红认为，大力发展职业教育是涪陵产业发展、企业生存发展、涪陵建设区域性中心城市的必然要求，而利用校企对接创办中职教育，是事关涪陵职业教育发展的大事。涪陵区副区长徐瑛表示，要立足于本地区经济社会发展及产业发展的实际需要，对职业学校实行一校一策、错位发展的定位，以解决实际工作中出现的问题。[2] 目前，涪陵的产教融合体系逐渐成熟，学校教育和教学实践能力日渐提高，企业竞争力明显增强。

但是，在产教融合的过程中，涪陵存在着一定的不足之处。第一，产教合作范围不广。在多样化的教育体系中，涪陵主要是促进职业教育学校和产业界进行结合，通过教学实践和人才培养等方式实现和企业的联系，但是职业教育学校在涪陵的数量比较少，学校教育教学方面的不足可能限制了与产业间某些方面的联系，导致涪陵产教融合范围不够广泛。第二，产教合作质量有待提高。涪陵产教融合主要集中于汽车技术、信息技术、医药技术等技术领域，但是在其他领域的合作甚少。近年来，由于农村劳动力转移规模逐渐增大，城市里农村人口比重扩大，涪陵也越来越重视劳务经济的发展，但学校缺乏与相关农业企业的合作，农业效率尚比较低下，影响了区域全方位发展。第三，产教合作创新能力不足。涪陵经济要想实现跨越式发展，必须通过产教合作培育创新型战略产业，不能仅仅拘泥于传统产业；必须以创新

---

[1] 涪陵区推动产学研协同创新促进企业科技成果产业化 [EB/OL]. (2017 - 08 - 25) [2018 - 01 - 20]. http://education.cqnews.net/html/2017-08/25/content_42692187.htm.
[2] 涪陵校企对接创办中职教育 促涪陵工业发展 [EB/OL]. (2014 - 07 - 08) [2018 - 01 - 20]. http://cq.cqnews.net/cqqx/html/2014-07/08/content_31299334.htm.

引领，构建产教融合可持续发展体系和具有涪陵特色的产教融合发展框架。涪陵学校发展不均衡、产教融合范围不广、产教融合质量和创新能力不足等一系列问题，都是产教融合发展道路上不能回避的关键问题，有待未来采取措施加以化解。

对于不同层次的产教融合，以调整结构促进学院和产业质量的提升是关键点。要持续完善学校的类型结构，推进学科专业与产业需求的契合度；要加强学校教育教学能力，以提高毕业生人才培养质量；要改进学科和专业结构，支持和促进学校学科优势向竞争优势的转化。

第五节　涪陵职业教育发展状况

涪陵职业教育是面向社会、面向民众的教育，人人都可以参与。自党的十八大以来，职业教育被放在了重要位置，涪陵开始高度重视职业教育的改革工作，加快职业教育的发展，明确了职业教育是教育体系和人力资源培养的重要构成部分，是广大民众实现继续教育的途径。涪陵正在深化职业教育机制改革，创新各个层次的职业教育发展模式，引导社会各界积极主动支持职业教育发展，努力建设具有涪陵特色的职业教育体系。同时，加强了对农村贫困地区职业教育发展的支持，避免出现职业教育短板，促进职业教育的均衡发展。

涪陵虽然劳动力数量较多，但是整体素质有待提高。例如，在许多新兴行业中都存在劳动者专业技能与工作岗位的人才需要不对称现象，技能人才总体上较为短缺。若不及时解决这些问题，那么它们将成为涪陵经济与社会发展的阻碍。因此，将职业教育置于涪陵发展的重要地位是十分必要的。近几年，涪陵职业教育不断创新教育教学人才培养模式，培养了大批相关专业技术型人才，为涪陵发展做出了贡献。

职业教育体系分为学历教育和非学历教育，具有服务经济的直接性、社会联系的广泛性、专业设置的市场性、办学形式多样性、人才培养职业性、教学管理复杂性等特性。其中，学历教育以培养实际应用型的专业人才为目标，培养时间较长，但是仅涉及职业学校在校生；非学历教育以职业技能培训、职业资格培训、职业管理培训及员工内部培训等项目为主，培养周期较短，受众范围较广，较受欢迎。

学历职业教育规模稳中求增，提高质量、增加效益是其长远发展之策。

2012—2016年，涪陵中等职业学校数量保持稳定，在校生数量基本呈下降趋势（表13-14）。原因可能在于，教学目标没有能够和高等教育及普通高中教育区分开，因此，在招生方面职业院校的吸引力不足，招生状况未达到学校预期。要想扩大现有招生规模，就需改变招生和教学模式，进一步推进高素质、高质量人才培养计划的实施，凸出学历职业教育的优势。

表 13-14 涪陵中等职业学校教育情况

年份	学校数/所	毕业生数/人	招生数/人	在校生数/人	专任教师数/人
2012	6	1481	2171	14 434	532
2013	6	3036	4521	13 043	535
2014	6	4495	4182	14 001	541
2015	6	4235	3911	10 995	526
2016	6	3725	3515	9585	543

资料来源：2012—2016年涪陵区国民经济和社会发展统计公报。

2012—2016年，涪陵中等职业学校毕业生人数增加了2244人，招生人数增加了1344人，虽然有增加趋势，但并不是一直稳定增加，在2014年之前人数逐渐增加，2014年达到峰值，2014年之后出现了递减趋势，但仍高于2012年的人数。该期间在校生人数减少了4849人，专任教师数增加了11人。总的来说，涪陵中等职业教育发展尚比较稳定，2014年以来每年毕业生人数都超过了招生数，但是增长空间不大，这主要与高中升学率上升及学生人数减少有关。

在新形势下，中等职业学校教育日益受到关注，地位不可小觑。涪陵需要中等职业教育来带动就业，推动脱贫工作。目前涪陵区政府越来越重视中等职业学校，对其投入的资金、提供的政策等都保持着良好的势头，职业教育能力有了一定程度的增强。但相较于其他类型的教育，如义务教育和高等教育，中等职业教育仍是教育结构中比较薄弱的部分，职业教育改革任重道远，需要政府进一步支持和学校进一步努力。

涪陵中等专业学校教育情况见表13-15。2012—2016年，涪陵中等专业学校水平维持在1所，毕业生人数持续增加了534人，在校生人数增加了210人，招生人数减少了39人，专任教师人数增加了11人。在2015年之前招生人数和在校生人数持续增加，之后由于种种因素，招生人数突然减少了

217人，在校生人数突然减少了181人。近两年涪陵中等专业学校学生的减少也表明了中专学校正日益面临招生难的窘迫问题。

表13-15 涪陵中等专业学校教育情况

年份	学校数/所	毕业生数/人	招生数/人	在校生数/人	专任教师数/人
2012	1	1481	2171	6056	117
2013	1	1951	2236	6172	128
2014	1	1897	2314	6409	138
2015	1	1994	2349	6447	131
2016	1	2015	2132	6266	128

资料来源：2013—2017年涪陵统计年鉴。

中等专业学校教育是在九年制义务教育之后进行的教育，相当于高中教育，但是并不等同于高中教育，普通高中教育侧重于基础知识的传授与学习，中等专业教育更加重视专业知识的培训与实际操作。中等专业教育是职业教育的一部分，也是中等教育的一部分，每年为社会提供了大量优秀的技术性和应用型人才。但是，随着高等教育扩招，中等专业学校的发展空间日益被压缩，不少地区都出现了并校和撤校的趋势。所以，涪陵中等专业学校能够维持2000人以上的招生规模是难能可贵的。

相比学历职业教育，非学历职业教育的范围对象较广，培训时间较短。在涪陵现有的就业压力和就业政策下，非学历职业教育市场发展风头正盛，有较好的行业前景。

总体来看，在各种因素制约下，涪陵职业教育学校招生计划不断调整，以适应形势变化。新生报到率直接影响着职业教育院校的发展前景，其问题主要在于报到率不足。如果新生报到率不足，会对院校的声誉和教学成果造成不小的冲击。因为生源数量下降意味着学校财政拨款减少及教师收入下降，那么教师工作积极性会受挫，进而影响教学成果，教学成果下降又会影响招生数量，由此形成恶性循环。对于涪陵职业教育学校毕业生来说，加工制造业毕业生人多，就业较好，且偏向于在本地就业。由于涪陵职业教育起步晚，发展不够充分，在许多方面存在或多或少的缺陷。与发展较好的地域相比，涪陵职业教育还存在不小差距。

自2008年年底教育部颁发多个指导职业学校教育教学改革的文件之后，

涪陵开始积极主动深化职业学校的改革，提出了在教学模式、教学理念、教学方法等教学相关项目的革新思路，以加快职业学校成长的步伐。学校规模进一步扩大，职教生源逐步扩展到贵州、湖南、湖北、云南等6个省市。据统计，在2015年涪陵各个职业教育学校都成立了校企合作办公室，校企合作机制进一步得到完善。例如，职教中心、一职中等7所中职学校分别与商贸集团、名凯汽车等39家企业签订了协议，开展校企合作。职业教育教学质量也在提高，成功举办了学生技能大赛等专业比赛，如涪陵中职学生技能大赛，以提高学生的实际应用能力。职业教育办学实力得到了大幅提升，以涪陵成功创建全国示范学校和市级实训基地为标志，职业教育改革效果凸显。办学思想由计划培养向社会经济驱动转变，教育教学方向开始将职业教育发展与促进就业、消除贫困等相结合，专业设置更加具有针对性，制定了基础课程、公共课程及重点课程的指导方案、教学大纲和教学模式，教学更具有目的性和指导性。

但是，涪陵职业教育发展中仍存在一些问题。职业教育的重要性不言而喻，涪陵乃至国家对职业教育的重视程度有增无减，但是，在实践中，职业教育相关政策可能并没有完全落地。对于职业学校如何形成特色、如何做大做强，政府和职业学校缺乏系统性改革思路。在传统思想教育的影响下，民众对职业教育学校的认同度和支持度比较低，由此造成涪陵职业教育学校招生难等问题。虽然每年职业教育单位都会投入大量的物力和财力吸引生源，但是效果不甚理想，再加上在校生存在辍学的可能性，所以职业院校学生数量难有较大改观。学校生源的不足有可能助长职业教育学校违规招生，这既增加了教育成本，又扰乱了学校之间正常竞争的管理秩序，对学校的管理造成了负担。专业教师的不足和教师结构的不均衡同样阻碍着职业教育的发展，学校专业教师的缺乏影响着职业教学质与量的改革。在专业教师中，理论基础课的教师较多，从事实际应用型的课程教师较少，"双师型"教师比例更少，教师结构不合理不利于学生的全方位发展。虽然校企合作工作已经开展，但是效果呈现尚需时日。涪陵多数职业教育学校教育教学管理模式较为单一，仍采用类似普通高校的教学管理模式及相关专业和课程设置，与社会实际需求岗位所需人才有所脱节。

第六节　涪陵教育业优化措施

一、提高政府对涪陵教育业的重视度和支持度

涪陵教育业结构的改善离不开政府的重视和支持。在涪陵经济和社会发展要求下，教育业要跟上形势需要，就必须有足够的资金和政策等支持。支持涪陵教育业的发展，关键问题是要通过政府、社会、学校等各方面的责任分担实现全社会民众的共同参与、重视及认同。政府要承担主要责任，结合涪陵的发展实际促进教育业的改革，努力解决教育发展道路的难题，将统筹教育业发展作为统筹城乡均衡发展的重要环节。政府要进一步完善支持教育业发展的政策，加大投入力度和宣传力度，为专业型人才和科技型人才的培养创造好的环境。

二、完善多元化监督机制

涪陵教育业绩效虽然处于较高的水平，但是在各种因素的作用下，涪陵教育业面临着升学等各种压力和收入相对下滑的困扰，教育业的发展因此受到影响。为了确保涪陵教育业的绩效稳固上升，需落实涪陵教育业的支持政策，强化学校对教育业的责任。涪陵教育业质量对民众影响较大，因此，要广泛吸引民众共同参与对教育业的监督。以教育的规范化管理为途径，对于教育薄弱环节不断加以完善。落实"谁主管，谁负责"的责任管理机制，对于单位、部门等出现的问题及时确定责任划分，定期对各级单位进行检查，促使责任人认真落实责任义务。对于涪陵教育业开展工作中出现的不良倾向，要及时进行化解。坚持外部监督和内部监督相结合，实现部门监管、民众监督与媒体监督的相互补充。在完善监督体制的基础上，涪陵教育业要增强办学活力，完善现代化教育制度，提升学校的办学水平。

三、建立教师队伍规范机制

教师的行为影响着教育业行为，教师行为的规范是教育业行为规范的重要组成部分，因此，规范教师队伍是实现教育业行为良好发展的强大动力。涪陵教育建设中，教师队伍是核心资源，是教育业改革的推动者，教师队伍的规范性会极大地影响教育改革发展进程。要把促进学生的发展和成长作为

第十三章 涪陵教育业优化分析

教师队伍建设的出发点,全面加强教师队伍的建设,使之成为教育事业长远发展的强大后盾,形成师德高尚、业务精湛、结构合理、充满活力的高素质专业化教师队伍,为建设教师队伍提供方向。①

要对涪陵教师队伍进行培训,全面提高教师队伍的思想政治觉悟。构建健全的师德师风发展机制,将师德教育贯穿于入职前培训、入职后培训和管理的过程中,促进良好师德师风的形成。完善幼儿园、义务教育学校、高中学校、中等专业学校、中等职业学校、高等学校等各级学校的教师品德规范,奖惩分明,对影响恶劣者、不合格者按照学校相关规定进行处理。根据涪陵各级各类学校教育的特点对教师进行定期考核。

四、完善教育信息反馈平台

教育信息反馈平台能够集合社会、民众等多方力量共同应对教育发展中出现的问题。要建立完善的教育信息反馈平台,就需要在政府、学校等相关决策单位及社会和民众之间形成完整的信息链,促进信息共享,建立信息流动渠道。要准确地把握学生和社会的实际需求,从教学方法、教学目标、教学任务等方面不断更新,以满足教育需求。在充分了解和掌握教育信息的基础上,更好地制定教育业策略。

应将信息反馈贯穿于教师教育教学的全过程,融入教学活动的各个环节,如课前反馈、课中反馈及课下反馈等。只有全面、及时地掌握和运用这些教育反馈信息,才可能提高课堂教学效率,发挥出学生的主体性。课前及时反馈体现在,教授新知识前让学生有充足的时间搜集相关信息并预习新知识,以在课堂上实现有目的的听讲,解决疑难问题,提高学习效率;课堂是学生与教师交流最直接和最多的地方,是相互了解的最佳机会,课堂教学是教师教学活动的主要场所,学生和教师应好好把握课堂时间,教师应根据课堂信息反馈及时调整教学方法和教学内容,学生则应根据反馈结果提高课堂学习效率;课下的及时反馈能够使教师更了解学生真实的学习情况,并对这些信息进行综合利用,以规划后期的教学活动,实现最佳的教学效果。

五、优化教学专业,强化特色建设

学校专业的优化是深化涪陵产教融合发展的助力因素,是实现与产业接

---

① 揭章武. 高素质专业化教师队伍建设 [J]. 师道:教研, 2011 (8): 4.

轨的重要措施。同时，教学专业是衡量一所学校办学水平和教学质量的主要标志。学校应根据产业发展实际需求开设能凸显自身优势的特色专业，以特色专业增强对生源的吸引力。特色专业不仅要满足当地经济和社会发展的需求，也要符合当地劳动力市场的需要。专业的优化应尊重学校学科优势，在学校办学特色的基础上进行调整、淘汰或是增加。但是，在学校竞争越来越激烈的背景下，学校之间专业设置的同质性越来越高，导致培养的同专业学生竞争加剧，因此要建立专业预警和退出的调整机制，严格对专业进行规范和控制，鼓励发展符合学校定位的相关专业，舍弃缺乏市场或者与社会需求脱节的专业。

要优化教学专业，就需对专业内涵进行建设。通过对所开设的专业进行定期评估，评估该专业在同类学校中所处水平，明确各专业的优势和不足。优化教学专业需长时间的打磨，应在专业自身特色基础上有计划推进，调整弱势专业，强化优势专业。在进行专业优化调整时，要明确自身的定位，提高专业的可辨识度。要以高质量、高水平的特色专业和优势专业吸引更多的生源，提高学校竞争力，促进产教深度融合，以满足涪陵产业和教育的实际需求。

六、构建现代化教育体系

目前，涪陵仍沿用传统的教育体系。为了使涪陵实现快速发展，需要通过深化改革提升教育质量，确保教育公平，而其途径就是构建现代化教育体系。提高教育质量，从根本上说就是要满足涪陵人民群众对更高教育水平的需求，逐步实现人才培养的定制化、特色化与多元化。构建现代化教育体系依赖于创新驱动。要创新教育内容和教育方式，把握不同阶段学生应该具备的基础知识和能力，以学生为中心，提高教师教育教学水平，提高教学效果。构建现代化教育体系应注重协调发展。协调发展就是要使农村教育和城镇教育协调发展，实现城乡教育机会均等，全面提升偏远农村教育水平。构建现代化教育体系要有开放眼光。以开放眼光扩展教育资源，构建开放格局，积极主动加深与外界、与社会的联系，实现双方社会资源和教育资源的共享，最终达到合作共赢的目标。构建现代化教育体系要坚持绿色发展。绿色发展是现代教育可持续发展的必要条件，因此，应以绿色发展引领现代教育。而要实现绿色发展，就要把人的因素放在首位，积极培养学生良好的行为习惯，营造良好的人文气息和浓郁的学习氛围，提升学生的文化情操和文化品位。

第七节 小 结

教育业是涪陵区重点关注的行业，与涪陵区的发展紧密相连，教育业已从数量规模发展转向质量提升，因此教育业优化势在必行。本章以涪陵教育业优化分析为主题，从涪陵教育业结构、涪陵教育业行为、涪陵教育业绩效、涪陵产教融合发展状况、涪陵职业教育发展状况5个方面分别进行分析，并依据这五部分提出了涪陵教育业优化措施。

基于涪陵教育业结构、涪陵教育业行为、涪陵教育业绩效、涪陵产教融合发展状况、涪陵职业教育发展状况5个方面得出了如下结论。

第一，涪陵区教育行业主要是由学前教育、小学教育、初中教育、普通高中教育、中等职业教育、中等专业教育、高等教育等组成。其中，涪陵学前教育是教育阶段发展较快的一个部分，也是教育短板之一；小学教育阶段无论是职工数还是学生人数都在增加；初高中教育阶段生源数量有减少趋势，需要进一步提升教育质量；中等职业教育和专业教育学生人数也稍有下降，反映出招生难的现状；高等教育学校数量稳定，学生人数逐渐增加。

第二，近年来涪陵教育业不断创新，其创新具体体现在教育形式、科学技术、人才培养模式等方面。分析了义务阶段教育行为、普通高中阶段教育行为、高等教育阶段教育行为等方面。涪陵区义务阶段教育基本普及，义务教育学校教学设备配置水平逐年提升，优质学校覆盖范围广；涪陵区普通高中主要以公办教育为主，高中教育的普及程度在逐渐增加，高中教育的任务和目标仍是以学生为中心，致力于营造更加平等、更加公平的教育教学和学习的良好环境；涪陵区高校教育为教育的改革和发展提供了先进的经验，为社会和经济的建设培养了一批批优秀人才，在一定程度上缓解了就业压力，对优化资源配置具有一定的调节作用。

第三，采用数据包络分析方法对涪陵区教育业绩效进行分析。结果发现，2011—2015年5年间涪陵区教育业绩效均值为0.9098，处于上等水平。教育业绩效分别在2011年、2015年处于DEA有效状态；在2012—2014年处于非DEA有效状态，绩效分别为0.7952、0.8326、0.9213，这3年涪陵区教育活动尚未达到技术有效或规模有效状态，但是教育业绩效仍处于上等水平。经过调整之后发现，2012—2014年涪陵区的教育业投入相对于已有的产出指标水平有普遍投入过量的现象，存在一定的教育资源浪费。

第四，涪陵产教融合迅猛发展，使涪陵区实现了从传统学校教育到创新型学校的转化，改善了教育教学环境，加快了产业结构调整速度；实现了由单一科研模式向产学结合模式的转化；涪陵产教融合体系逐渐成熟，学校教育和教学实践能力日渐提高，企业实力和竞争力明显增强。但是仍存在产教合作范围不广、合作质量有待提高、合作创新能力不足等问题。

第五，涪陵职业教育体系分为学历教育和非学历教育，其中，学历职业教育以培养实际应用型的专业人才为目标，教育规模稳中求增；非学历职业教育在涪陵现有的就业压力和就业政策下发展势头较好。涪陵中等职业学校规模基本稳定，人数呈现波动趋势，教育更加偏重于学生的实际操作与应用能力；涪陵中等专业学校在 2015 年之前学生人数持续增加，之后骤减，存在招生难的问题。

第六，基于对涪陵教育业的分析，从提高政府对涪陵教育业的重视度和支持度、完善多元化监督机制和发展体制、建立教师队伍规范机制、完善教育信息反馈平台、优化教学专业和强化特色建设、构建现代化教育体系 6 个方面提出了涪陵教育业优化措施。

参考文献

[1] ABERNATHY W J, UTTERBACK J M. Patterns of innovation in technology [J]. Technology Review, 1978, 80 (7): 40-47.

[2] ADNER R, LEVINTHAL D. Demand heterogeneity and technology evolution: implications for product and process innovation [J]. Management Science, 2001, 47 (5): 611-628.

[3] AITKEN B J, HARRISON A E. Do domestic firms benefit from direct foreign investment?: evidence from venezuela [J]. The American Economic Review, 1999, 89 (3): 605-618.

[4] AKBAR Y H, MCBRIDE J B. Multinational enterprise strategy foreign direct investment and economic development: the case of the Hungrian banking industry [J]. Journal of World Business, 2004, 39 (1): 89-105.

[5] ARTHUR W B. Competing technologies, increasing return and locking by historical events [J]. The Economic Journal, 1989, 99 (394): 116-131.

[6] BLOMSTROM M, KOKKO A, Zejan M. Host country competition, labor skills, and technology transfer by multinationals [J]. Review of World Economics, 1994, 130 (3): 521-533.

[7] BRANSTETTER L G. Are knowledge spillovers international or international in scope?: microeconometric evidence from the US and Japan [J]. Journal of International Economics, 2001, 53 (1): 53-79.

[8] GORECKI P K. The determinants of entry by domestic and foreign enterprises in Canadian manufacturing industries: some comments and empirical results [J]. Review of Economics and Statistics, 2001, 58 (4): 485-498.

[9] HADDAD M, HARRISON A. Are there positive spillovers from direct foreign investment?: evidence from panel data for Morocco [J]. Journal of Development Economics, 1993, 42 (1): 51-74.

[10] HUNYA G. Restructuring through FDI in Romanian manufacturing [J]. Economic Systems, 2002, 26 (4): 387-394.

[11] KIPPENBERG E. Sectoral linkages of foreign direct investment finns to the Czech economy [J]. Research in International Business and Finance, 2005, 19 (2): 251-265.

[12] MARKUSEN J R, VENABLES A J. Foreign direct investment as a catalyst for industrial

development [J]. European Economic Review, 1999, 43 (2): 335 – 356.

[13] MATSUYAMA K. Structural change in an interdependent world: a global view of manufacturing decline [J]. Journal of the European Economic Association, 2009, 7 (2/3): 478 – 486.

[14] MAZUMDAR J. Do static gains from trade lead to medium-run growth [J]. Journal of Political Economy, 1996, 104 (6): 1328 – 1337.

[15] PORTER M. Location, competition, and economic development: local clusters in a global economy [J]. Economic Development Quarterly, 2000, 104: 15 – 35.

[16] REUBER G L. Private foreign investment in development [J]. Canadian Journal of Economics, 1973, 8 (4): 631.

[17] SAHAL D. Technological guideposts and innovation avenues [J]. Research Policy, 1985, 14 (2): 61 – 82.

[18] WITT U. Learning to consume: a theory of wants and the growth of demand [J]. Journal of Evolutionary Economics, 2001, 11 (1): 23 – 36.

[19] 陈方健. 从十九大报告看我国物流业未来发展 [J]. 物流技术, 2018, 37 (6): 26 – 29, 59.

[20] 陈建华, 马晓逵. 中国对外贸易结构与产业结构关系的实证研究 [J]. 北京工商大学学报, 2009, 24 (2): 1 – 5.

[21] 陈景信. 推进"四化"同步发展的关键环节及路径研究：以重庆市涪陵区为例 [J]. 湖南农业科学, 2013 (19): 117 – 121.

[22] 陈海平. 战略性新兴产业发展与创新型人才培养研究 [J]. 经济研究导刊, 2012 (15): 113 – 114.

[23] 陈年友, 周常青, 吴祝平. 产教融合的内涵与实现途径 [J]. 中国高校科技, 2014 (8): 40 – 42.

[24] 陈文韬. 金融保险业"营改增"面临的难题与路径选择 [J]. 商, 2016 (29): 172 – 173.

[25] 陈晓, 李悦铮. 城市交通与旅游协调发展定量评价：以大连市为例 [J]. 旅游学刊, 2008 (2): 60 – 64.

[26] 陈远新. 梅州市绿色物流产业发展中的政府作用研究 [D]. 广州：华南理工大学, 2010.

[27] 程进. 外资集聚效应与产业结构升级关系：以江苏为例的研究 [J]. 上海经济研究, 2005 (11): 116 – 121.

[28] 戴魏魏. 重庆物流业对经济增长作用的实证研究 [D]. 重庆：重庆大学, 2005.

[29] 邓小琴. 基于产业组织理论的我国物流业分析 [J]. 现代商贸工业, 2012, 24 (1): 24 – 25.

[30] 丁东升. 中国绿色物流发展现状与前景分析 [J]. 商场现代化, 2009 (11): 143.

[31] 董佳. 关于降低物流企业物流成本的思考 [J]. 经济师, 2015 (7): 244-245.

[32] 杜剑, 赵子昂. 金融保险业"营改增"面临的难题与路径选择 [J]. 税收经济研究, 2014 (5): 1-4.

[33] 冯丽, 李海舰. 从竞争范式到垄断范式 [J]. 中国工业经济, 2003 (9): 14-22.

[34] 付宏, 毛蕴诗, 宋来胜. 创新对产业结构高级化影响的实证研究: 2000—2011年的省际面板数据 [J]. 中国工业经济, 2013 (9): 56-68.

[35] 干春晖, 郑若谷, 余典范. 中国产业结构变迁对经济增长和波动的影响 [J]. 经济研究, 2011 (5): 4-31.

[36] 高峰, 俞立, 卢尚琼, 等. 国外设施农业的现状及发展趋势 [J]. 浙江林学院学报, 2009, 26 (2): 279-285.

[37] 龚轶, 顾高翔, 刘昌新. 技术创新推动下的中国产业结构进化 [J]. 科学学研究, 2013 (8): 1252-1259.

[38] 谷艳平. 巴中市商贸流通业发展问题研究 [D]. 成都: 西南交通大学, 2012.

[39] 郭敏娜. 循环经济下技术创新项目的实施策略研究 [D]. 昆明: 云南大学, 2010.

[40] 郭晓鸣, 廖祖君, 付娆. 龙头企业带动型、中介组织联动型和合作社一体化三种农业产业化模式的比较 [J]. 中国农村经济, 2007 (4): 40-47.

[41] 何平, 陈丹丹, 贾喜越. 产业结构优化研究 [J]. 统计研究, 2014, 31 (7): 31-36.

[42] 何旭. 贵阳发展现代物流业的现状、问题与对策 [J]. 江苏商论, 2011 (1): 59-61.

[43] 何悦. 涪陵城镇化进程中金融支持现状及对策研究 [J]. 农村经济与科技, 2015 (8): 150-151.

[44] 黄继忠. 对产业结构优化理论中一个新命题的论证 [J]. 经济管理, 2002 (4): 11-14.

[45] 黄亮雄, 安苑, 刘淑琳. 中国的产业结构调整: 基于三个维度的测算 [J]. 中国工业经济, 2013 (10): 70-82.

[46] 黄茂兴, 李军军. 技术选择、产业结构升级与经济增长 [J]. 经济研究, 2009 (7): 143-151.

[47] 黄日福. FDI的技术外溢: 基于中部地区的实证研究 [J]. 求索, 2007 (2): 42-43.

[48] 黄庆波, 范厚明. 对外贸易、经济增长与产业结构升级: 基于中国、印度和亚洲"四小龙"的实证检验 [J]. 国际贸易问题, 2010 (2): 38-43.

[49] 黄溶冰, 胡运权. 产业结构有序度的测算方法: 基于熵的视角 [J]. 中国管理科学, 2005 (1): 122-128.

[50] 霍一航. 市场经济体制下房地产业市场行为浅析 [J]. 商, 2012 (7): 212.

[51] 揭章武. 高素质专业化教师队伍建设 [J]. 师道: 教研, 2011 (8): 4.

[52] 金英笋. 中韩金融·保险业投资环境比较研究 [J]. 延边大学学报 (社会科学版), 2013, 46 (6): 93-98.

[53] 匡远配, 唐文婷. 中国产业结构优化度的时序演变和区域差异分析 [J]. 经济学家, 2015 (9): 40-46.

[54] 李光勇. 我国保险业的市场结构与企业行为分析 [J]. 海南金融, 2000 (12): 32-37.

[55] 李健, 徐海成. 技术进步与我国产业结构调整关系的实证研究 [J]. 软科学, 2011, 25 (4): 8-14.

[56] 李青峻. 基于灰色关联分析的重庆市物流产业影响因素研究 [D]. 重庆: 重庆工商大学, 2011.

[57] 李荣林, 姜茜. 我国对外贸易结构对产业结构的先导效应检验: 基于制造业数据分析 [J]. 国际贸易问题, 2010 (8): 3-12.

[58] 厉无畏. 产业融合与产业创新 [J]. 上海管理科学, 2002 (4): 4-6.

[59] 李新功. 区域金融改善与产业结构优化 [J]. 科学学研究, 2016, 34 (6): 833-840.

[60] 李雪. 外商直接投资的产业结构效应 [J]. 经济与管理研究, 2005 (1): 15-18.

[61] 李哲, 李理, 武献华. 正规金融机构农村信贷行为分析 [J]. 农村经济, 2009 (3): 72-74.

[62] 李子伦. 产业结构升级含义及指数构建研究: 基于因子分析法的国际比较 [J]. 当代经济科学, 2014, 36 (1): 89-98.

[63] 梁树广. 产业结构升级影响因素作用机理研究 [J]. 商业研究, 2014 (7): 26-31.

[64] 廖西元, 申红芳, 王志刚. 中国特色农业规模经营"三步走"战略: 从"生产环节流转"到"经营权流转"再到"承包权流转" [J]. 农业经济问题, 2011 (12): 15-22.

[65] 刘传江. 世界农业经营规模: 变迁、现实、政策与启示 [J]. 经济评论, 1997 (5): 42-49.

[66] 刘茂. 涪陵区旅游资源整合营销策略研究 [J]. 经济研究导刊, 2013 (31): 268-270.

[67] 刘希宋, 邱瑞, 张玉喜. 基于VAR模型的对外贸易与产业结构关联分析 [J]. 商业研究, 2009 (9): 146-149.

[68] 刘向明. 营改增对商业银行的影响 [J]. 中国金融, 2016 (12): 59-60.

[69] 刘晓莉. 乌江流域文化特色文献馆藏的建设研究 [J]. 大众科技, 2011 (6):

223-224，196.

[70] 刘业全．区域物流成本降低机理分析［D］．长沙：长沙理工大学，2006.

[71] 卢萍．涪陵区金融业发展现状及问题研究［J］．重庆统计，2016（11）：23-26.

[72] 吕火明．论特色农业［J］．社会科学研究，2002（3）：27-30.

[73] 麻晓刚．长沙市物流业发展的策略研究［D］．长沙：中南大学，2006.

[74] 马树强．准备金企业所得税税前扣除政策分析（上）［J］．注册税务师，2018（1）：45-49.

[75] 马文波，林洁．我国金融保险产业关联及市场结构分析［J］．知识经济，2009（17）：35.

[76] 马先仙，霍爱英，韩正清．涪陵区利用外部资金状况分析［J］．长江师范学院学报，2003，19（5）：44-46.

[77] 安德鲁·帕尔默．金融创新：重塑未来世界的智财［M］．郭杰群，草沐，译．北京：中国人民大学出版社，2016.

[78] 潘琦．广西柳州工业结构优化升级调整研究［J］．广西教育，2012（23）：166-167.

[79] 潘勇．探讨融资性担保机构风险准备金的会计核算及税务政策［J］．时代金融，2015（35）：159，162.

[80] 彭俞超，方意．结构性货币政策、产业结构升级与经济稳定［J］．经济研究，2016（7）：29-42.

[81] 钱程辉．扩大内需与流通产业发展的关系研究：基于浙江省统计数据的研究［J］．无锡商业职业技术学院学报，2011，11（4）：15-19.

[82] 秦金中．我国物流产业市场结构现状分析［J］．物流科技，2010，33（12）：5-7.

[83] 邱晓莉，胡民，刘祎盼，等．四川支柱产业培育与发展研究［J］．商场现代化，2016（3）：132-133.

[84] 任梳元．天津商务经济发展指标体系研究［D］．天津：天津大学，2008.

[85] 沈燚．中小型第三方物流企业发展模式研究［D］．天津：天津大学，2006.

[86] 施卫东．城市金融产业集聚对产业结构升级影响的实证分析：以上海为例［J］．经济经纬，2010（6）：132-136.

[87] 宋锦剑．论产业结构优化升级的测度问题［J］．当代经济科学，2000（3）：92-97.

[88] 宋涛，调整产业结构的理论研究［J］．当代经济研究，2002（11）：11-16.

[89] 宋正富，传红．重庆涪陵建设区域性中心城市的探索与实践［J］．科学咨询（科技·管理），2012（5）：8-13.

[90] 苏东水．产业经济学［M］．北京：高等教育出版社，2015.

[91] 孙俊桥，刘勇．重庆市防空洞（体系）保护意义初探［J］．安徽建筑，2012，19

(3): 39-40.

[92] 唐红艳. 重庆市涪陵区金融业发展的对策研究 [J]. 知识经济, 2015 (16): 54-55.

[93] 陶长琪, 周璇. 产业融合下的产业结构优化升级效应分析: 基于信息产业与制造业耦联的实证研究 [J]. 产业经济研究, 2015 (3): 21-31.

[94] 陶长琪, 周璇. 要素集聚下技术创新与产业结构优化升级的非线性和溢出效应研究 [J]. 当代财经, 2016 (1): 84-93.

[95] 田贯川. 我国金融保险业投入产出分析: 基于6时点42部门投入产出表 [J]. 中国市场, 2011 (27): 52-54.

[96] 汪伟, 刘玉飞, 彭冬冬. 人口老龄化的产业结构升级效应研究 [J]. 中国工业经济, 2015 (11): 47-60.

[97] 翁光明, 黄海荣. 建设涪陵区域性金融服务中心的研究 [J]. 现代经济信息, 2014 (23): 469-471.

[98] 武存磊. 基于SCP框架下中国第四方物流产业研究 [D]. 沈阳: 沈阳大学, 2008.

[99] 伍华佳, 张莹颖. 中国服务贸易对产业结构升级中介效应的实证检验 [J]. 上海经济研究, 2009 (3): 20-27.

[100] 吴进红. 对外贸易与长江三角洲地区的产业结构升级 [J]. 国际贸易问题, 2005 (4): 58-62.

[101] 吴彦泽. 河北省物流企业竞争力研究 [D]. 石家庄: 石家庄经济学院, 2011.

[102] 邬义钧. 我国产业结构优化升级的目标和效益评价方法 [J]. 中南财经政法大学学报, 2006 (6): 73-77.

[103] 吴岳衡. 我国保险资金入市研究 [D]. 昆明: 云南大学, 2006.

[104] 徐宝石. 农户信用等级评价体系设计 [D]. 杨凌: 西北农林科技大学, 2017.

[105] 福建省现代服务业集聚与区域经济发展差异研究 [D]. 厦门: 集美大学, 2018.

[106] 燕来英. 建设迎来商机 塑料建材独领风骚 [J]. 门窗, 2012 (6x): 26-29.

[107] 杨安. 外商直接投资对我国产业结构的影响研究: 基于VAR和协整检验得实证分析 [J]. 求索, 2013 (3): 54-56.

[108] 杨丹萍, 杨丽华. 对外贸易、技术进步与产业结构升级: 经验、机理和实证 [J]. 管理世界, 2016 (11): 172-173.

[109] 杨芳, 刘晓荣. 西部地区商贸流通业发展特征分析: 以甘肃省为例 [J]. 甘肃理论学刊, 2013 (6): 152-156.

[110] 杨洁, 陈小敏. 基于循环经济的生态工业园区建设模式及机制 [J]. 河北联合大学学报 (社会科学版), 2009, 9 (4): 51-53.

[111] 曾昭宁, 徐英英. 陕西省工业结构优化研究 [J]. 西安石油大学学报 (社会科学版), 2013, 22 (1): 16-21.

[112] 张昌彩. 促进我国新兴服务业发展的金融政策研究 [J]. 经济研究参考, 2003 (20): 12-24.

[113] 张凤. 哈尔滨市流通产业发展存在的问题及优化措施 [J]. 商业经济, 2016 (12): 5-6, 9.

[114] 张国强. 涪陵商业银行个人理财业务研究 [J]. 重庆工贸职业技术学院学报, 2014 (4): 7-11.

[115] 张洁. 电视媒体广告营销的互联网化策略及其创新研究 [D]. 长春: 吉林大学, 2016.

[116] 张杰. 涪陵区旅游发展战略思考 [J]. 商场现代化, 2009 (2): 217-218.

[117] 张丽丽. 供应链合作伙伴关系及供应链契约的研究 [D]. 杭州: 浙江工业大学, 2003.

[118] 张林. 中国双向 FDI、金融发展与产业结构优化 [J]. 世界经济研究, 2016 (10): 111-124.

[119] 张席洲, 魏文术. 传统物流的敏捷化改造 [J]. 商场现代化, 2006 (26): 142-143.

[120] 张银银, 黄彬. 创新驱动产业结构升级的路径研究 [J]. 经济问题探索, 2015 (3): 107-112.

[121] 张治学. 循环经济与生态工业园区建设 [J]. 中国科技论坛, 2005 (5): 21-25.

[122] 赵旭. 关于中国保险公司市场行为与市场绩效的实证分析 [J]. 经济评论, 2003 (4): 118-121.

[123] 郑良芳. 发展民营金融保险业促进民营经济发展 [J]. 南方金融, 2002 (4): 13-16.

[124] 郑万吉, 叶阿忠. 城乡收入差距、产业结构升级与经济增长 [J]. 经济学家, 2015 (10): 61-67.

[125] 郑珍远, 郑颖, 陈晓玲. 中国金融保险业的投入产出分析 [J]. 金融论坛, 2013 (3): 60-65.

[126] 钟章奇, 王铮. 创新扩散与全球产业结构优化: 基于 Agent 模拟的研究 [J]. 科学学研究, 2017, 35 (4): 611-624.

[127] 周振华. 产业结构优化论 [M]. 上海: 上海人民出版社, 1992.

[128] 朱晓霞, 郝佳佳. 中国制造业产业升级路径选择研究: 以长江经济带为例 [J]. 科技进步与对策, 2015 (7): 69-73.

图书购买或征订方式

关注官方微信和微博可有机会获得免费赠书

 淘宝店购买方式：
直接搜索淘宝店名：**科学技术文献出版社**

 微信购买方式：
直接搜索微信公众号：**科学技术文献出版社**

 重点书书讯可关注官方微博：
微博名称：**科学技术文献出版社**

 电话邮购方式：
联系人：王　静
电　话：010-58882873，13811210803
邮　箱：3081881659@qq.com
QQ：3081881659

汇款方式：
户　名：科学技术文献出版社
开户行：工行公主坟支行
帐　号：0200004609014463033